ÉTUDES DE LITTÉRATURE DES XXe ET XXIe SIÈCLES
sous la direction de Didier Alexandre
96

Vous autres, civilisations, savez maintenant que vous êtes mortelles

Éric Essono Tsimi

Vous autres, civilisations, savez maintenant que vous êtes mortelles

De la contre-utopie

PARIS
CLASSIQUES GARNIER
2021

Éric Essono Tsimi est Assistant Professor à New York (Baruch College – The City University of New York) et membre associé du Laboratoire de recherche en psychologie dynamiques intra et inter-subjectives (LARPSYDIS) de l'université de Lausanne. Titulaire de deux doctorats de l'université Grenoble Alpes, puis de l'université de Virginie, il est l'auteur notamment de *Migrants Diaries*.

ISBN 978-2-406-10754-5 (livre broché)
ISBN 978-2-406-10755-2 (livre relié)
ISSN 2100-3335

AVERTISSEMENT

Commençons par une antisepsie du site opératoire. La métaphore médicale donne un aperçu du but de cet exercice préliminaire de clarification. Genre / sous-genre / courant littéraire sont utilisés de manière indifférenciée. Toutefois, en fonction du contexte le genre peut désigner le sous-genre, quand par exemple je mets en relief la survenue poétique de la contre-utopie pour la situer par rapport à l'utopie. Décadence/déclinisme : *décadence* est préféré à *déclinisme*. Comme rappelé par Sweeney (2019) citant Houellebecq : « le mot déclin est presque doux » Ce dernier n'est qu'un moment de la décadence telle que comprise par les auteurs contre-utopiens. Déclinisme/ déclinologie se rapporte surtout à une civilisation périclitante. Il est utilisé par les contradicateurs des auteurs contre-utopiens (Michel Houellebecq ou Michel Onfray parlent de décadence, quand Michel Serres ou Michel Wieviorka les accusent de déclinisme). Le déclinisme est aussi utilisé en référence à Oswald Spengler (1918) et David Engels (2013), dont Michel Houellebecq (distingué en 2018 par l'association Oswald Spengler Society) s'est un peu inspiré. Au total, le déclin peut être vu comme un mythème de la contre-utopie, c'est-à-dire, en termes simples, comme le constituant recyclable des diverses représentations de la chute annoncée de l'Occident. Et puis « décadence » est écrit avec d majuscule (D) dans toutes les occurrences où elle désigne le mouvement fin-de-siècle. Dans tous les autres cas, une minuscule a été utilisée. En outre, j'utilise, pour parler de contre-utopie (ce concept trouvé en état de relative indéfinition), deux qualificatifs distincts. *Contre-utopique*, la plupart du temps ; mais aussi *contre-utopien*, relativement aux auteurs de contre-utopies. D'autres précisions terminologiques sont données au fil de l'étude, comme la distinction poétique/poïétique.

La lecture attentive de la première version de ce projet par Ari Blatt, Philippe Roger, Claire Lyu, Jennifer Sessions en a amélioré les qualités qui ont abouti à sa publication. À eux et à mes collègues de Baruch College à Manhattan, je dis ma totale gratitude.

INTRODUCTION

Le pessimisme artiste : l'œuvre de la désespérance

The future is certain, it is only the past that is unpredictable.
Aphorisme russe cité par Lawrence W. LEVINE, *The Unpredictable Past : Explorations in American Cultural History* (New York and Oxford : Oxford University Press, 1993.

Ce livre part du premier postulat de l'invention d'un genre. Il analyse la reconfiguration de la veine contre-utopique, devenue, depuis *Soumission*, *Les Événements*, et *2084*, à la fois le *memento mori* de la France et une poïétique de la décadence. Parlant de *poiesis*, une distinction est faite dans mon analyse entre les deux termes du doublon linguistique : la poétique est dite pour élaborer autour d'une théorie de la création des fictions / théories de la décadence, quand la poïétique met l'accent sur le contexte politique et culturel de cette création, le fait générateur ou l'élément déclencheur. Il sera fait un usage limité de cette distinction pour la clarté de l'exposé.

L'esthétique *proto-réaliste* de Michel Houellebecq dans *Soumission* constitue sous le double rapport de sa propre œuvre antérieure d'une part et de l'inflation contre-utopique post-*Soumission* d'autre part un fait poétique important. Ce second postulat peut être élargi et appliqué au roman de Jean Rolin qui s'autosaisit pour la première fois des thématiques identitaires et islamiques en France. En 2015, *2084*, le roman de Boualem Sansal a été couronné par l'Académie française, qui lui a décerné le Grand prix du roman. S'il est algérien, Boualem Sansal aborde également la question du déclin de l'Occident sous le prisme d'une crise religieuse, c'est ce que relève Fieu (2017), lorsqu'il écrit que « le roman dystopique de Boualem Sansal est une suite directe de *1984* » et que « cette mutation de l'univers dystopique de Georges Orwell est un signal d'alarme lancé par Sansal à une Europe en déclin[1] ». Il y a mutation d'un univers mais aussi transmutation d'une matière. Le péril islamiste plutôt que techno-capitaliste. En considérant les questionnements liés à l'identité dans leur impact sur la civilisation, du point de vue de la littérature et de sa fonction sociale, j'examine la reconfiguration des imaginaires collectifs et des théories du récit qu'a entraînée la hausse significative des contre-utopies.

Depuis janvier 2015 et l'Attentat contre Charlie Hebdo, le discours utopique est une tendance lourde de la littérature française. L'islamisme rampant et les flux humains (*choc* ou *pression* migratoires) notamment se posent comme de nouveaux champs de contraintes. Il émerge, concurremment à ce qu'Alexandre Gefen (2017) appelle « le projet thérapeutique de la littérature française contemporaine », une littérature sacramentelle : la contre-utopie. Laquelle consisterait, pour les écrivains, en l'administration du sacrement des morts au grand corps malade (la civilisation française) que la littérature accompagnerait dès lors vers une fin honorable : la décadence. En s'appuyant sur un corpus d'auteurs canoniques (Annie Ernaux, Emmanuel Carrère, Pierre Michon ou François Bon), Gefen (2017 : 420) défend ainsi l'idée que « le début du vingt-et-unième siècle a vu l'émergence d'une conception [...] "thérapeutique" de l'écriture et de la lecture. [...] comme si, dans nos démocraties privées de grands cadres herméneutiques et spirituels collectifs, le récit littéraire promettait de penser le singulier, de faire mémoire des morts, de donner sens aux identités pluralisées en constituant des communautés ».

Une double observation s'impose : primo, la génération d'auteurs auxquels je m'intéresse est à la fois postérieure et contemporaine des auteurs que Gefen étudie ; deuzio, la « tristesse du démiurge » décrite par Lavocat (2016 : 462) et le sens de sa théorie sont à l'opposé de ce

1 Regis-Pierre Fieu est un jeune chercheur canadien, dont la thèse de doctorat en cours s'intitule : « Néo-décadentistes du début du XXIe siècle : une certaine vision de la fin de l'Occident ». Pour lire l'article dont extrait notre citation : Regis-Pierre Fieu, « De 1984 à 2084. Mutations de la peur totalitaire dans la dystopie européenne », Carnets [En ligne], Deuxième série – 11 | 2017, mis en ligne le 30 novembre 2017, consulté le 13 août 2018. URL : http://journals.openedition.org/carnets/2344 ; DOI : 10.4000/carnets.2344.

que relève Gefen (p. 421) : « s'érigeant à la fois contre le storytelling et le divertissement, la littérature veut faire face au monde, agir, remédier aux souffrances ». Dans *Fait et Fiction*, Lavocat n'oppose pas le « divertissement » et le « storytelling » à la littérature. Au contraire, ces catégories rentrent, dans son analyse, dans la catégorie des fictions et vont au-delà de la littérature et du fait esthétique. Mais les questionnements soulevés par Gefen et Lavocat se résolvent au moins en partie (ou sont transcendés) par notre essai, si l'on considère que la contre-utopie est un « cadre herméneutique ». Chez ces deux théoriciens français de la littérature contemporaine, la question des « usages sociaux de la littérature » est toujours frontalement abordée, mais diversement vécue. Enfin parlant de littérature thérapeutique ou réparatrice, Alexandre Gefen répercute le diagnostic des auteurs contre-utopiens décrivant une civilisation malade.

Les ouvrages en orbite autour des romans de Houellebecq, Rolin et Sansal, tous les textes du corpus primaire ne seront pas aussi méticuleusement dépliés que *Soumission* ou *Les Événements*. Les autres titres constituent en effet des variations sur un genre sur lequel j'ai appliqué une critique saute-mouton, consistant à ne rechercher dans certaines œuvres que de quoi schématiser la vie et l'œuvre de la contre-utopie.

S'agissant encore de la constitution de notre corpus contre-utopique, elle s'est faite dans le suivi régulier de l'actualité éditoriale française depuis 2015. Ainsi, en passant en revue une dizaine d'éditeurs majeurs, a-t-on pu repérer l'existence d'une littérature souvent qualifiée par la presse de réactionnaire ou conservatrice, en tant qu'elle se pose comme une force de résistance aux changements sociaux inéluctables. À cette recherche active, s'est surajoutée une recherche passive qui était le fait des algorithmes de recommandation des librairies en ligne. Chez Amazon, un mot hasardé dans leur moteur de recherche, un produit consulté (sans avoir forcément cliqué, juste en arrêtant la barre de défilement), voire acheté (celui de Michel Wieviorka par exemple – 2015 –) entraîne des suggestions retournées par un puissant système de recommandation dite prédictive, qui va jusqu'à l'envoi dans votre courrier électronique d'ouvrages de politique-fiction, de contre-utopie, traitant du déclin, de la défaite, de l'effondrement, de la décomposition ou de la soumission de l'Occident[2]. Puis le temps de visionnage aidant, les cookies ayant

2 Une rhétorique quasi-redondante quand on sait la signification étymologique d'Occident qui en latin est le participe présent substantivé (*occidens*) du verbe *occidere*. Lequel correspond

trahi l'intérêt du chercheur, les suggestions se sont faites plus précises, plus systématiques au point d'avoir pu, moi, en consultant mon courrier constituer un échantillon représentatif d'intellectuels et de figures diverses d'auteurs de contre-utopies. Politiques, universitaires, philosophes, journalistes et écrivains… Des Français dits de souche aux Français issus de l'immigration. À gauche comme à droite, il y aurait dans la littérature française un recul (crépuscule ?) des idées progressistes, une fabrique du pessimisme, d'essence idéologique : un pessimisme de posture[3]. L'actualité offre de nombreux exemples d'une identité qui se contracte comme peau de chagrin sur des valeurs que, du fait de la laïcité, la république pensait déclassées (le christianisme et la foi religieuse).

Il existe un roman contre-utopique français, une série de fictions présentant entre elles des rapports sinusoïdaux et plusieurs attributs transversaux. Leur « axiome commun : la domination d'un pouvoir, plus ou moins absolu, fondé sur l'appartenance religieuse[4] ».

à ce que les linguistes appellent doublon, un mot ayant donné naissance à deux mots de sens différents. Décadence et Occident, qui ont la même racine mortifère : *cadere* signifie tuer. L'univers sémantique du déclin se retrouve jusque dans la rhétorique des titres parus depuis 2015.

3 Avec des tons de gris, des nuances de nostalgie, chez certains auteurs comme Alain Finkielkraut, de l'Académie française, qui défendait son « droit à la nostalgie » dans son émission *Répliques* sur France Culture. « Faut-il avoir peur du monde qui vient ? » était le titre de ce numéro du 4 juin 2016 dont les invités étaient Luc Ferry et Michel Onfray. Ici, il s'agissait de dire l'inquiétude des philosophes face au transhumanisme et à la technoscience. Ce qui correspond davantage aux craintes inspirées par les dystopies telles qu'on les connaît depuis Orwell par exemple.

4 Même si *1984* de George Orwell a pu servir de modèle, de paradigme ou d'hypostase à *2084* de Boualem Sansal, on peut trouver aussi sous l'angle de la théorie intertextuelle d'autres sources qui ne réduiraient pas ce roman français ou francophone contre-utopique à une réécriture translinguistique de sources anglo-saxonnes. Il y a dans le patrimoine littéraire et cinématographique de la postmodernité française des chefs d'œuvre dystopiques bien connus comme *Alphaville, une étrange aventure de Lemmy Caution*, le film de Jean-Luc Godard (1965) ou encore *Le Dépeupleur*, une nouvelle de Samuel Beckett (1970). Seulement, entre toutes ces productions et *Soumission* dans lequel n'existe pratiquement aucun détail science-fictionnel, il y a un futur qui est réinventé. Dans son programme donné au département de Lettres et Civilisations de la Sorbonne, *Utopie Et Contre-Utopie (Ou Dystopie) Dans La Fiction Narrative Littéraire D'expression Française Et Anglaise*, Jeanne-Antide Huyhn situe Soumission et 2084, comme des jalons, à la suite d'ouvrages fort divers ayant pour seule base unitaire le matériau du futur. N'ayant pas accès au détail du cours, on n'en ressent pas moins un besoin de sédimentation générique, le temps de la clarification est peut-être venu, le lexique ne sera pas réinventé, ce qui a été dit a été bien dit, mais en parlant de nouvelle contre-utopie, on entend souligner la valeur et les spécificités de *Soumission*.

Soumission, le texte pivot de ces nouvelles politiques de la peur, est paru, cela a été dit, au même moment que l'attentat islamiste au siège de Charlie Hebdo. Dans la foulée, la même année, sont également parus *2084* de Boualem Sansal, et *La présidente*, un roman graphique de Farid Boudjellal et Francois Durpaire qui imaginait Marine Le Pen élue en 2017, après François Hollande. Dans le même genre, on s'est intéressé à *Les Événements* de Jean Rolin : un tel titre rappelle la guerre d'Algérie qu'on avait également appelée *les événements* ou Mai 68, et évoque aussi *a posteriori* la vague d'attentats ayant eu lieu à Paris. Toutes choses qui renforcent l'effet de miroir, de réflexion, à l'œuvre dans son projet contre-utopique qui imagine la France en guerre, sur son propre sol. Toujours en 2015 sont également parus ce qui constitue le troisième et le quatrième texte du feuilleton de la fin de l'Occident, *2084 : La fin du monde* et *Le Séisme : Marine le Pen présidente*. Dans ce dernier ouvrage, inclassable, Michel Wieviorka, sociologue, livre une fiction dont l'écriture de son propre aveu lui a été suggérée par *Soumission* de Houellebecq. *Le séisme* n'est pas un roman, sans aucun doute est-ce une fiction contre-utopique qui complète les romans de notre corpus en ceci que le narrateur-journaliste se distingue de l'auteur, qui lui-même disparaît, pour n'apparaître que comme un éditeur : ce que Michel Wieviorka, directeur de collection chez Robert Laffont, est par ailleurs. *Séisme* a deux auteurs pour ainsi dire : l'auteur réel ou intellectuel qui est Wieviorka et l'auteur fictif ou fictionnel qui est aussi le narrateur-journaliste américain, Michael W. Squirrel (Wieviorka signifie *squirrel*, écureuil en polonais).

Toujours dans la lignée de Houellebecq, Yvon Ollivier, un magistrat que l'on pourrait qualifier d'auteur régionaliste contre-utopien, a publié chez un éditeur breton (Yorann Embanner) un roman intitulé les *Frères Kerveguen : et si le pire nous attendait ?* Dans les dossiers de presse et les fiches éditoriales, ce roman publié en 2017 revendique ouvertement *Soumission* comme hypotexte.

En prenant à contre-pied le thème du roman de Michel Houellebecq, *Soumission*. L'auteur prend aussi le risque d'impliquer dans ce récit d'une révolution des personnages existants, ainsi monsieur Valls, alors premier ministre et désormais en retrait, est-il président de la République et madame Le Pen Premier ministre, le parlement est dominé par le FN (Le Rassemblement National) et la chasse aux *mauvais Français* est engagée. Mais la Bretagne se révolte.

Il se constitue à travers ces romans une notion sur laquelle je reviens plus loin, qui est celle d'*espace critique* (qu'il ne faut pas confondre avec l'*espace littéraire* de Maurice Blanchot). D'autres romans ont été transversalement étudiés dans la perspective de l'explication du phénomène à la fois poétique et politique. En 2016, Chloé Delaume a fait paraître *Les sorcières de la république* dont l'action se situe en 2067. La démarche créatrice de Chloé Delaume est traversée par une recherche constante à laquelle ne déroge pas son roman *Les sorcières de la république* (2016) : l'écriture de Delaume est *oulipoétique* (le mot-valise est de moi). En des termes simples, son écriture est à la fois expérimentale (voire avant-gardiste) et poétique, entretenant ce double rapport fondamental avec le temps et avec l'art. En cela, le traitement du futur chez Delaume comme chez Houellebecq et les auteurs « secondaires » (souvent cités, rarement étudiés) de notre corpus sont abordés dans une perspective poéticienne et sociocritique.

Les travaux d'historiens et de sociologues de la littérature l'ont bien montré, les choix esthétiques, mais aussi idéologiques, et les innovations marquantes, obéissent à la logique du champ ou tout au moins s'inscrivent dans les possibles d'une époque (Deluermoz & Singaravélou, 2016). En d'autres termes, tous ces romans sont plus ou moins informés les uns des autres. La vague (ou l'engrenage) contre-utopique observée en 2015 et 2016, continue son épanouissement en 2017 et 2018 et forme un ensemble de romans à thèses : si anachronique ou antipostmoderne que soit l'étiquette. « Romans à thèses » en ce sens que même s'ils ne sont pas doctrinaires, ils se veulent antidoctrinaires et par suite proposent des lectures de notre époque dont on retrouve des prolongements dans des données référentielles extratextuelles (interviewes, articles de presse, déclarations, tweets...) de leurs auteurs. Antoine Compagnon (2015 : 443-447) et Olivier Roy (2015 : 438-442) ont d'ailleurs utilisé respectivement les expressions *roman à thèses* et *roman à thèmes* pour qualifier *Soumission*. Cette contre-utopie et d'autres après elle thématisent le chaos, opérationnalisent la fin de la civilisation (de la civilisation chrétienne)[5]

5 Dans une interview donnée au Figaro à l'occasion de la parution du deuxième volet de sa *Brève encyclopédie du monde*, intitulé *Décadence*, comme de juste, Michel Onfray estime que « Notre civilisation a deux mille ans, c'est honorable pour un trépas ». Il s'agit d'une glose interne, une autoparaphrase, puisque dans son livre il conclut : « Le judéo-christianisme a régné pendant presque deux millénaires. Une durée honorable pour une civilisation. La civilisation qui la remplacera sera elle aussi remplacée. Question de

et les obsessions intellectuelles de la société française, en entremêlant multiplication de voix narratives et de perspectives et brassage genrologique : Marc Atallah parle d' « hybridation générique[6] ». La place de l'insolite, de l'invraisemblance qui n'est plus une qualité mais un défaut, la fusion du temps et de l'espace (la « France proche » dans la contre-utopie est présente en temps et lieu) ou les glissements temporels à l'œuvre dans les programmes narratifs des contre-utopies, comme illustrés dans le dernier chapitre de *Soumission.*

Soumission est un roman à l'image de son auteur ; il est hanté, dans ce sens qu'on y entend plusieurs « voix » de Houellebecq. En témoigne cet extrait en deux temps d'un argumentaire d'un colloque tenu à l'Université de Lausanne le 3 mars 2016 et dont les actes sont disponibles sur Fabula. Voici un extrait de l'appel de Raphael Baroni et Samuel Estier :

> La voix de l'auteur se décline ainsi sur une vaste gamme médiatique, qui couvre, outre le roman, l'essai et la poésie, ses performances d'homme public, de réalisateur, de photographe, de curateur, de parolier, de chanteur ou d'acteur. Cette multitude de canaux, loin de réduire la complexité des voix de l'auteur, en diversifie au contraire les modulations, les hybridations et la diversité des registres[7].

Trois parmi les plus importants projets esthétiques parus en 2015 mettent ainsi la maladie, la guerre, et la mort au cœur de leur description du futur proche. L'idée d'une *onction des malades* (encore appelée sacrement des morts), administrée par la littérature à la civilisation, pose plusieurs enjeux. Le premier en est « la frontière entre factualité et fictionnalité [...] lorsque la fiction attire le religieux dans sa sphère, elle entérine, produit ou aggrave une mystification ». (Lavocat, 2016 : 220).

---

temps. Le bateau coule : il nous reste à sombrer avec élégance. » L'éminent M. Lambert (Compagnon, 2015), auteur d'*Un Été Avec Montaigne*, aurait eu beaucoup à redire sur cette thèse brillante mais un peu bavarde, le défaut contraire de *Soumission* qu'il trouve maigre. Les sous-titres ont quelque chose de romanesque, l'approche est historiciste, l'écriture aérienne, l'argumentation érudite, l'influence nietzschéenne constamment revendiquée, et le verdict sans nuance : « Le bateau coule ; il nous reste à sombrer avec élégance. » (p. 572) Le philosophe documente en plus de 600 pages son sentiment tragique. Paru deux ans exactement après *Soumission*, on y voit comme des renvois réguliers à Houellebecq quand par exemple le philosophe écrit que « L'Europe est à prendre sinon à vendre ».

6 Lire « Les utopies de Michel Houellebecq », dir. Marc Atallah, *ReS Futurae*, n° 8, 28 décembre 2016.

7 Les actes du colloque ont été publiés en ligne : https://www.fabula.org/colloques/sommaire3250.php mis en ligne en mars 2017, consulté le 10 janvier 2019.

« Il est trop tard pour sauver notre civilisation » n'a cessé de dire, en 2017, au fil de sa plume et des émissions de télévision, Michel Onfray, le « philosophe polémico-médiatique » (Les Inrocks). Sa formulette d'une « fin honorable » est ouvertement un *reboot* du mot célèbre de Verlaine (1886) qui définissait la décadence comme « l'art de mourir en beauté », si l'on en croit les propos rapportés par Ernest Reynaud (1920), dans son *Les poètes décadents*. Dans le même esprit d'un *Précis de décomposition* culturelle, Emil Cioran recommanderait de *chérir notre chute*. Si l'élégance et la beauté sont aujourd'hui des valeurs déclassées chez certains auteurs accusés par Richard Millet (2010) de faire vivre un enfer à la langue, il n'en allait pas de même dans l'esprit et les lettres de Verlaine ou Huysmans par exemple qui, clairement, n'envisageaient pas la Décadence comme une « déchéance ». Ils étaient Décadents c'est-à-dire, en leurs termes, esthètes. S'exprimant sur la Décadence, Verlaine, dont Huysmans se dit admiratif dans *À rebours*, affirmait que « Ce mot suppose au contraire des pensées raffinées d'extrême civilisation, une haute culture littéraire, une âme capable d'intensives voluptés » (Raynaud, 1920 : I, 64).

QUELLE DÉCADENCE !

Il faut renoncer à toute ambition de comparaison symétrique entre *la décadence latine*, telle que dite dans *À rebours*, avec la Décadence fin-de-siècle telle que vécue par des Esseintes, ou la décadence aujourd'hui, mobilisée comme critère fondamental de poéticité de la contre-utopie. De nos jours, en tant qu'émanation poétique de la décadence, la contre-utopie s'intègre conceptuellement dans les « arts de mourir » (Certeau, 1975 : 83-97), les arts de **SE** faire peur. Elle illustre la décadence avec les signes particuliers d'une *jeune fille malade*. En 1885, Edvard Munch voyage à Paris. Il travaille sur ce qui deviendra un chef-d'œuvre, *L'enfant malade*. Abordant un thème déjà traité par son mentor (Christian Krohg), Munch marque une rupture avec le réalisme (Ingles, 2012). Le sujet de sa série de peintures était sa sœur Sophie. Ses efforts dans les six toiles qui composent *L'enfant malade* visaient à représenter une « impression originale » (Titus-Carmel, 2007). Il voulait exprimer sa propre expérience de la maladie durant son enfance et pensait reproduire, à travers le spectacle de la débâcle des facultés de sa sœur, des sensations, non pas le spectacle lui-même (la réalité). Ses couleurs créent une atmosphère oppressante visible dans les tons sombres comme le brun ou même le noir. Le vert foncé donne l'impression d'une atmosphère maladive, il m'évoque la chlorose, encore appelée (selon l'article « chlorose » dans Wikipedia), *morbus virgineus*, maladie des jeunes filles. Cette couleur vert foncé suggère également les corps maladifs ou morts dans un état de dégradation ou de putréfaction. États que l'on retrouve dans de nombreuses œuvres décadentes en particulier dans le poème de Baudelaire *Une charogne*. Chez Munch, l'atmosphère oppressante qui règne présage la mort de la fille étendue dans son lit et les craintes / l'anxiété de l'auteur par rapport à sa propre finitude. Œuvre Décadente, *L'enfant malade* est d'un pessimisme sans nuances et présente au spectateur une image de l'être humain comme étant fragile, un être-pour-la-mort : une chose de vanité. Par ailleurs, dans sa thèse de doctorat[8], Jocelyn Godiveau (2017) documente, à travers l'analyse de romans fin-de-siècle, comme celui d'Élémir Bourges, une conception de la Décadence comme déchéance : « Le processus de déclin ne touche pas uniquement les êtres : la matière subit également la décadence de ses qualités esthétiques et la malédiction de l'or devient celle de l'argent, métallique ou papier » (Godiveau, 2017 : 144). Étant donné le caractère situé du phénomène contre-utopique et les répétitions repérées d'un ouvrage à l'autre, il est inutile d'insister sur la vie livresque du mot, sinon pour dire que Godiveau considère la Décadence comme un « mythe-histoire » (Godiveau, 2017 : 10)[9]. En fait, nous en sommes à considérer la décadence comme un mythe, et sa mobilisation littéraire comme une « mythographie » (Leray, 2011).

Isolons encore plus le sens qui nous intéresse. De la même façon que les symbolistes du XIXe siècle ne sont pas exclus de la décadence alors qu'ils n'écrivaient pas en latin, de même la décadence telle que comprise par les auteurs déclinistes d'aujourd'hui ne reproduit pas simplement le mouvement fin-de-siècle. Aussi ses spécificités ne sont-elles pas dites, ici,

---

8 Thèse disponible en ligne Godiveau, Jocelyn. *Modernité et antimodernité de la décadence : De Charles Baudelaire à Aubrey Beardsley*. Diss. Nantes, 2017. archive.bu.univ-nantes.fr/pollux/fichiers/.../6e09003d-630d-4797-883f-0f0feb09a00c consulté le 12 août 2018.

9 Mythe et Histoire sont deux aspects essentiels de la contre-utopie, deux motifs d'intérêt ou le cas échéant de prise de distance avec les théories de Lavocat (2016) et Deluermoz & Singaravelou (2016).

sous forme systématique, mais sont égrenées au fur et à mesure, sans que l'approche définitionnelle ne soit jamais diachronique, basée sur l'évolution du concept au fil de l'histoire[10]. Concept protéiforme, la décadence peut se référer à une chose et à son contraire, à l'extrême raffinement bien sûr[11], et aussi à la plus vile abjection, comme dans la chanson de Georges Brassens, *Le Mauvais sujet repenti*. Où le « poète de la chanson française » décrit une prostituée débutante. Cette « donzelle » ne le choque ni par ce qu'elle « chassait l'mâle aux alentours » ni même parce que, alors qu'elle est victime « d'une maladie honteuse » et qu'il est devenu son proxénète, elle lui « transmet la moitié de ses microbes ». Ce qu'il trouve lamentable, c'est qu'elle se vende à des policiers : « Quelle décadence ! / Il n'y a plus de moralité publique / Dans notre France ! » Dans cette chanson qui fait rimer France et décadence et de manière générale dans l'œuvre de Brassens, les forces de l'ordre sont l'incarnation du mauvais goût féminin.

UN MONSTRE CRÉÉ PAR DES INTELLECTUELS MÉDIATIQUES ?

Il y a un éparpillement de sens évident dont on ne se rend pas compte quand, pour désigner la contre-utopie, on la pose comme une simple variante synonymique de la dystopie, lui faisant camper le rôle de concept en déshérence, de prothèse lexicale, alors qu'elle donnerait *per se* accès à toute une science qu'il nous reste à inventer. Le philosophe italien, Vattimo, auteur notamment de l'article *Vers une ontologie*

---

10 Pour une comparaison entre ce que la littérature d'époque disait de la décadence et ce que les études modernes en ont écrit, plusieurs auteurs peuvent être lus : Joséphin Péladan (1889) et Jean Richepin (1994) au sujet de la décadence latine/romaine ; Gerard Peylet (1989) et Pierre Jourde (1992, 1994) sur la littérature fin-de-siècle. On peut trouver chez Morgane Leray (2015) ou Jean de Palacio (2001) des bibliographies analytiques ou thématiques précises. C'est l'usage récent du concept de décadence au sujet des temps contemporains qui nous préoccupe et notre recherche, en conséquence, portera sur la compréhension qu'en ont les auteurs qui s'en inspirent.

11 Par exemple dans le magazine *Vogue*, en ligne, on peut lire dans un article récent au sujet d'une collection de haute couture : « that luxury fashion has reached such a pinnacle of decadence », Sarah Mower "Comme des Garçons" https://www.vogue.com/fashion-shows/fall-2016-ready-to-wear/comme-des-garcons, 5 mars 2016.

du déclin (1985) estimait dans un article récent que « *one of the essential characteristics of utopia today is the rise and dissemination of a literary genre that has been variously defined as anti-utopia, dystopia or counter-utopia*[12] ». De son côté, le critique et comparatiste Pierre Brunel (2015) a constaté que « *Just as the myth engenders its counter-myth through an inversion of the values of the original structure – the myth of the ideal... came to dominate, under the various appelations of 'counter-utopia', 'anti-utopia', 'dystopia' or indeed 'cacotopia' !* ».

Au jeu des sept différences, la définition qui a le mérite de mieux distinguer la contre-utopie de la dystopie est celle du philosophe Christian Godin (il finit paradoxalement par l'assimiler à la dystopie parce que sa démarche n'était pas classificatoire). Il écrit :

> La dimension politique ou sociale-globale est nécessaire à la constitution d'une contre-utopie comme elle l'était à celle de l'utopie. Il ne suffit pas en effet d'évoquer un possible futur noir (comme le font les romans et les films d'anticipation) pour constituer une contre-utopie. (Godin, 2010 : 62)

Au-delà de la définition de la contre-utopie, ce qu'elle est, il y a cette préoccupation structurelle, le *modus operandi*, comment elle se fait, sa mise en œuvre. Le philosophe juste cité, auteur de *La fin de l'humanité* (2003), indique que « la contre-utopie inverse l'utopie qui elle-même était une inversion du monde réel » (Godin, 2010 : 65). Ma réflexion s'ancre dans ce sillage quand j'affirme plus loin que la contre-utopie est une abyssale absence, une absence dans l'absence. Godin a des intuitions essentielles et utilise un adjectif courant dans les contre-utopies (à savoir « proches »), lorsqu'il indique que, en contre-utopie, le « lointain est déjà tout proche, ce futur hypothétique est en un sens déjà notre présent » (Godin, 2010 : 66). Le seul tempérament qu'il convient d'apporter au portrait-robot de la contre-utopie dressé par le philosophe porte sur le trait de la « catastrophe », qui doit être nuancé[13]. Telle que présentée *infra*, la catastrophe ne convient pas à la nouvelle donne utopique en France.

---

12 Lire Vattimo, Gianni, "Utopia, counter-utopia, irony", *Existential utopia : New perspectives on utopian thought* (2012).

13 Il ne s'agit pas, dans l'absolu, du seul tempérament. En effet le philosophe dans son article écrit la « contre-utopie (ou la dystopie) », ce qui entraîne des mélanges de genres parfois, mais des moments de lucidité que nous avons isolés qui correspondent aux caractérisations spécifiques que nous observons dans les romans de notre corpus. Lire Godin, Christian. Sens de la contre-utopie. *Cités* 2 (2010) : 61-68.

Une catastrophe nucléaire ou technologique est sans doute dystopique, mais n'entre pas dans l'esprit des lois contre-utopiques. La catastrophe (au sens étymologique de *renversement*, de *bouleversement*) certes, ou bien l'apocalypse (au sens originel qui ne signifie pas fin du monde mais plutôt dévoilement et donc valeurs nouvelles), sont, en contre-utopie, des nœuds dans l'intrigue et non pas des dénouements. Et encore ne le sont-elles qu'à la condition d'un retour à leurs sens originels susdits. Clairement, l'Armageddon ou la guerre nucléaire ne sont pas les topoi naturels du traitement fabulatoire de la décadence depuis 2015.

Pour une bonne écologie de la contre-utopie, les termes *catastrophe* et *apocalypse* peuvent être recyclés, à condition qu'ils soient redéfinis. En revanche, les guerres de religions, l'ordre politique nouveau, ou l'émergence des valeurs inédites, qui renversent la table des valeurs de l'Occident autour de laquelle se sont assis les « mâles hétérosexuels blancs de plus de quarante ans[14] » sont typiques. Ce sont des motifs décadentistes que l'on retrouve dans tout portrait en ronde bosse que l'on ferait de l'effervescence contre-utopique.

> La contre-utopie décrit un monde d'après la catastrophe […] mais ses lieux sont nos pays et si son temps est autre, il est déjà le nôtre. Nous sommes déjà en contre-utopie, nous y logeons. L'imaginaire utopique reposait sur l'insularité : même la Callipolis, la belle cité platonicienne, était une manière d'île. La contre-utopie est continentale (Godin, 210)

Parlant d'ordre politique, la « république islamique » pressentie dans *La possibilité d'une île* se met ainsi progressivement en place dès *Soumission.*

> C'est triste, le naufrage d'une civilisation, c'est triste de voir sombrer ses plus belles intelligences – on commence par se sentir légèrement mal à l'aise dans sa vie, et on finit par aspirer à l'établissement d'une république islamique (Houellebecq, 2006 : 235).

Si l'île-paradis y était un eldorado perdu, à présent l'horizon de recherche n'est plus lointain, il n'est plus à Lanzarote, dans les Iles Canaries. La république islamique semble si « proche », elle l'est désormais. La menace est aux portes de la France.

---

14 Éric Zemmour : « Mais qui en veut au mâle blanc, occidental et hétérosexuel ? », Publié le 22/12/2017 : http://www.lefigaro.fr/vox/societe/2017/12/22/31003-20171222ARTFIG00022-eric-zemmour-mais-qui-en-veut-au-male-blancoccidental-et-heterosexuel.php consulté le 30 juillet 2019.

MISE EN ACCUSATION OU REPRÉSENTATION DE LA CIVILISATION

Dans *Soumission*, ce sont des « modérés » qui ont pris le pouvoir. Or c'est bien connu, Houellebecq croit davantage en la possibilité d'une île qu'en celle d'un islam modéré. Les discours actuels sur l'identité résonnent par suite à la fois comme une réplique sismique à l'onde de « choc des civilisations » (Huntington, 1997) et comme une histoire de la « fin de l'histoire » (Fukuyama, 1992). Cette éventualité/événémentialité d'une guerre civile, explorée chez Houellebecq, est également dite dans *Les Événements* de Jean Rolin. Son roman paraît au même moment que *Soumission*, en janvier 2015. À la sortie de ce roman, Nathalie Crom présentait Rolin comme un écrivain « hautement mélancolique, c'est toujours sur l'Histoire, le destin individuel et collectif des hommes qu'il médite sur la Chute, sur les ruines, sur un présent désenchanté, comme effondré et essoré de toute utopie. » (Sic) La journaliste, dans son article de Télérama, expliquait alors paradoxalement que Rolin ne se veut ni oracle ni prophète. Raphaëlle Leyris (2015) du *Monde des Livres*, tout en reconnaissant dans le chapeau de son article qu'il s'agit d'un « roman inquiet », abondait dans le même sens que Nathalie Crom, et écrivait en introduction de sa critique : « Ceci n'est pas une fable politique ou un roman d'anticipation à vocation ou prétention prophétique. » Mais cette mention est curieuse pour le moins. Car qualifier comme elle le fait *Les Événements* de « reportage-fiction » au lieu de « politique-fiction » n'entame pas la dimension contre-utopique et invite plutôt à une traversée plus libre d'un *road trip*, d'une œuvre ouverte, d'une œuvre *en route* (Huysmans). Si le statut fictionnel (ou prophétique) est remis en question, c'est que cela fait question, c'est que le principe de fictionnalité ne va pas de soi. Qu'est-ce que c'est que, en effet, cette fiction que l'on sait telle, mais qui est qualifiée comme une rubrique de l'actualité (fiction-politique ou reportage-fiction) ? Qu'est-ce que c'est que ce reportage qui dissimule au lecteur les informations basiques comme : qui ? quoi ? Pourquoi[15] ? Qu'est-ce que c'est que ce déni permanent de réalité de la

15 À l'analyse, ce sont les éditeurs, les médias et la première identité professionnelle de Jean Rolin (Prix Albert Londres 2006) qui préparent le lecteur à constamment croiser

part d'un reportage, fût-il fictionnel ? Qu'est-ce que c'est que ce roman négativement défini, qui est dit n'être pas tel roman (d'anticipation ou prophétique) ?

Comme s'il ne lui suffisait pas d'être un roman pour signifier qu'il n'est pas ci ou ça. C'est une précaution qui est également présente chez le romancier et polémiste Boualem Sansal (2015 : 11) qui dans son « avertissement » demande au lecteur de se garder « de penser que cette histoire est vraie [...] Non, véritablement, tout est inventé [...] c'est une œuvre de pure invention [...] tout est parfaitement faux[16] ». Cette précaution rhétorique quasi-ritualisée est déjà présente comme on le verra chez Houellebecq. Celui-ci, toujours dans le paratexte, parle au sujet de *Soumission* d'une « affabulation » (*Soumission* : 306).

Le « ceci n'est pas une fable politique » de Nathalie Crom, en positionnant *Les Événements* par rapport à *Soumission* nous ramène précisément aux similitudes entre les deux œuvres et à la concomitance de leur parution. L'on parlerait au sujet de Magritte de la trahison des images. Il est tout à fait possible de parler ici de la trahison des mots, de celle des labels, de celle des genres, et même de la trahison du roman et des critiques journalistiques. Faut-il croire sur parole, en dépit de ce que l'on voit ? Faut-il croire la journaliste qui affirme que « ceci n'est pas une fable politique » ? On lit la même dénégation chez Vincent Giraud, contributeur dans l'hebdomadaire *L'Express*, qui, tout en reconnaissant qu'il s'agit

le reporter, le journaliste dans ses romans. L'idée du narrateur-journaliste est une fiction qui ne correspond pas à la réalité du contenu des *Événements*. Un portrait de la BNF écrit à son sujet : « La plupart de ses livres appartiennent à un territoire plus ambigu : ce sont des récits de fiction, où l'écrivain utilise le plus souvent le *je* mais un *je* souvent largement fictif, et qui se situent au plus près de la réalité mais bien loin du journalisme auquel on les rattache trop souvent : "Ce n'est pas du journalisme que je fais ! Je suis un peu las de voir qu'on rapproche mes livres du journalisme. Ça n'a rien à voir." (Entretien *Le Matricule des anges*, avril 2005). » consultable ici : http://www.bnf.fr/documents/biblio_rolin_jean.pdf. Quant à l'entretien cité du *Matricule des Anges* : Entretien avec Thierry Guichard, Le Matricule des anges, 62, avril 2005, p. 15-23.

16 Contrairement au roman réaliste et en particulier Balzac qui en avertissement écrivait, dans *Le Père Goriot* : « Ah Sachez-le bien, ce drame n'est ni une fiction ni un roman » (p. 50), la contre-utopie tend à affirmer sa fictionnalité « tout ce qui suit est faux ». Selon Franc Schueregen l'avertissement chez Balzac relève moins de la nature réaliste du roman que d'un « télescopage intertextuel » et de l'inscription dans une tendance romanesque ayant emprunté à Shakespeare (Philarète Chasles) et à une mode élisabéthaine le « Tout ce que je dis est vrai » (Schueregen, 2004 : 77). L'avertissement de Sansal se comprend par conséquent comme un « téléscopage intertextuel » avec Houellebecq autant qu'une déresponsabilisation apparente de l'auteur.

d'une « fable » prévient dans son article du 21 janvier 2015 consacré à Rolin : « Que les choses soient dites, il n'est ici aucunement question d'un roman d'anticipation[17] ». Deux observations rapides par rapport à notre étude et par rapport à la classification du journaliste : primo, le roman contre-utopique se distingue du roman d'anticipation ; deuzio, la mise en garde de Vincent Giraud prévient autant qu'elle contredit. Puisqu'elle contient un hyperlien vers un autre article antérieurement publié dans *L'Express* par Emmanuel Hecht. Hecht y faisait le lien entre les romans de Rolin et Houellebecq et résumait ainsi *Les Événements* :

> Un groupuscule islamiste connu sous le nom d'Aqbri (Al-Qaïda dans les Bouches-du-Rhône islamiques) a transformé en forteresse l'hôpital Nord de Marseille. Comment éviter le bellum civile des Romains, « le plus grand des maux », selon Pascal ? C'est la question de cette rentrée littéraire[18].

Il convient de faire observer que la référence à une romanité de la guerre civile, présente aussi chez Houellebecq, certifie si l'on veut l'idée de poétique de la décadence, celle-ci ayant aussi une filiation romaine comme déjà indiqué. Nous entrevoyons que ce dont il sera largement question est une « littérature à potentiel heuristique pour temps incertains » (Rumpala, 2015). Dans un volume de la revue *Methodos*, le politologue Yannick Rumpala, qui avait notamment proposé de se servir de la science-fiction pour simuler ou tester le futur, définissait la « littérature à potentiel heuristique » comme un

> corpus de textes francophones et anglophones orientés vers un futur plus ou moins proche et généralement considérés comme porteurs de positions engagées (fiction spéculative, anticipation sociale, cyberpunk et postcyberpunk, biopunk, etc.)[19]

---

17 Lire Vincent Giraud, « Les Événements », de Jean Rolin : entre carte postale et guerre civile, https://www.lexpress.fr/culture/livre/prix-des-lecteurs-les-evenements-de-jean-rolin-la-carte-et-le-territoire_1643023.html, publié le 21/01/2015 à 12:14, mis à jour le 22/01/2015 à 17:17. Consulté le 30 mai 2018.

18 Michel Houellebecq, Jean Rolin ou l'imminence d'une guerre civile, https://www.lexpress.fr/culture/livre/michel-houellebecq-jean-rolin-ou-l-imminence-d-une-guerre-civile_1637874.html, par Emmanuel Hecht, publié le 09/01/2015 à 20:29. Consulté le 30 mai 2018.

19 Article disponible dans la revue en ligne *Methodos*, Yannick Rumpala, « Littérature à potentiel heuristique pour temps incertains », Methodos [En ligne], 15 | 2015, mis en ligne le 24 juin 2015, consulté le 8 août 2018. URL : http://journals.openedition.org/methodos/4178 ; DOI : 10.4000/methodos.4178.

Par potentiel heuristique, l'enseignant-chercheur désigne la capacité d'une certaine littérature science-fictionnelle à être lieu de réflexion et outil de productions de connaissances. Mais revenons sur les étiquetages, avec lesquels nous n'en avons pas fini, par les journalistes, des œuvres de mon corpus contre-utopique.

Toujours au sujet de Rolin, Nathalie Crom, citée par P.O.L. dans son site Internet, utilise le mot « fable » pour le réfuter[20], contrairement à Teresa Cremisi, l'éditrice de Flammarion. Celle-ci présente Houellebecq comme un auteur visionnaire et son roman comme une fable. Ce qui fonde la différence entre ces auteurs tient davantage (mais pas totalement) aux singularités de leurs personnalités, différentes mais apparentées par exemple par une mélancolie indéterminée. Les éléments paratextuels cités participent de l'*ethos discursif* et de l'*image d'auteur* des écrivains en question mais ne disqualifient pas toute lecture *à rebours* des chemins tracés par la presse ou les éditeurs. Le service de presse étant d'abord un service de communication et de relations publiques, il est courant de voir dans les critiques de journalistes les éléments de langage suggérés par l'éditeur.

En conséquence les labels ou les postures (assumer son anxiété / dénier son anxiété), s'ils ne disqualifient pas le travail interprétatif propre du critique, permettent en revanche d'éviter le piège du « nominalisme » (Barthes, 1968). Barthes dans son introduction à un volume consacré à la linguistique et à la littérature prévenait contre les risques qu'il y a à « développer une analyse à partir d'un mot ». La définition de la contre-utopie, la caractérisation catégorielle comporte ce « risque de nominalisme ». Barthes estimait en effet que :

> La définition du genre, quoique en fait purement lexicographique finit par passer pour une donnée réelle ; on s'en aperçoit bien avec le mot « structure », dont la définition « rigoureuse » permet d'exclure du structuralisme tous les structuralistes ! Tout cela fait que la notion de genre n'est acceptable que si elle se détruit, s'abandonne ou se déplace, un peu à la manière d'un support de fusée. (Barthes, 1968 : 4)

Au-delà du nominalisme, le prisme des catégories, la tentation des étiquettes, tout cela peut être « gênant » selon Ruffel :

20 Lire Nathalie Crom, *Télérama*, Janvier 2015. *Les Événements*, https://www.telerama.fr/livres/les-evenements,120805.php, *Télérama* n° 3389. Mis à jour le 16/08/2017. Créé le 22/12/2014. Consulté le 30 mai 2019.

> Il est toujours gênant d'ajouter sans fin des labels, des étiquettes, pour qualifier des esthétiques ou des périodes. C'est même d'une certaine manière le péché originel des contemporanéistes qui, face au chaos du présent, ne résistent guère à la pulsion du classement, à la taxinomie, à la tentation de l'herbier. (2012 : 13)

La contre-utopie, par suite, est chez moi un à la fois un objet d'étude et un outil d'analyse, c'est un élément de technicité pour isoler le décadentisme d'aujourd'hui, historiquement, poétiquement, dans le ciel des idées littéraires. À travers une approche synchronique de la contre-utopie, c'est-à-dire une approche privilégiant ce que veut dire ce genre à ce moment précis de l'histoire, je prétends assurer la nécessaire liaison entre cet objet, sa littérarité, son intérêt, son contexte, sa composition et ses antécédents. Dans le fait générique (ou genrologique), il y a l'idée de genèse, cela est étymologiquement vérifié. Un autre des intérêts de l'approche du désespoir par la généricité, par la contre-utopie, est qu'elle met en lumière la réalité de *mondes possibles*, davantage qu'une fictionnalisation de mondes réels : les mondes possibles sont des mondes rendus possibles, qui jouent un rôle dans la communication des idées et la construction des systèmes. D'inexistants qu'ils étaient, ils jaillissent de l'imaginaire, pour devenir futurs possibles, des *futuribles* (Gras, 1976)[21]. Demain, dans la mesure où demain peut être prédit est aussi réel qu'hier dans la mesure où hier peut être rappelé.

Pour revenir au contexte de réception médiatique, dans *Libération*, toujours en janvier 2015, Élisabeth Franck-Dumas établissait quant à elle des parallèles explicites avec les théories sur la civilisation française, qui serait en déclin. Entendu que le titre de son article consacré à *Les Événements* est, comme on le voit, très original : « Le grand chambardement ». Toute assonance avec *le grand remplacement* n'est évidemment pas fortuite, le battage substitutioniste se veut une réponse à la bien-pensance immigrationiste de ceux qui veulent accueillir et même promouvoir toute la misère du monde. Franck-Dumas se demande, dans son article publié une semaine après l'attentat contre Charlie Hebdo :

> Peut-on lire le dernier livre de Jean Rolin en faisant abstraction des événements des semaines passées ? Assez facilement, somme toute. Et cela, même

21 Les futuribles (futurs + possibles) seraient des futurs que « les certitudes structurales de développement n'excluent pas a priori », Gras, Alain, *Clefs pour la Futurologie*, éd. Seghers, Paris 1976, p. 6.

si les *Événements*, titre lourd de référents et sous-entendus historiques, met en scène une France contemporaine tiraillée par la guerre civile, où deux des nombreuses factions s'affrontant, puis formant une alliance de circonstance, sont les « Zuzus » ou unitaires nationalistes (« voire fascisants »), et le « Hezb », parti islamiste dit « modéré ».

Le consensus ou les reformulations tautologiques de la critique journalistique ne vont ni verrouiller notre appréhension/compréhension ni orienter notre régime de lecture. Il reste que les constantes du métadiscours et la mise en relation des postures de Rolin, Houellebecq et Sansal renseignent utilement sur les procédés de condamnation *ex ante* des temps présents, même si leur est appliquée une attention critique moindre qu'aux textes eux-mêmes.

Dans la foulée de deux *anni horribiles* (2015 et 2016), comment comprendre l'engouement de certains parmi les plus importants écrivains et intellectuels français pour les contre-utopies ? Entre janvier 2015 et mars 2017 (de la veille de l'attentat contre Charlie Hebdo au lendemain de l'attentat de Nice), des auteurs majeurs et aussi divers que Michel Houellebecq, Boualem Sansal, Emmanuelle Pirotte, Jean Rolin, Chloé Delaume, le sociologue et éditeur Michel Wieviorka, l'économiste Jacques Attali, le philosophe Michel Onfray, l'historien François Durpaire, d'une part et Flammarion, Gallimard, Cherche Midi, Minuit, Le Seuil, Robert Laffont, P.O.L., Grasset, des éditeurs non spécialisés dans la littérature dite de genre et la science-fiction (et ses dérivés, variantes ou sous-genres, comme la politique-fiction) d'autre part, ont respectivement écrit et publié des contre-utopies[22].

En janvier 2017, paraît *Dérapage*, une contre-utopie avec laquelle rien ne s'arrange puisque Nicolas Sarkozy est enlevé par un commando libyen islamiste ; en septembre 2018, François Médéline publie, aux éditions La Manufacture du livre, *Tuer Jupiter*, un roman qui met en scène l'assassinat d'Emmanuel Macron.

Notre compréhension intuitive est que la nouvelle contre-utopie se caractérise par le primat de scénarios politisés (« fable politique » lit-on

22 La ligne éditoriale de certains éditeurs est résolument contre-utopienne. Ainsi des éditions du Toucan, qui publient, en avril 2018, celui que la presse a surnommé le Zemmour britannique, auteur de *L'étrange suicide de l'Europe*. Ils ont également publié, en mars 2018, un essai d'Alexandre del Valle (pseudonyme de Marc d'Anna), *Les vrais ennemis de l'Occident*. Historien controversé et universitaire sulfureux, il est l'un des fondateurs du site islamophobe *Riposte laïque*.

souvent) et Houellebecq nourrit la critique autant qu'il irrigue la littérature contre-utopique. Il s'ensuit que, des dossiers de revue dirigés par Marc Atallah (*Res futurae*, 2016) ou Agathe Lechevalier (*Les Cahiers de L'Herne*, 2017), des actes de colloque publiés en ligne chez Fabula, aux ouvrages de *Principes de la théorie littéraire* (Bessière, 2005) ou de *La théorie littéraire des mondes possibles* (*dir.* Lavocat, 2010), pour n'en citer que quelques-uns, les travaux sur la base desquels la nouvelle contre-utopie est analysée sont d'une grande hétérogénéité : tantôt poétiques, tantôt une synthèse d'apports interdisciplinaires. Cet état de la littérature peut être densifié en y ajoutant de nombreuses thèses de doctorat et les incontournables de la théorie littéraire, ces travaux des grands maîtres (Bakhtine, Bourdieu, Barthes) qui éclairent le fait littéraire du dehors, de l'extérieur de notre propre champ.

S'agissant des ouvrages critiques, comme *La théorie littéraire des mondes possibles* (2010), qui est un ensemble de contributions explorant des œuvres diverses, du point de vue d'une théorie venue des mathématiques : par analogie la contre-utopie provient de la philosophie et autorise des démarches interprétatives ressemblantes. Les œuvres citées dans cet ouvrage comportent des « mondes alternatifs » et sont étudiées indépendamment des « configurations référentielles » (univers de croyance) et des genres. Là, on était dans les mondes possibles, ici notre travail se veut lui une évolution ou un déplacement vers une théorie de la fictionnalité et dans une certaine mesure du genre littéraire : ce que n'est pas explicitement *La théorie des mondes possibles*. Les opérations de théorisation de notre corpus d'œuvres parues en 2015 et 2016 s'inscrivent dans cette aventure critique qui peut être prolongée par les auteurs fondamentaux que sont Gérard Genette, Mikhaïl Bakhtine et David Lewis (avec la théorie des jeux). Lesquels inspirent la construction de notre objet. L'idée genettienne d'actualisation, d'enrichissement et de concrétisation des sens à travers l'acte de lecture est ainsi mise à l'œuvre et élargie à travers l'*ars interpretandi*, notre acte d'interprétation. La dimension discursive de l'œuvre de Michel Houellebecq et l'abondance de références factuelles faisant concurrence à la fiction sont telles qu'il est techniquement impossible d'étudier son œuvre sous le seul prisme du mensonge contractualisé et de la fiction pure. Genette (1991) voyait le texte de fiction comme un *patchwork intransitif*[23]. Si la métaphore du

23 Genette, Gérard, « Récit fictionnel, récit factuel », *Narratologies. États des lieux* (1991) : 9-19.

patchwork me convient en ce sens qu'elle considère le texte comme un tout mensonger (« ordre fictionnel ») constitué de parties fiables et vérifiables, on s'en éloigne quand elle aboutit à considérer que ses énoncés sont intangibles et les êtres dont le texte se compose n'ont pas d'existence en dehors de la création considérée. L'absorption du réel, du dénoté par la dénotation, postulée par Genette est indécidable dans le cadre des contre-utopies en raison du caractère prédictif, prophétique, oraculaire, de ces fictions.

Les contre-utopies seraient ces fictions (ou non-) qui imaginent le monde de demain sur la base de *l'intranquillité* et des crises d'aujourd'hui. Pour clarifier l'usage du concept de contre-utopie, on peut mettre en regard les éléments définitionnels d'un terme sémantiquement apparenté : l'anti-utopie. Selon une critique de l'université de Grenoble-Alpes, qui s'exprimait sur l'œuvre de Michel Houellebecq, « l'antiutopie est une fiction qui, en mettant en scène une société imaginaire, dénonce les enchantements fallacieux de la cité idéale » (Fialkiewics-Saignes, 2009). Un tel rétrécissement sémantique ne permet pas une saisie conceptuelle et langagière précise de l'évolution de l'œuvre de Michel Houellebecq. La base définitionnelle même de l'utopie ne me paraît pas satisfaisante. L'utopie, qui a souvent pu être considérée comme la « possibilité de l'impossible », est différente de la contre-utopie qui peut être décrite, chez moi, comme l'éventualité du possible, osons le pléonasme, comme la possibilité du possible.

Dès lors, c'est en une série de questions programmatiques que notre problématique va se poser, à savoir : Quelles sont les grandes tendances du roman français depuis les attentats à Paris en 2015 ? Peut-on parler d'une réponse ou une réaction spécifiquement littéraire et artistique aux attaques qui ont eu lieu ? Cette réponse, et les ouvrages produits depuis 2015 et prenant prétexte d'un « futur proche », constituent-ils ou reflètent-ils le sentiment de la société française sur les frontières, l'identité, et la laïcité ? Comment caractériser les schèmes dominants de cette poétique nouvelle de dystopie à la française ? La contre-utopie peut-elle être considérée comme une reformulation de schèmes antérieurs, observés par exemple aux États-Unis après les attentats du 11 septembre, puis réactivés ou adaptés à la mentalité française ? Enfin, en quoi l'hypothèse d'une nouvelle contre-utopie dont *Soumission* serait le fait littéraire générateur (poïétique) nous renseigne-t-elle sur la montée du « déclinisme » ? Question subsidiaire, à laquelle une réponse ne sera pas apportée dans les limites de cet ouvrage : jusqu'à quel point l'islam réajuste-t-il des représentations liées à l'identité de la France et plus globalement du monde occidental[24] ?

Concernant les hypothèses elles gravitent toutes autour de l'idée que *Soumission, Les Événements* et les œuvres parues depuis cinq ans disent des cultures et des sensibilités politiques irriguant en définitive l'ensemble des représentations et de la poétique contre-utopiennes. Cette dernière est imprégnée d'un nouveau décadentisme.

La production littéraire et artistique française mettant en scène l'avenir évolue. Si l'utopie a pu être négativement définie comme n'étant pas une simple fiction romanesque, parce qu'elle se double toujours de considérations morales, politiques et philosophiques, il convient de dire que la contre-utopie n'est pas qu'une simple fiction. Elle se double toujours de réalité, d'une réalité qu'elle enjambe pour mieux la dire depuis un avenir proche. La contre-utopie française peut en première approximation être appréhendée comme une tentative de redéfinition politique de la société à travers la culture.

Le fond influence la forme : les sujets identitaires et « décadentistes » ou déclinistes des médias comme *Valeurs Actuelles* (n° 4168 du 13 au 19 octobre 2016, intitulée *Guerre civile* avec la tour Eiffel en feu) imprègnent la création post-Charlie Hebdo au point de renouveler les esthétiques, poétiques, et thématiques dont elle se saisit. Les constantes esthétiques de cette mode-qui-vient (qui passe ?) des œuvres prédictives dans la littérature française soulèvent de nombreuses questions sur l'évolution du roman, les figures de l'écrivain, l'éthos collectif des auteurs associé à un *mélancolisme*.

Des premiers développements qui précèdent tout ensemble analytiques et programmatiques, nous pouvons retenir que trois ou peut-être quatre

24 Une attention doit être accordée à ceux qui dénoncent le « déclinisme », à l'instar des autres Michel(s) Wieviorka ou Serres. Voir Wieviorka, Michel, *Retour au sens : pour en finir avec le déclinisme*, Robert Laffont, 2015. On lira également l'entretien avec Nicolas Truong pour *Le Monde* de Michel Serres : « Nous vivons dans un paradis », mis en ligne le 10 septembre 2016. Il y rappelle que « malgré le climat d'angoisse généré par les attentats terroristes, l'Europe vit une période de paix inédite. Et qu'une autre conception de l'histoire pourrait nous sortir du déclinisme dominant. » Dans le même ordre d'idées, on peut écouter le podcast de l'émission La grande Table, « Contre le déclinisme avec Michel Serres » sur France culture avec Olivia Gisbert, à l'occasion du bref essai du philosophe paru aux éditions Le Pommier *C'était mieux avant*, 2017. Pour faire le point du lexique mobilisé, on se reportera avec profit à Cobast, Éric, « Chapitre II – Les mots de la modernité », *Que sais-je ?* (2017) : 26-98.

erreurs (des brèches davantage que des failles) de nos collègues français justifient l'intérêt de notre approche et complète les analyses existantes. Novak-Lechevalier : son interprétation sur le glissement temporel dans *Soumission* contient une interprétation pour le moins discutable sinon erronée. Laquelle erreur proviendrait d'une microlecture du dernier chapitre de *Soumission*. Laquelle microlecture ne prend pas suffisamment en compte la dynamique narrative à l'œuvre dans *Soumission* d'une part et dans l'œuvre de Houellebecq d'autre part. Marc Attalah : son dossier sur *Soumission* comporte une erreur factuelle qui lui fait éclipser le facteur politique dans l'œuvre de Michel Houellebecq. Alexandre Gefen a une approche théorique qui s'intéresse à l'aspect « thérapeutique », à l'ambition littéraire de « réparer » le monde, de la littérature contemporaine française, sans mot dire des tendances les plus récentes qui insistent sur la dimension pathologique du monde. Cette littérature mortifère qui plutôt que de « réparer », d'indiquer une voie de guérison, fait le lit de mort de la France (la France se meurt, sur-Vive la France !). Cette littérature qui veut, comme l'orchestre du Titanic, accompagner l'Occident vers sa chute, avec Houellebecq en Wallace Henri Hartley (le chef d'orchestre du Titanic). Le cas de Françoise Lavocat fait l'objet d'importants commentaires dans les chapitres qui suivent.

Dans ces prolégomènes, j'ai donné nombre d'illustrations tirées d'un échantillon du corpus contre-utopique. J'y ai exposé les considérations sur lesquelles tout le monde peut s'accorder facilement (définitions, données factuelles, état de l'art, pistes de recherche) pour, dans les chapitres deux et trois qui suivent, faire émerger les structures plus complexes de la contre-utopie. Les éléments d'analyse ici abordés *prima facie* sont revisités dans les développements des chapitres deux, trois et quatre.

Les analyses formelles et les études de cas de *Soumission*, *Les Événements* et *2084* sont au cœur de ma démarche inductive et d'explication du système d'imagerie des auteurs contre-utopiens, de leur esthétique. La faisabilité d'une analyse combinant plusieurs approches critiques n'est plus à démontrer. Ces approches rendent crédible le système de recherche (teinté philosophie et de sociologie de la littérature) qui a permis à travers les textes choisis de définir les contours poétiques de la contre-utopie. L'historicisme qui présidait aux recherches sur l'utopie en France est, en l'espèce, délaissé au profit d'une approche à dominante poststructuraliste, centrée surtout sur les formes, la langue et les idées contemporaines.

DÉSENCHANTEMENT DU RÉEL ET RÉINVENTION DU FICTIONNEL

Il y a 500 ans Thomas More publiait *Utopia*, un « récit de voyage » d'un genre nouveau, de forme essentiellement dialoguée. Marqué notamment par les polémiques religieuses de son temps (XVIe siècle), Morus, le narrateur, décrivait une cité insulaire, imaginaire, paisible et tolérante. Si l'utopie est considérée un genre littéraire, son « double inversé » (Godin, 2010), la contre-utopie semble, elle, d'apparition récente, une mode ultra-contemporaine. De son côté, Mark Lilla (2015) avait pressenti dès la publication de ce roman qu'avec *Soumission*, Houellebecq avait créé un nouveau « genre » littéraire[1], un genre ancré dans cette idée que « nous vivons dans les ruines du futur » (Dantec, [1999] 2016) : de la décadence avant toute chose ! C'est que le mythème de la décadence est à la fois thème et motif de cette catégorie littéraire émergente. David Boucher (2018) a fait le constat d'un « nouveau roman d'anticipation francophone[2] », Daniel Letendre (2018) a, lui, estimé que « loin de se limiter à la seule représentation du présent dans lequel il est plongé,

1 Mark Lilla « Michel Houellebecq has created a new genre—the dystopian conversion tale. *Soumission [Its French title—RD]* is not the story some expected of a coup d'état, and no one in it expresses hatred or even contempt of Muslims. It is about a man and a country who through indifference and exhaustion find themselves slouching toward Mecca. There is not even drama here—no clash of spiritual armies, no martyrdom, no final conflagration. Stuff just happens, as in all Houellebecq's fiction. All one hears at the end is a bone-chilling sigh of collective relief. The old has passed away ; behold, the new has come. Whatever. » Mark Lilla. *Slouching Toward Mecca*, April 2, 2015 issue. http://www.nybooks.com/articles/2015/04/02/slouching-toward-mecca/ Cet extrait apparaît également tel quel dans son essai paru en 2016 (Lilla, 2016 : 117)

2 Soutenu en 2017, son édifiant travail de thèse intègre *Soumission*, publiée en 2015, dans son « corpus d'études ». Dans le deuxième chapitre consacré à Michel Houellebecq, il parle au sujet de Soumission de « pseudo-utopie » pour expliquer que contrairement aux dystopies orwelliennes ou même à 2084 de Sansal, *Soumission* présente à plusieurs reprises le héros « France/ois » (plusieurs critiques ont par ailleurs relevé le symbolisme de ce nom François) comme plus heureux ou épanoui avec l'avènement « désiré » des islamistes.

le récit français actuel déploie un nombre impressionnant de stratégies narratives pour construire ce temps à la fois fuyant et constamment renouvelé. Il met ainsi en avant diverses pratiques ».

Cette idée que le présent est en ruine se structure dans *Soumission* et dans *Les Événements*. Le roman de Rolin est, *mutatis mutandis*, comme *Utopia*, *id est* un récit de voyage, le récit d'un voyage. Le narrateur des *Événements*, transparent au point de laisser intervenir l'auteur, sans nom et presque *sans qualités*, il pourrait s'appeler aussi François, rien ne le lui interdit. Ce narrateur évoque un topos de la poétique contre-utopique, à savoir les « vestiges d'une civilisation disparue » (*Les Événements* : 113). Outre cela, quand, dans *Soumission*, parlant de la victoire de Charles Martel contre les Arabes en 732, un personnage, Tanneur, le « vétéran des services secrets », y concède « qu'il y a eu énormément de batailles entre la chrétienté et l'islam », c'est pour appeler à un principe de réalisme, un pragmatisme nouveau : « le moment est maintenant venu d'un accommodement par alliance » (*Soumission* : 148). L'expression « accommodement par alliance » renvoie à la notion juridique *accommodement raisonnable* dans les sociétés qui se définissent comme multiculturelles, comme par exemple le Canada.

L'*accommodement raisonnable* est une obligation légale faite aux employeurs d'aménager par exemple les pratiques courantes en entreprise, de manière à prendre en compte les pratiques religieuses des employés en situation de minorité. Au nom du principe d'égalité, en vertu de la laïcité, la France et même dans le pays francophone d'application de l'accommodement raisonnable, au Québec, des « voix du refus » se sont souvent fait entendre, qui dénonçaient ces plans d'ajustement identitaire des sociétés accueillantes.

Une alliance *commodatis causa*, un tel mariage de raison entre cultures différentes, sont chez Tanneur (que fait parler le narrateur François), de celles qui enclencheraient la désintégration. Ainsi en va-t-il de « la disparition de la France, son intégration dans un ensemble européen » (*Soumission* : 145). Cette disparition est selon Tanneur inscrite dans l'agenda politique des principaux partis politiques français, qui seraient tous immigrationnistes. L'Europe elle-même « risque de disparaître[3] ».

---

3 Entretien avec René Marchand, journaliste, essayiste, historien controversé, réalisé à Lyon le 25 octobre 2013. Proche des milieux extrémistes, il a défendu l'idée de "rémigration", https://www.youtube.com/watch?v=_fFCxGpRBPo, consulté le 15 juin

D'une certaine façon, le combat a déjà cessé faute de combattants... L'Islam prospère sur les ruines du christianisme dont les pratiquants déclarent forfait, si l'on en juge par la désaffection de leurs propres lieux de culte, parfois transformés en simples lieux touristiques, en tout cas dans le « biotope » de *Soumission*.

Jean Rolin imagine également dans sa contre-utopie une « alliance de circonstance » (*Les Événements* : 47) entre les « Unitaires » et les miliciens du « Hezb ». Parce qu'elle intègre le matériau du futur, parce qu'elle est tournée vers l'avenir[4], la contre-utopie peut être assimilée à une littérature de pointe, suspendue au ciel des idéologies. C'est une littérature dans laquelle l'imagination se double de clairvoyance ou d'extralucidité, de ruminations philosophiques ou de rumeur politique. Tels sont les ingrédients immédiatement reconnaissables de ce genre qui sera exploré en empruntant l'*iter criminis*, la trajectoire créatrice, du nouvel écrivain décadent.iste (avec un *d* bien minuscule, ou bien un préfixe « néo », ou encore des guillemets de distanciation).

Mais enfin, plus d'un siècle après Huysmans, la Décadence serait juridiquement du domaine public littéraire et peut être resémantisée (comme une néosémie, terme désignant un sens nouveau ou comme une métasémie terme désignant un changement de sens) par Houellebecq et Onfray qui inaugurent ou popularisent sinon un genre du moins une sous-culture pareille à celle des cataphiles de Paris, avec la même passion ou obsession des crânes et de la mort. La petite musique qui accompagne ces discours sur la fin relève, elle, d'une sorte de blues, une « mélancolie fataliste » (quatrième de couverture de *Soumission*), un Spleen de Paris revisité, post-soixante-huitard, un déprimisme triomphant

---

2018. C'est l'occasion de souligner la volatilité de certaines données issues des réseaux sociaux. En janvier 2017, deux enregistrements avaient été ainsi mis en ligne, de Michel Onfray et Michel Houellebecq qui estimaient tous que l'« homme blanc va bientôt être remplacé par le métissage » et « la féminisation » (Zemmour). La francité se perd, la rémigration, c'est-à-dire la refrancisation de la France, s'impose. Les deux liens, tous actifs en mars 2017 sont désormais morts au moment de la rédaction : Onfray (https://www.youtube.com/watch?v=qVGR-3EymfQ), Houellebecq (https://www.youtube.com/watch?v=nXuATXds7kc)

4 Même en se défendant d'avoir écrit un roman d'anticipation, le roman de Rolin n'échappe pas aux sujets qu'il a librement choisi de parcourir. On ne peut ignorer que fondamentalement P.O.L. se positionne depuis toujours comme un éditeur de l'avant-garde littéraire.

(« depressionism » en anglais), celui de ceux que Nancy Huston nomme « professeurs de désespoirs[5] [6] ».

> – Que faisiez-vous en mai 68 ?
> – On dansait
> – Eh bien souffrez maintenant.

C'est, en trois tirets rapides, cela le déprimisme tel que diffusé par l'auteur contre-utopien typique, que je métaphorise en un « enchanteur pourrissant » (Apollinaire)[7].

FICTION DE LA DÉCADENCE, DÉCADENCE DE LA FICTION

La Décadence *reloaded*, pourrait-on dire. Sauf que je n'utilise pas la décadence ici comme cadre esthétisant. C'est-à-dire que nous rapatrions dans le domaine littéraire toutes ses significations historiques, politiques, philosophiques, pour en faire le principal activateur de la contre-utopie, à laquelle nous avons dévolu ce rôle de cadre esthétisant. Il existe de nombreuses monographies sur l'histoire, la notion, et l'histoire de la notion de Décadence (Winock, 2017 ; Onfray, 2017 ; Leray, 2015 ; Landgraf, 2014 ; Sherry, 2014 ; Freund, 1984), tous d'approches disciplinaires variées.

---

5 Lire l'essai récemment réédité de Nancy Huston, *Professeurs de désespoir*, Éditions Actes Sud, [2004] 2016.

6 Formulé essentiellement par l'écrivain et critique Jean-Marie Rouaut pour dire l'état de désespérance né de la « désagrégation du lien social, des repères moraux », eux-mêmes causés par Mai 68, le déprimisme a servi à désigner une mouvance d'auteurs aussi divers que Virginie Despentes, Michel Houellebecq ou le prix Nobel JMG Le Clézio. Ce concept n'a pas été défini sous un format académique rigoureux et est demeuré une abstraction ayant suivi une trajectoire brève et autonome des écrivains ou de la névrose littéraire qu'elle désignait. Même si le déprimisme a été cité dans quelques articles, on en trouve l'un des portraits les plus rares mais assez complets dans un entretien mis en ligne le 1er février 1999 entre Jean-Marie Rouart et Jean-Claude Lebrun : « Une littérature de rupture. Le déprimisme selon Rouart ». Publié dans *Regards en ligne* : http://www.regards.fr/culture/une-litterature-de-rupture. Consulté le 10 juin 2019.

7 L'évocation de Mai 68 ne fait pas des auteurs contre-utopiens les seuls fossoyeurs de Mai 68, Roland Barthes, Michel Foucault, Régis Debray, Lacan avaient déjà attaqué les années 68. Pour une analyse sur Houellebecq et Mai 68, lire Viard (2008), cité en bibliographie.

Prise comme objet formel contre-utopique, c'est une « mythologie » littéraire, un mythème. La Décadence est en effet, pour utiliser les mêmes substantifs foucaldiens que le professeur émérite Jean Palacio (2011), à la fois un « mot » et une « chose ». En tant que chose, elle est un objet et un abject. La conversion de cet adjectif qualificatif en nom paronyme a le mérite de dire en une formule le versant malade, l'acception morale de l'objet.

La littérature conjecturale, celle qui ne touche pas à la paralittérature et aux romans dits de genre (science-fiction), est en France une tendance éditoriale, si l'on en juge le nombre d'écrivains confirmés qui s'y sont essayés avec succès, et leurs diversités d'approche. Les temps ont bien changé[8].

Ab initio, l'utopie est une fiction politique, au sens de Thomas More d'un gouvernement imaginaire, paré de toutes les vertus. L'extrapolation, d'entrée de jeu, de la politique-fiction à la contre-utopie est ainsi justifiée, et se distingue ici des concepts synonymes de dystopie et d'anti-utopie. En partant d'une approche multiniveaux, philosophique, sociologique et critique (critique littéraire), c'est-à-dire théorique, situationnelle et référentielle, j'analyse d'une part l'impact social de la reconfiguration des imaginaires collectifs qu'entraîne la hausse tendancielle des contre-utopies ; et d'autre part nous actualisons, c'est-à-dire remettons en perspective, l'engouement des plus grands écrivains et intellectuels contemporains pour le matériau temporel lors des récentes *anni horribiles* (2015 et 2016).

Même si *1984* de George Orwell a pu servir de modèle, de paradigme ou d'hypostase à *2084* de Boualem Sansal, même si Kamel Daoud ou Salim Bachi, tous auteurs d'Afrique du Nord se sont illustrés par la production de textes inspirés qui d'Albert Camus qui de Joyce, on peut trouver aussi sous l'angle de la théorie intertextuelle d'autres sources qui ne réduiraient pas ce roman français ou francophone contre-utopique à

8 Il y a quatre décennies, une universitaire française spécialisée dans le roman américain constatait dans *Le Monde diplomatique* : « La politique-fiction, qui pousse presque comme du chiendent aux États-Unis et en Grande-Bretagne, reste encore assez méconnue en France. C'est un genre hybride, multiforme, supputatif, au point de rencontre entre l'utopie, la prospective, l'anticipation, et même la science-fiction. L'on peut aisément passer à côté, méconnaissant son impact politique, tout simplement parce qu'il correspond à une tournure d'esprit étrangère à la nôtre : il plait aux esprits portés sur la futurologie, aux Soviétiques, mais surtout à ceux qui jouent à se faire peur, les Américains. » (Allain, 1974)

une réécriture translinguistique de sources anglo-saxonnes. Il y a dans le patrimoine littéraire et cinématographique français des chefs d'œuvre dystopiques bien connus comme *Alphaville, une étrange aventure de Lemmy Caution*, le film de Jean-Luc Godard (1965) ou encore *Le Dépeupleur*, une nouvelle de Samuel Beckett (1970). D'ailleurs *2084* de Sansal, décrit un empire islamiste « du futur », nommé Abistan. L'Abistan entretient aussi des rapports intertextuels avec cette nouvelle de Beckett (mais c'est bien George Orwell qu'il reconnaît comme son maître), qui dépeignait déjà un univers totalitaire, hiérarchisé à l'extrême, avec des lois dures et un peuple de captifs.

Le succès mondial de la série et du livre *Hunger Games*[9] ne doit pas faire conclure à une simple mode. Déjà l'article de Marie-Françoise Allain omettait de relever que Jules Verne est considéré comme le pionnier du genre (Foote Bud, 1995)[10]. L'influence du cousin américain dans cette mode littéraire ne doit pas être lue comme exclusive ou prégnante. Il y a eu depuis l'article de Marie-Francoise Allain des facteurs qui favorisent l'émergence de contre-utopies. Charlie Hebdo, le Bataclan et Nice. Cette série d'attentats terroristes sans précédent ont précédé, suivi, ou coïncidé avec la publication de contre-utopies, souvent présentées comme des politiques-fictions mais auxquelles l'on se réfère aussi comme étant des anti-utopies ou, de manière interchangeable et abusive, dystopies, soit des « récits qui tentent de donner une dimension prospective, souvent sociale, à une fiction parlant de temps futurs plus ou moins proches » (Vas-Deyres, 2012 : 25).

Les dystopies ont des caractéristiques spécifiques, souvent considérées comme relevant de l'industrie du divertissement américain. Quid des contre-utopies ? Peuvent-elles, en toute rigueur critique, être assimilées à des antiutopies ou des dystopies ? Dans *Littérature et philosophie mêlées*, Victor Hugo (1834) estimait dès sa préface que « c'est une erreur, par exemple, de croire qu'une même pensée peut s'écrire de plusieurs manières, qu'une même idée peut avoir plusieurs formes ». Ensuite que nous dit le boom contre-utopique de l'état de la France et de sa littérature ? A – Rien ? Alors leur degré de fictionnalité est-il plus important ? B – Tout ? Alors les romanciers seraient-ils de nouveaux Cassandre et la fiction serait-elle devenue une réalité avant la lettre ?

---

9 Collins, Suzanne. *The hunger games trilogy*. Scholastic Australia, 2012.

10 Foote, Bud. The Connecticut Yankee in the twentieth century : travel to the past in science fiction. No. 43. Greenwood Pub Group, 1991.

Le berbère, langue non européenne, est la deuxième langue non territoriale la plus parlée en France[11]. Après l'arabe. Il y aurait en France et en Navarre plus de locuteurs berbères que de locuteurs bretons. L'afflux de réfugiés venus d'Afrique et du Moyen-Orient, *Valeurs Actuelles* et une certaine presse, les thèses de Renaud Camus sur « le grand remplacement[12] », celles du Front National et de la droite sur l'Islam et l'immigration, les positionnements médiatiques et éditoriaux d'Alain Finkielkraut, Éric Zemmour, Patrick Buisson et Michel Onfray qui ont tous tribune ouverte dans les médias publics et touchent une audience populaire très large, les débats sur l'identité, la civilisation prétendue en danger, les pratiques cultuelles et culturelles musulmanes, sont le terreau de tourments identitaires auxquels la littérature tente de répondre. En tant que mode privilégié des représentations critiques de la société française déchirée par des attaques terroristes et recomposée par une importante communauté musulmane, la contre-utopie est sans doute le lieu privilégié d'un renouvellement du roman français. La contre-utopie étant une variante objective de l'utopie : la différence – de valeur ou de degré – étant que ce n'est pas le meilleur absolu mais le meilleur relatif que l'on imagine. Aussi la vraisemblance diégétique et la constitution des dispositifs énonciatifs sont-ils les principaux axes d'interprétation des fictions citées[13].

La prolifération des projets esthétiques avait jusque-là amené la critique à une utilisation indifférenciée des termes dystopie, contre-utopie, roman d'anticipation, politique-fiction, etc. S'ils ne sont pas rigoureusement les mêmes, ils ne sont pas non plus fondamentalement différents, ni dans l'esprit des auteurs ni dans celui des lecteurs. La pertinence de toutes ces nuances de littérature utopique n'est rendue fondamentale dans le sens de cette recherche que parce qu'elle analyse une poétique spécifique. Ce qui affleure dans la mode contre-utopique, c'est l'engagement des auteurs à travers une littérature qui se caractérise par ses thématiques. Celles-ci tournent autour de l'islam, la chrétienté et la laïcité comme éléments structurants de la civilisation française, tourmentées par

11 Lire cet article : http://www.slateafrique.com/326388/langues-civilisations-berbere-deuxieme-langue-plus-parlee-france, consulté le 15 décembre 2017.

12 Lire Le Blevennec, N, « Le "grand remplacement" : l'idée raciste qui se propage », *Rue89*, 2014, vol. 11, p. 78.

13 La notion de vraisemblance diégétique s'oppose à la vraisemblance réaliste ou empirique et se réfère à l'ordre fictif, à la cohérence interne au roman, à celle de son intrigue.

l'identité et le terrorisme : une secte musulmane qui arrive au pouvoir chez Houellebecq, des curés morts qui s'entassent chez Rolin, ou des extrémistes religieux qui prennent le pouvoir chez Sansal.

Les postures auctoriales s'analysent dans le jeu énonciatif à l'œuvre : c'est que le genre de la contre-utopie véhicule toujours une condamnation et une vision critique de l'ordre social et la société représentés. En cela il est un tantinet teinté d'idéologie. Ce qui est prévisible quand on veut combattre idéologie et propagande. Au-delà de leurs lieux communs thématiques annoncés, les contre-utopies de notre corpus, toutes parues en 2015 et 2016, jouent avec le marqueur politique du « pire-est-à-venir » (Davis, 2006 ; Dupuy, 2009), la modernité des procédés textuels et le recours massif à l'avenir comme matériau narratif principal : il n'est pas jusqu'à Chloé Delaume dont l'œuvre romanesque avait été jusque-là exclusivement autofictionnelle qui n'ait investi le champ de la contre-utopie.

La question de savoir « qui parle » (et par suite d'où et à qui l'on parle) a connu un prestige théorique constant dans les sciences humaines : de la linguistique, la communication et la psychosociologie (Jakobson, 1963 ; Hymes, 1962 ; Patron, 2016) à la narratologie (Genette, 1972), le sujet « je » et ses avatars haïssables (*moi* et *ego*) interpellent la société. C'est dans le fond une question identitaire. Dans *L'identité malheureuse* (2013) en effet, Alain Finkielkraut introduit son propos par un « Je[14] » qui très vite dans son récit devient un « nous[15] » auquel il assimile une génération ou une communauté de valeurs, puis un « on » très impersonnel qui peut désigner l'autre au sens fondamental d'étranger[16]. Cette alternance focale dans un essai, cette identité énonciatrice multiple, protéiforme, est vécue par rapport à une crise environnante. Mais elle est un paradigme à la fois de l'irréductibilité ou de la volatilité du « je » auteur, et du « moutonnement infini » des instances énonciatrices dans les « sociétés du discours » (Foucault 1971 : 21) : ces sociétés où l'autoréférentialité et l'autotélisme sont surtout des stratégies discursives ; ces sociétés enfin où les positions du « je » se révèlent des positionnements autant que les modalités de ceux-ci, parlent autant que permettent la parole.

14 « Je suis né à Paris le 30 juin 1949 [...] » (11)

15 « Le changement n'est plus ce que nous faisons [...] le changement est ce qui nous arrive » (22)

16 « Fragilité de l'identité nationale. On la dit étouffante, elle se révèle évanescente » (139)

Comme dans les textes de fiction, le lecteur oscille entre subjectivité et objectivité. Dans le roman français, en s'abstrayant de toute assignation identitaire au « je », on arrive à en cerner des enjeux esthétiques dans de nombreuses publications récentes dont l'analyse succincte, subséquente, ne peut constituer qu'une esquisse. L'hypothèse ici est celle d'une « remythisation » du « je » dans le roman contre-utopique : ce que justifie la référence à un essai et à l'actualité intellectuelle parisienne dans le champ duquel s'inscrivent *Soumission* (2015), *Les Événements* (2015), *La République des Sorcières* (2016) et *Séisme, Marine le Pen présidente* (2016). À l'expression de Paul Ricœur (1985) (qui parlait de remythisation pour dire le pouvoir exclusif qu'aurait la réalité fictionnelle et artistique de faire coïncider vision et actualisation du temps), j'adjoins et fais correspondre l'idée de renarrativisation[17]. On assiste soit à un retour aux fondamentaux quant à la place de l'histoire, soit à un pastiche ou *reboot* de dystopies (Boualem Sansal, 2015). Sur le plan énonciatif en revanche, les écrivains français/francophones contemporains innovent (ou renouvellent), osent des alternances du « je » qui correspondent à des séquences créatives, des séquences émancipées aussi bien des réquisits du Nouveau Roman que du souci classificatoire de l'univers diégétique genettien.

RÈGLES DU JE CONTRE-UTOPIQUE

Les auteurs contre-utopiens sont des personnages en quête de roman : en témoignent les intrusions de l'auteur dans *Les Événements*. Que l'on se rappelle le postulat énoncé plus haut qui est que, dans le renouveau de la contre-utopie, toutes les voix narratives apparaissent comme des simulacres de narrateur, deviennent des figures allégorisantes et donc des personnages supplémentaires, fût-ce au titre de figurants oubliés du générique. Par suite, les enjeux littéraires du brouillage des instances narratives sont esthétiques : le narrateur met en scène et se met en scène. Qui est « je » dans les contre-utopies de 2015 et 2016 ? L'homme-lecteur,

17 Lire Kibédi-Varga (1990 : 16) : « Ce qui caractérise le plus profondément peut-être la nouvelle littérature postmoderne, c'est la renarrativisation du texte, c'est l'effort de construire de nouveau des récits. »

l'homme-français, l'homme-auteur, ou l'homme-narrateur ? Cette question du « je » a largement été abordée dans la recherche littéraire (Gasparini : 2015), dans les théories de la fiction et par les écrivains eux-mêmes (Delaume, 2015)[18]. Mais y a-t-il une opposition entre cette littérature d'écrivains qui nous lisent l'avenir en l'écrivant, cette littérature d'essence démiurgique et la centralité du « je » ? Ces fictions anticipent tous les sociétés à venir et traduisent des préoccupations identitaires se reflétant dans l'usage des voix narratives. Il faut relever l'idée d'une dilution-dissémination du « je » dans le « tu » ou le « Il » (voire inversement : une imprégnation, une contamination des autres pronoms personnels dans le « je »). Pour paraphraser une formule fétiche en narratologie, ce que j'autopsie à travers le corpus constitué c'est la mort de l'auteur-hétérodiégétique (ou extradiégétique). Au-delà de la veine autobiographique, naguère qualifiée de germanopratine, que l'on retrouve dans des romans de Christine Angot, Delphine de Vigan, Nicolas Fargues par exemple, comme un écho du récit primitif de leur vie dans leurs œuvres, on trouve dans les nouvelles contre-utopies d'autres déploiements possibles, d'autres *positions* du « je », libérées du narcissisme du sujet, plus engagées dans les causes de la cité. Une mise en contexte des techniques de dédoublement de Houellebecq peut sembler un détour inutile tant l'œuvre et l'auteur sont connus. Toutefois, pour comprendre la stratégie énonciative de l'auteur, qui a des qualités de chef d'orchestre, sait exactement où se placer, et utilise souvent « je » comme une figure rhétorique, nous allons partir du situationnel au référentiel[19], et donc resituer ce roman et son auteur, en même temps que l'unité troublante de son « je » qui malgré sa cohérence attise les regards, les interrogations, ou inquiète (« salit celui qui le lit », Christine Angot dans *Le Monde des Livres*, dix jours après les attentats contre Charlie Hebdo).

Autant Durtal semblait un double de Huysmans, autant François apparaît le prototype de la France et un alter ego de Michel Houellebecq. Le narrateur s'identifie en tout cas directement à l'écrivain, quand il pose : « Ma vie en somme continuait, par son uniformité et sa platitude prévisibles, à ressembler à celle de Huysmans un siècle plus tôt » (p. 18)

18 Lire Delaume, Chloé, *La règle du je : autofiction : un essai*. Presses universitaires de France, 2015.

19 Ce qui équivaut à une approche sociocritique. Le marquage référentiel, en linguistique, peut se rapporter à la mention des personnages, des événements ou des objets. Les facteurs situationnels sont relatifs au contexte social, à l'environnement physique ou à la personnalité des auteurs.

Au sujet d'*À Rebours* de Huysmans, on a souvent ressorti cette citation de l'écrivain et critique littéraire Barbey d'Aurevilly : « après un tel livre, il ne reste plus à l'auteur qu'à choisir entre la bouche d'un pistolet ou les pieds de la croix ». Entre le suicide et la foi, Huysmans optera pour la seconde option ; ce qui semble se poser comme choix à François le narrateur de *Soumission* est bien la mort ou la conversion. La conversion étant elle-même une mise à mort de la civilisation chrétienne. La « soumission » de François est un symptôme de la mort de la civilisation occidentale, comme le croit Rediger qui considère que le Christianisme est à bout de souffle.

Sa conversion, le rapport à la religion catholique, il les aborde dans plusieurs textes et commentaires, allant jusqu'à montrer son admiration publique à Emmanuel Carrère, lui aussi un converti, dont le récit *christianniste* (je ne suis guère épargné par « le démon de la néologie ») *Le Royaume* (2014) a été défendu par Houellebecq comme un roman puissant. Dans ce qui ressemble à un renvoi d'ascenseurs, Carrère considère dans *Le Monde des Livres* du 6 janvier 2015 que Michel Houellebecq est un « écrivain plus puissant » que George Orwell et Aldous Huxley. Il qualifie *Soumission* de « sublime » et « prophétique » non qu'il prédise le futur, mais parce qu'il énonce une vérité sur le présent[20].

Après le Nouveau Roman (après la grande guerre) un nouveau roman (avant une autre guerre, civile cette fois) ? En tout cas, il y a une sorte de décadentisme dans le portrait de cette France et bientôt de cette Europe décrite par Houellebecq. Le lien entre le narrateur et les femmes, par exemple avec Myriam, rappelle le lien entre *L'Étranger*[21], Meursault de Camus et Marie, fait d'un certain détachement dans lequel la figure de l'auteur et son œuvre antérieure se recoupent parfaitement[22]. Il fréquente

20 Emmanuel Carrère sur Houellebecq : « Un roman d'une extraordinaire consistance romanesque », https://www.lemonde.fr/livres/article/2015/01/06/emmanuel-carrere-la-resistance-n-interesse-pas-houellebecq_4550129_3260.html mis en ligne le 6 janvier 2015, consulté le 8 décembre 2017.

21 « L'homme n'est décidément pas fait pour le bonheur » disait-il dans *Plateforme* (Paris : éditions j'ai lu, 2002), p. 157.

22 Le critique américain Julian Barnes et beaucoup d'autres en Grande-Bretagne par exemple ont souvent vu des allusions intertextuelles entre Houellebecq et Camus. Barnes relève que le roman *Plateforme* s'ouvre sur « Mon père est mort il y a un an ». En se prévalant de la paronymie des noms de personnages Meursault (*L'Étranger*) et Renault (*Plateforme*), il documente plusieurs emprunts ou clins d'œil de Houellebecq. Lire Julian Barnes, Hate and hedonism. The insolent art of Michel Houellebecq, *The New Yorker*, Juillet

les *escort girls* et décrit des scènes de sexe de manière pornographique désesthétisante, avec moins de grâce que lorsqu'il décrit comment il réchauffe ses plats précuits : la banalité dans la vie ou un destin presque ordinaire, qui seraient plus banals ou ordinaires s'il ne s'agissait d'un professeur d'université. Les enseignants d'université en prennent pour leur grade, la charge apparaît violente, les étudiantes présentées comme des proies, même sa vision des études des lettres est désabusée :

> Les études universitaires dans le domaine des lettres ne conduisent comme on le sait à peu près à rien, sinon pour les plus doués à une carrière d'enseignement universitaire – on a en somme la situation plutôt cocasse d'un système n'ayant d'autre objectif que sa propre reproduction, assorti d'un taux de déchet supérieur à 95 %. (*Soumission* : 17)

François, ce professeur, rappelle Michel, l'autre professeur, de *Plateforme.* La relation est explicitement posée entre les deux romans par cette citation : « L'absence d'envie de vivre, hélas, ne suffit pas pour avoir envie de mourir » (*Plateforme*, 205). Le même *taedium vitae* se retrouve dans *Soumission* quand le narrateur trouve deux nouvelles escorts « bien », mais pas suffisamment bien « pour me donner envie de vivre. » Et de rajouter « Devais-je, alors, mourir ? » (*Soumission* : 188)

De plus ce roman est parmi l'un des plus littéraires, les plus théoriques si l'on en juge par la présence écrasante de Huysmans qui accompagne le narrateur depuis sa naissance, avec de longues gloses sur la littérature, sur le livre et sur de nombreux auteurs et intellectuels contemporains, avec des références aux idéologies comme celle de Renaud Camus sur « le grand remplacement ». À travers et au-delà des dialogues à teneur géopolitique, les références aux hommes politiques, les ouvrages, les revues, les auteurs, les philosophes parsèment le déroulement de cette fiction.

Fable, politique-fiction, satire, *Soumission* est surtout une fiction qui confirme la littérature au rang d'art vivant, dynamique, d'un écrivain qui n'est pas qu'un écrivain, d'un insulaire (né à la Réunion, en Outre-Mer française, il a cultivé un goût des marges ou des périphéries de la société) mais aussi un personnage médiatique hors du commun, physiquement insignifiant, presque déclinant comme l'atmosphère de

---

2003 https://www.newyorker.com/magazine/2003/07/07/hate-and-hedonism, consulté le 8 décembre 2018.

ses romans... Il a cette éternelle cigarette comme un blason, cet air dépressif mais, à certains égards, captivant. Il s'est passé quelque chose avec *Soumission*. Sur le plan éditorial, Michel Houellebecq ayant déjà eu son couronnement avec le Goncourt, touche dans ce roman la création artistique, en ce qu'elle mêle société, religions, idéologies, politique et imaginaire, en un mot la civilisation. C'est un livre d'époque, pour ainsi dire. Le passage progressif au conditionnel à partir de la page 284 marque apparemment l'incertitude, il s'agit du conditionnel présent, d'un futur conditionnel mais ces interrogations et des doutes conclusifs (« Je n'aurais rien à regretter ») prennent acte de la nouvelle donne, disent la soumission plutôt qu'une possible résistance. Je reviens plus loin sur cet explicit qui consacre l'éventualité d'une soumission inéluctable et heureuse.

Comme un relai passé à Boualem Sansal qui dans *2084* va encore plus loin dans la politique-fiction et l'anticipation du pire. La sienne, son anticipation du pire est plus noire. Mais elle rentre dans notre catégorie des contre-utopies. L'imparfait de l'indicatif est le temps de narration, mais l'épilogue (p. 264-274) est présenté sous forme d'extraits d'articles de presse, écrits au présent de l'indicatif ou au passé composé, donnant au futur une dimension plus présente ou actualisée. L'utilisation des temps verbaux révèle le jeu de la temporalité comme matériau fondamental contre-utopique.

LE MAL-AIMÉ DE LA RECHERCHE LITTÉRAIRE ?

Dans un colloque tenu du 19 au 26 février 2016, Valérie Stiénon, maître de conférences à l'Université de Paris XIII, faisait une communication intitulée *Le siècle de la dystopie ? Propositions pour une histoire littéraire*. Elle y expliquait la difficulté de regrouper dans une même analyse nombre de « récits sur des communautés en danger, sur le déclin ou soumises à la destruction ». Elle estimait que les œuvres relevant de ce genre sont d'une diversité telle qu'il est malaisé de les regrouper sous la même bannière générique. Ainsi mentionnait-elle les grands écarts entre la prose poétique et eschatologique de Jean-Baptiste Cousin de Grainville

(1805), les éphémérides d'anticipation dans la presse, la démarcation des almanachs, les contes conjecturaux de Nodier ou Allais, le roman futuriste illustré de Souvestre (*Le Monde tel qu'il sera*). Si ses études sont celles d'une moderniste et sont des « propositions sur une histoire littéraire », elles constituent un terreau à partir duquel on aurait pu développer des propositions pour une théorie littéraire spécifique, à propos cette fois d'ouvrages d'une tout aussi grande diversité mais ayant en commun de ressortir de l'époque contemporaine et de la problématique de la décadence.

Au-delà de la perspective historiciste, les ouvrages de recherche sur la contre-utopie quelle que soit l'appellation (dystopie, anti-utopie, etc.) entrée dans les moteurs de recherche des librairies, dans les bases de données bibliographiques, ou les portails en ligne de revues en sciences humaines et sociales sont d'une extrême rareté dans le domaine de la littérature française contemporaine. Il existe des chercheurs comme Valérie Stiénon ou Natacha Vas-Deyres (2012) mais la perspective est ou diachronique ou celle d'historiens de la littérature. Stiénon a fait une thèse de doctorat sur la dystopie, à codirigé des ouvrages et écrit de nombreux articles, mais ceux-ci sont essentiellement tournés vers l'anticipation au XIXe siècle. De ce point de vue, le constat de Roland Barthes en 1968 reste valide cinquante ans plus tard[23].

> La tradition critique française est entièrement et exclusivement tournée vers les contenus ou, à la rigueur, les genres, conçus d'ailleurs comme des objets historiques, dont il faut rechercher l'origine, et non comme des objets formels, dont il faut rechercher les structures. (Barthes, 1968 : 3)

Cette observation interroge le chercheur. Si jusque-là, l'utopie comme « objet formel », en l'occurrence l'intérêt pour la contre-utopie n'a pas passionné, peut-être est-ce que la matière n'est point passionnante. Peut-être aussi, c'est cela qui a été postulé et commencé à être démontré, ce genre n'étant plus resté cantonné dans la littérature de genre, de plus en plus de recherches interrogeront, dans les années à venir, l'appartenance générique de la série d'ouvrages étudiée.

---

23 Lire l'introduction d'un volume contenant essentiellement des « working papers » sur les relations entre linguistique et littérature en France. Barthes, Roland. « Linguistique et littérature », *Langages* (1968) : 3-8.

Quant à la recherche et aux travaux académiques de jeunes chercheurs, ils relèvent surtout du domaine de la philosophie : les frontières entre les disciplines étant parfois comme les frontières entre les genres, peu étanches, certains de nos commentaires pourraient relever de la philosophie de l'art. La littérature, entendue comme activité artistique, s'intègre dans la pensée de Hegel qui a pu estimer que l'œuvre d'art est l'expression d'une idée objective[24].

LE CAS DE *SOUMISSION*
Observations rapides

Soumission est un roman à la fois « réaliste », en ceci par exemple qu'il met en scène des personnages publics connus, sans recourir à des filtres pseudonymiques. Réaliste au sens des décors plantés, au sens de référentiel, mais aussi irréel. Le réel y est plus un effet qu'un fait : l'auteur fictionnalise des crispations identitaires tangibles. *Soumission* fait se confronter, entre autres, les « Identitaires » et les « Musulmans ». L'auteur Michel Houellebecq efface toute distance avec son narrateur, quand dans le paratexte, au motif de « remerciements » (p. 303) à Agathe Novak-Lechevalier, il précise n'avoir jamais « fait d'études universitaires » et alors devoir ses descriptions du monde universitaire à cette maîtresse de conférences. La voix qu'on entend à travers le personnage principal François est bien celle de Houellebecq, dans une situation narrative nouvelle, mais avec le pessimisme tranquille caractéristique de ses œuvres antérieures et de ses apparitions médiatiques[25].

Ce que l'auteur dans son paratexte dit de son narrateur m'a semblé approximativement vrai[26]. Car dans son roman *Plateforme* le héros était déjà

24 « Le but de l'art, son besoin originel, c'est de produire aux regards une représentation, une conception née de l'esprit, de la manifester comme son œuvre propre » Hegel, *Esthétique*, 1832.

25 Lire Rita Schober, Vision du monde et théorie du roman, concepts opératoires des romans de Michel Houellebecq. *Le Roman français au tournant du XXIe siècle (Paris : Presses Sorbonne nouvelle*, 2004).

26 « Je n'ai pas fait d'études universitaires, et toutes mes informations sur cette institution, je les ai recueillies auprès d'Agathe Novak-Lechevalier [...] » (Soumission : 303)

un professeur de littérature. On sait également que Michel Houellebecq a participé à de nombreuses conférences universitaires consacrées à son œuvre et a fait des études supérieures. J'ai imaginé que le narrateur n'est qu'un prétexte, car l'épigraphe du roman est une longue citation de Huysmans. Comme un trait d'union entre le narrateur et l'auteur que la lecture du roman ne dément pas par la suite.

Ce que révèlent ces *Remerciements*, c'est précisément ce qu'ils ne disent pas, c'est-à-dire qu'ils apparaissent une fausse piste, comme une orientation de lecture que donnerait l'auteur. La professeure d'université citée a travaillé avec l'auteur sur des projets antérieurs : la dette de reconnaissance, si elle existe, préexiste donc à son roman. Le 3 mars 2016, se tenait d'ailleurs un colloque international sur l'œuvre de Houellebecq où Agathe Novak-Lechevalier a présenté une communication sur *L'art de l'évanouissement* chez Houellebecq. En 2018, elle a publié chez Stock *Michel Houellebecq, L'art de la consolation*. Je n'ai vu que prétexte dans ces remerciements. Mais prétexte de quoi ? Sans doute déjà un prétexte de validation du travail critique de l'universitaire. Les personnages aux noms subliminaux traversent le roman : Lempereur, Tanneur, Loiseleur... Lechevalier ? Et Rédiger. Ce nom palindrome, ce nom propre n'est pas très commun, l'un de ses anagrammes est aussi digérer, donc se désintégrer, donc (s') assimiler, donc (se) soumettre ? Rediger comme écrire ? Écrire comme écrire avec un stylo ? *Pen* en anglais. Un alter ego de Le Pen ? Pourquoi pas. Entendu que Robert Rédiger est un ancien identitaire désormais à la solde de la fraternité musulmane. Étant donné les allusions sporadiques à la Russie, le nom semble aussi une anagramme d'Alexandre Douguine, un des plus influents théoriciens de la « nouvelle Russie », consultant géopolitique de la Douma, qui croit au déclin de l'Occident et promeut l'eurasisme pour lutter contre le « mal absolu », l'Amérique et ses alliés atlantiques. Son engagement intellectuel est ancré dans une foi et une pratique religieuse, dite « vieux-croyants ». C'est cela la soumission qui a déjà eu lieu, la désintégration des Identitaires. Que peut-on déduire de l'analyse de Rediger, qui a des vues géopolitiques aussi pointues que Douguine et est aussi opportuniste qu'un Le Pen ?

> C'est un art difficile que de faire tenir ensemble des nations séparées par la religion et par la langue, de les faire adhérer à un projet politique commun. À part l'empire romain je ne vois guère que l'Empire ottoman, sur une échelle plus restreinte. Napoléon [...] a montré au cours de l'expédition d'Égypte

> qu'il était parfaitement capable, aussi, de traiter avec l'Islam. Ben Abbes, oui… Il se peut que Ben Abbes soit de la même trempe… (*Soumission* : 289)

Il y a cette réputation sulfureuse d'islamophobie que l'auteur traîne[27]. Cette image d'auteur islamophobe est réactivée dès le titre du roman qui fait référence à l'Islam. En dépit de ce que le roman est évidemment une satire sans concession contre l'Islam, *Soumission* se réfère aussi à l'Occident lui-même, à travers l'évocation d'une certaine sexualité, comme l'a relevé Novak-Lechevalier (2015). De son côté, Chantal Michel (2016) de l'Université de Lyon 2 a vu dans le titre du roman une sorte d'autotélisme, une référence tout simplement du livre au livre en lui-même et à la littérature :

> Le roman de M. Houellebecq est une « soumission » et la première de couverture peut se lire ainsi : « M. Houellebecq soumet » à ses lecteurs un roman. S'affichent ainsi le rôle déterminant du lecteur […] et la modestie de l'auteur (Michel, 2016 : 11).

Ce roman est un objet littéraire et historique (certes très tôt pour le dire) de plusieurs points de vue, notamment parce que *Charlie Hebdo* annonçant la parution de ce roman en avait parlé comme de l'œuvre d'un mage. Autre élément à verser au dossier : la Fraternité musulmane fait penser au Printemps arabe. L'auteur imagine un printemps musulman en France, qui serait mené par un leader habile nommé Mohammed Ben Abbès[28].

Antoine Compagnon résume ainsi sa technique de camouflage :

> Lorsque M. H. veut exprimer une idée, il introduit un porte-parole qui surgit comme un *deus ex machina*, tient sa partie, et se retire dès que M. H. n'a plus besoin de lui pour sa démonstration. Ce dispositif offre des avantages certains, car les idées incarnées dans des voix sont plus frappantes, comme les *imagines agentes* des arts de la mémoire

Ajoutons-y ceci que la parution de *Soumission* est survenue par effet de hasard le jour même d'un attentat d'une violence inouïe. Il peut

---

27 « La religion la plus con, c'est quand même l'islam. Quand on lit le Coran, on est effondré… effondré », Magazine *Lire* cité par le *Figaro* : http://www.lefigaro.fr/livres/2014/12/30/03005-20141230ARTFIG00159-houellebecq-et-plateforme-la-religion-la-plus-con-c-est-quand-meme-l-islam.php

28 Lire aussi Rochlitz, Rainer, Sloterdijk, « Houellebecq et la fin du monde », *Le Monde de débats*, n° 8, novembre 1999, p. 8.

difficilement être fait abstraction du contexte de parution sulfureux de *Soumission* : Christine Angot parlait, dans sa chronique citée page suivante, d'un « carambolage ». Le roman avait été annoncé par Charlie Hebdo le 7 janvier 2015[29], quelques jours avant l'attentat, comme étant une prophétie. Mais c'est sa littérarité marquée qui rend cet ouvrage l'illustration la meilleure d'une réflexion sur les tendances du roman contemporain : en raison de ce que le personnage principal est professeur de littérature revenu de tout : la fille qu'il pouvait aimer, Myriam, est partie. Et celle qui pourrait l'aimer, une collègue par exemple, le répugne à cause d'une supposée « sécheresse vaginale ». Ce professeur a pour seul « compagnon », meilleur « ami », c'est-à-dire seul ami, un écrivain décadent, Huysmans auquel il a consacré sa thèse de doctorat, sept ans de sa vie, au point de lui ressembler et ensemble de ressembler à Michel Houellebecq dans ses postures fin-de-siècle :

> Tel est le cas dans **nos sociétés encore** occidentales et socio-démocrates […] La spécificité de la littérature, art majeur d'un occident qui sous nos yeux se termine, n'est pourtant pas bien difficile à définir […] Mais seule la littérature peut **vous** donner […] Seule la littérature peut **vous** permettre […] S'adressant à un **destinataire inconnu** […] Mais **un auteur** c'est avant tout un être humain **présent dans ses livres** […] **présent dans ses livres** (p. 11, 13)

Ici dégagé en gras, et de manière générale dans tout le propos, le sentiment du narrateur qu'il devient malaisé de dissocier de celui de l'auteur.

Deux points pour mettre en perspective notre analyse :

Primo, la stratégie de la voix narrative est claire, d'autant plus forte qu'elle est calme et maîtrisée sur des problématiques *anxiogènes*. Le double spéculaire de l'« instance énonçante », Michel Houellebecq, c'est le narrateur François, qui habite comme Houellebecq dans le treizième arrondissement, qui *change avec les changements* (il se convertit à l'Islam quand le pouvoir devient musulman), se modifie au contact des « Noirs » et des « musulmans », les types sociaux qu'on trouve dans le roman :

> **En cas de** conflit ethnique, **je serais**, mécaniquement, rangé dans le camp des Blancs, et pour la première fois, en sortant faire mes courses, je rendis grâce aux Chinois d'avoir su depuis les origines du quartier éviter toute installation de Noirs ou d'Arabes (p. 73)

29 « Prédictions du mage Houellebecq », pouvait-on lire en grande une, sur un dessin de Luz représentant Houellebecq. Voir Charlie Hebdo, N° 1177, 7 janvier 2015.

Il se soumet, mais à travers ce même « je » dont le territoire ne se partage que modérément. Toutefois dès le deuxième paragraphe du roman, Houellebecq fait passer le lecteur du « je » au « nous » et ici déjà l'imparfait de narration en arrière-plan, laisse émerger un conditionnel présent au premier plan, posant ainsi une hiérarchie des événements qui pose les peurs du narrateur comme véritable moteur de sa mécanique contre-utopique. Dans cet extrait, le narrateur ne se perçoit pas comme un individu au milieu de factions potentielles, mais comme partie d'un groupe et par suite comme ce groupe. L'auteur parle (c'est connu, la littérature donne parfois prise ou asile à la laideur et à l'immoralité) pour les Blancs : le « je » narrateur vise et divise, en s'identifiant à des Blancs comme le font par ailleurs Finkielkraut ou Zemmour. Houellebecq, toujours, aggrave le trait : les Noirs sont davantage négrifiés, les Arabes islamisés, les femmes sexualisées, les mâles blancs féminisés. Il utilise les simulacres sociaux[30], il ne les élude pas. Ce qui fera dire à Christine Angot dans sa chronique du non-chroniquable :

> Houellebecq, lui, à partir du moment où il arrive à définir des types sociaux qu'il réduit à leur physique et à leur discours ça lui suffit, il les promène dans son dispositif comme des Playmobil, et c'est tout, le « bon vieil épicier tunisien de quartier ». Bon. Vieil. Épicier. Tunisien. De quartier[31].

Elle ajoute que Houellebecq « ne s'intéresse pas au réel, qui est caché, invisible, enfoui, mais à la réalité visible, qu'il interprète, en fonction de sa mélancolie et en faisant appel à nos pulsions morbides ». Pour la petite histoire, le narrateur de *Sérotonine* (2019) assimilera l'autofiction à une « salle des pas perdus » et dira, en représailles, que les romans de Christine Angot lui tombent des mains :

> J'eus l'étrange impression de pénétrer dans une sorte d'autofiction en pénétrant dans la *salle des pas perdus* de la gare Saint-Lazare, devenue un assez banal centre commercial axé sur le prêt-à-porter mais qui pourtant méritait bien son nom, mes pas étaient vraiment perdus, j'errais sans langage entre des

30 Lire David Spieser-Landes, « Soumission ou simulacre de soumission ? Michel Houellebecq et la métaphysique (Baudrillardienne) du radiateur », *French Cultural Studies* 28.1 (2017) : 42-53.

31 Lire Christine Angot, *C'est pas le moment de chroniquer Houellebecq*, *Le Monde des Livres* : https://www.lemonde.fr/livres/article/2015/01/14/c-est-pas-le-moment-de-chroniquer-houellebecq-par-christine-angot_4556380_3260.html, mis en ligne le 14 janvier 2015. Consulté le 10 mai 2018.

> enseignes incompréhensibles, au vrai le terme d'autofiction ne m'évoquait que des idées imprécises, je l'avais mémorisé à l'occasion de la lecture d'un livre de Christine Angot (enfin des cinq premières pages). (Houellebecq, 2019 : 157)

Deuzio, l'auteur Houellebecq meurt bien en son personnage François. Ils se confondent tant Michel est « présent dans ses livres » (*Soumission* : 13). Il revendique sa présence dans le livre, de manière anaphorique, répétitive, redondante, avec ce *je* qui est lui et qui est aussi son destinataire « occidental » (« nos sociétés encore occidentales »). L'art de l'écrivain étant aussi de savoir se mettre en retrait, il parle de « destinataire inconnu » mais on est là dans un espace diégétique où les rôles sont reprécisés, l'esthétique de la réception orientée.

Le moi est mort, re-vive le moi : pourrait répondre en écho la contre-utopie de Rolin qui met aussi en scène une exotisation de l'Occident : ici, on importe en France le centre de gravité de la misère du monde. L'approche rolinienne de la guerre est oblique, le propos est minimaliste, c'est l'humanité qui est en filigrane et le décor est une intrigue, Rolin est un auteur subtil dans son genre, contre-utopique.

Dans *Soumission* l'auteur livre une contre-utopie davantage qu'une dystopie, il n'y a pas de guerre nucléaire ni de péril technologique imminent, tout semble normal dans ce glissement vers l'improbable. Cette normalisation d'une république française dirigée par les Islamistes ne s'encombre pas de pathos et d'effets spéciaux. Mais le meilleur des mondes houellebecquiens est aussi terrifiant que l'Abistan imaginé par Sansal. Le sous-texte de la perspective de *Soumission* est l'échec d'une civilisation aux dépens d'une autre. *Soumission* est, dans son principe, contre-utopique. Il est la négation d'une négation. Car si l'utopie est une absence (de lieux), la contre-utopie apparaît par certains côtés une absence (un échec par exemple) dans cette absence, voire un non-lieu dans ce non-lieu comme expliqué précédemment. Entendu que « l'essentiel est dans le vide[32] » et que la France est le terrain privilégié et connu de cette forme d'utopie minée par un paradoxe insurmontable. Dire d'un roman qu'il n'est pas utopique signifie aussi que ce roman n'est pas contre-utopique, fait de langue certes. Ces *voix*, si difficiles à cerner, apparaissent en même temps idéalement contemporaines. Car elles

32 Cette formule est utilisée comme sous-titre chez David Spieser-Landes, « Soumission ou simulacre de soumission ? Michel Houellebecq et la métaphysique (Baudrillardienne) du radiateur », *French Cultural Studies* 28.1 (2017) : 42-53.

rejoignent une esthétique réengagée dans notre « litige avec le monde » (pour utiliser une expression de Julien Gracq) et elles font également écho à une critique littéraire qui redécouvre le statut discursif des énoncés fictionnels, leurs dimensions éthique, sociale, politique et leurs liens indissociables avec la posture publique de l'écrivain. L'interprète ne saurait échapper aux voix de Michel Houellebecq sans réduire considérablement la portée ou l'intérêt de sa lecture.

LE CAS DES *ÉVÉNEMENTS*
Enjeux énonciatifs transversaux

L'allégorisation du narrateur dans *Les Évènements* laisse voir en contrepoint un *je* pluriel, à travers un personnage à l'histoire mince. Un roman de la monstration plutôt que de la narration. Cette observation du narrateur peut être mise au crédit du roman lui-même :

> Mises ensemble, toutes ces choses – bois sombre, haies vaporeuses, champs verdissants, amas de curés morts – auraient composé un beau sujet pour un peintre de genre (Rolin, 2015 : 16)

Il y a plusieurs voix qui assurent la régie narrative : l'expression est choisie à dessein pour ses connotations cinématographiques. Car de plans, de perspectives il est question si l'on veut analyser les instances d'énonciation dans le roman de Jean Rolin dont le narrateur nous embarque dans un *road movie*, une errance dans un pays dévasté : *Les Événements* est donc une belle fenêtre d'observation de la mobilité énonciative. Car la narration est en mouvement dans tous les sens du terme. Jean Rolin est un reporter, reconnu comme tel. De ce métier il a gardé le goût du « récit », de la multiplication des perspectives, de l'utilisation de la prospective : deux narrateurs se relaient pour des *Événements* essentiellement décrits par les paysages sur un ton d'une « légèreté vaporeuse et presque immatérielle » qui contraste avec la catastrophe décrite. Le double « je » est transparent, il n'exprime pas un point de vue. Deux narrateurs ou plutôt un narrateur et l'auteur qui se permet des intrusions. En ce cas, on pourrait analyser les nombreuses occurrences des tirets et des parenthèses comme autant de dédoublements du « je » narrateur, autant de précautions oratoires et de tournures modalisatrices qui certes ne brouillent pas l'origine de la parole narrative mais marquent bien des changements de voix, des inflexions, des métarécits, et devraient avoir un nouveau statut énonciatif, au-delà des niveaux diégétiques étant donné leur régularité dans les romans postmodernes en général et contre-utopiques en particulier.

Le *je* du roman français d'après-Charlie Hebdo invite à l'écoute, c'est une *persona* : un masque (de scène) non pas une cagoule (de braqueur), c'est un prétexte qui justifie la prise de parole et non pas un texte qui la dissimule. La *persona* de Houellebecq, écrivain consacré, est du même ordre, il ne dissimule pas plusieurs voix, il les représente, les rassemble en un seul principe énonciatif. En cela, Houellebecq mais aussi Sansal ou Rolin sont des écrivains « réalistes » quand même leurs fictions seraient « d'anticipation » ou « fable[33] ». *Persona* certes, mais pas que. Le « je » de l'écrivain, du littérateur français est aussi un *prosopon*, un « je » hypertextuel que traverse un réseau de correspondances, un « je » emprunté pour avancer dans son parcours narratif, pour camper, pour réifier plutôt qu'incarner (l'auteur devient une instance, une chose) : « je », un médium pour distiller ses idées (Hamon, 1972). Le « je » des auteurs français participe du jeu social (identitaire) ambiant et non pas exclusivement esthétique.

CRITIQUES, RÉSERVES ET CONTROVERSES

S'agissant de la littérature grise générée par *Soumission*, elle est impressionnante. Houellebecq a fait toutes les unes et toutes les couvertures possibles. Il a fait l'objet d'hagiographies, de monographies aux presses universitaires de France et ailleurs, de Hors-Séries dans la presse, notamment *Le Figaro* (« Houellebecq le grand désenchanteur », 2016), et même d'un sous-dossier de *Critique* (2015/5, n° 816) … Intitulés « Variations » sur la même thèse que serait *Soumission*, les trois articles qui se tiennent

33 Le troisième chapitre abordera amplement cette question du réel dans les fictions contre-utopiennes.

ont éclairé ma lecture et affermi mon hypothèse principale de la naissance d'un genre spécifique sur la mort de l'Occident.

Dans un texte jubilatoire, un régal, un article narratif, créatif, parodique, qui évalue une thèse (*Soumission*) aux allures de roman (*id est* : un roman aux allures de thèse), Antoine Compagnon ose la création de François H., un personnage mutant mi-Houellebecq et mi-François (le narrateur de *Soumission*)[34]. Dans l'article, la confusion est d'ailleurs plus grande en raison des initiales utilisées (M. H.) qui disent Monsieur Houellebecq mais font penser aussi à Michel Houellebecq, ce personnage principal ayant soutenu une thèse de doctorat dont il est question dans *Soumission*. Dans cette critique subtile et rieuse, Antoine Compagnon (son double M. Lambert) doute en réalité de ce que *Soumission* soit un roman[35], c'est ce que l'on comprend à travers sa non-opposition

34 Un autre article qui reprend d'ailleurs le texte de Compagnon, tout aussi drôle, a été écrit par Caroline Julliot (2017). Le texte est disponible en ligne. Caroline Julliot, « *Soumission* est un roman d'espionnage ! Petite lecture complotiste de Michel Houellebecq », *Fabula / Les colloques*, Premier symposium de critique policière. Autour de Pierre Bayard, URL : http://www.fabula.org/colloques/document4828.php, page consultée le 25 juin 2018.

35 Notre défense et illustration de la langue houellebecquienne : Ayant suivi et dirigé le travail de M. H. il nous semble important, à travers une réserve embarrassée au sujet de (la) Critique, important de tempérer les critiques de notre illustre collègue à l'égard de l'impétrant. Nous nous permettons d'emblée de relever la syntaxe recherchée de cette « sentence », extraite et dénoncée pour l'exemple (voir la phrase complète dans le corps du texte, supra). M. Lambert utilise une incise qui asserte un fait certain, donc (dont) il ne doute guère. L'écriture de M. H. est en cause. Mais l'élément de doute est instillé non par le « si » qui n'a aucune arrière-pensée conditionnelle mais plutôt par le présent de locution « se demande comment ». Le rapport d'implication rendait l'usage du plus-que-parfait plus que souhaitable. Le conditionnel à l'extrême rigueur nous eût mis d'accord. « Si la thèse de doctorat contenait déjà » devait avoir comme subséquence le conditionnel passé (deuxième forme pour maintenir le niveau d'élévation de ce style délicieusement suranné), manqué de peu, faute d'un accent circonflexe de circonstance sur l'auxiliaire de modalité épistémique (pût) : la faute (sans doute à la secrétaire de l'école doctorale : le rapport est en effet présenté *per procurationem*) serait passée à l'oral. Outre cela, s'il reconnaît qu'il s'agit d'une « thèse romancée », M. Lambert, peut-être en raison d'un éméritat qui n'est pas de tout repos, fait du Houellebecq sans qu'il en sache rien, évalue le travail d'habilitation comme s'il s'était agi d'un roman, et ce faisant déplore l'instrumentalisation des personnages, dans une époque qui a méthodiquement exécuté l'auteur (Barthes), l'intellectuel français (Schlomo Sand, 2016), l'intrigue et donc la narrativité, le style (le nouveau roman de cet excellent Robbe-Grillet au sujet duquel M. H. disait qu'il partageait avec lui le titre de seul ingénieur agronome de la littérature française), le genre même du roman (le postmodernisme finissant) et bientôt toute la littérature (William Marx, Richard Millet). Eût-ce été un roman que les absences relevées en eussent fondé toute l'originalité selon nous. M. Lambert dit par ailleurs, ô dieux solécisme ! dit avoir « aussi en horreur que » (*Over my dead body !, eût-il proclamé*

à l'habilitation du jeune professeur, dans une Sorbonne doublement dévaluée. Primo parce que « nouvelle » et deuzio parce qu'« islamisée ». L'article de Compagnon rappelle la fiction de Wieviorka en ceci que la critique est faite par un dispositif de brouillage qui finalement est celui de Houellebecq lui-même.

Antoine Compagnon file cette image de l'universitaire, que campe l'*alter ego* de Houellebecq, François, pour d'une certaine façon venger les milieux académiques et la science littéraire qui en prend pour son grade dans *Soumission*. La soutenance de thèse d'habilitation est une spécificité des trajectoires universitaires françaises. M. H., après un doctorat et quelques articles publiés dans des revues, soutient enfin sa thèse HDR. Un rituel de passage où rien ne lui sera épargné par M. Lambert, rapporteur peu convaincu qui parle de lui-même à la troisième personne : cette figuration emphatique de soi, fût-elle la norme dans les rapports de cette nature marque une distanciation non pas avec soi-même, mais avec son allocutaire superbement remis à sa place. Verbatim :

> M. Lambert s'étonne qu'un jeune collègue écrive de la sorte et il se demande comment, si la thèse de doctorat de M. H. contenait déjà de semblables incorrections il y a quelques années, elle **put** obtenir la meilleure mention, être qualifiée par le Conseil national des universités.

Ce sentiment que M. H. est jugé un peu durement[36], par les milieux universitaires est conforté par l'article de Roy[37]. On peut parler d'une tendance de la critique universitaire à examiner notre romancier comme on le ferait d'un projet de thèse de doctorant, à critiquer les sources voire leur usage, et en l'occurrence à réécrire l'histoire : « Christine Boutin serait

en manière d'oukase s'il n'avait pas eu l'anglais aussi en horreur que la langue de Huysmans.). Passons la charge de fond qui accuse l'impétrant-poète de ne pas aimer une langue qu'il sert avec tant de constance depuis l'ère pré-islamiste. En l'espèce, la cible est une locution verbale (avoir en horreur) : nous ne saurions expliquer l'usage du comparatif **aussi que** plutôt qu'**autant que** autrement qu'un solécisme mineur ou une liberté d'un Maître avec Le Bon Usage selon Grevisse. Dans les départements de français, aux États-Unis, nous encourageons nos étudiants à utiliser *aussi que* essentiellement avec des cibles qui soient des adjectifs qualificatifs ou des adverbes (ou locutions adverbiales).

36 Roy (2015) décrète ainsi que « Houellebecq n'est ni Balzac, ni Zola. Ce qui permet de finir le livre avant l'entrée en gare. » : C'est vite dit. Surtout si on se rappelle le mépris qu'a dû, en son temps, essuyer Zola (non pas de Roy mais de Bloy).

37 Roy Olivier, « L'islam, dernier refuge du chrétien décati », Critique, 5/2015 (n°816), p. 438-442.

plus crédible » suggère par exemple Olivier Roy pour contester le choix de Bayrou comme premier ministre dans l'« ordre fictif » de Houellebecq. Il affirme aussi, sans doute ironiquement : « L'on se demande parfois où il prend sa documentation – Wikipedia est plus sérieux. » On semble reprocher au roman de M. H. de penser plus qu'il ne raconterait, mais en insistant sur les insuffisances de la pensée, ne lui demande-t-on pas de penser mieux et donc de penser davantage dans ses romans ? C'est que le pacte de mensonge se transforme en injonction de rationalité, la fiction est accusée de manquer de pertinence politique. Or l'absurde, les hypothèses limites, sont précisément l'une des marques de fabrique de la contre-utopie. La crédibilité du reste n'est pas la grande affaire des romans[38]. En tout cas la crédibilité ne peut être confondue avec la vraisemblance qui s'apprécie suivant la logique propre du genre considéré. Le roman étant présenté comme une fable, on peut évidemment penser aux critiques suscitées en son temps par Jean de la Fontaine, notamment dans la fable célèbre *La cigale et la fourmi*. Des entomologistes comme Jean-Henri Fabre avaient dénoncé les incohérences de la fable[39].

Cette comparaison ne blanchit pas l'auteur des accusations de légèreté, ni son narrateur d'ignorance aggravée. Elle nous amène, simplement, à considérer que l'ignorance est feinte, organisée, non seulement pour laisser parler ses narrateurs, mais encore pour pousser le lecteur à la convocation de sa propre science, au constat que le processus d'islamisation de la France est en phase terminale. En effet, quand on sait les liens historiques et actuels qui unissent le Sénégal à la France, dont elle a longtemps été une colonie et un territoire, quand on sait que des ressortissants sénégalais étaient dits français plutôt qu'indigènes, et que Dakar était la capitale de l'Afrique Occidentale Française, il est surprenant de lire Houellebecq. Il est surprenant de lire le narrateur, François, disant au sujet du « vigile sénégalais » qu'il reconnait au moment de quitter ses bureaux de la Sorbonne-Paris III :

38 *Contra* : « L'esprit certes n'est point ému de ce qu'il ne croit pas », disait Boileau dans son Art poétique. Mais le débat ici est différent.

39 La cigale « ne dispose pour s'alimenter que d'un suçoir et n'a rien à faire de mouches ou de vermisseaux. Il y a d'autres fantaisies : La cigale meurt à la fin de l'été et ne peut donc crier famine quand la bise souffle. La fourmi, qui dort en hiver dans sa fourmilière ne peut l'entendre ; d'autre part, elle est carnivore et n'amasse pas le grain ». Jean-Henri Fabre, *Souvenirs entomologiques*, 1897, Ve Série, Chapitre XII. Le texte intégral en est disponible en ligne https://www.e-fabre.com/e-texts/souvenirs_entomologiques/cigale_fourmi.htm, consulté le 10 juin 2018.

> J'avais quand même passé quinze ans de ma vie dans cette fac, ça me faisait plaisir de reconnaître, au moins, une personne. Je me demandai s'il avait eu, lui aussi, à se convertir pour être réembauché ; mais peut-être était-il déjà musulman, certains Sénégalais le sont, j'en avais du moins l'impression. (*Soumission* : 266-267)

« Certains Sénégalais le sont, j'en avais du moins l'impression ». C'est comme de dire que certains Algériens ou certains Marocains sont musulmans : pour mémoire, 96 % des Sénégalais sont musulmans. C'est le b.a.-ba de la géopolitique à laquelle le narrateur François s'expose sans cesse ! Son impression est fausse, volontairement fausse : les adverbes modaux « peut-être » signifiant par antiphrase « sans aucun doute », et « du moins » étant un euphémisme de « de toute façon ». Le narrateur n'a pas l'*impression* comme il le dit, il en a la certitude, il sait. Mais il y a une cohérence dans sa posture submersible. Lorsque le narrateur parle, plus haut dans le roman, du vigile, il le décrit en des termes prémédités, non accidentels : « C'était un **Noir bonhomme**, un Sénégalais si je me souviens bien, que je connaissais depuis des années, et que j'aimais bien » (*Soumission* : 119). Passons la question que nous serions tenté de poser à ce Blanc gentil, la question de savoir ce que c'est qu'un « Noir bonhomme ». Il faut parfois, pour en tirer le meilleur, lire Houellebecq sans Houellebecq. Passons ce racisme discret, ce racisme au noir, par-delà lequel il convient de lire l'œuvre. Houellebecq s'expose compulsivement aux critiques qui lui ont déjà été faites comme pour mieux les mériter et éloigner plus que jamais le public de son message poétique. Le fait est que l'imagination n'est pas un monde d'idées pures, les écrivains sont travaillés par des idées noires, et l'on ne peut que très difficilement, en tant que romancier, peindre le mouvement d'une société et les dynamiques qui la traversent en écrivant proprement, en refusant d'avoir *les mains sales* et de les tremper dans l'encre et le vomi, en étant toujours respectueux du sacré et conforme au bon gout, en n'étant pas un hors-la-loi-morale. C'est dans le cadre de ce débat sur la morale en littérature, vieux comme les arts, que Stendhal avait d'ailleurs filé la métaphore du miroir :

> Tantôt il reflète à vos yeux l'azur des cieux, tantôt la fange des bourbiers de la route. Et l'homme qui porte le miroir dans sa hotte sera par vous accusé d'être immoral ! Son miroir montre la fange, et vous accusez le miroir ! Accusez plutôt **le grand chemin** […][40] (Stendhal, (1830)1952 : t. 6, 557)

40 Stendhal, Le rouge et le Noir. Romans. Gallimard, Bibliothèque de la Pléiade. 1952.

Passons donc, ne nous intéressons qu'à son « si je me souviens bien » qui en l'occurrence prouve que l'auteur exploite l'oubli et simule l'ignorance pour dissimuler ses idées. Ses idées sur cet ami noir pour ainsi dire, dont il a plu au narrateur de mentionner la longue amitié, cet ami noir qu'il connaît depuis des années et aime bien. L'ami noir et ceux de sa race. Parce que François peut remarquer en passant « cette petite Noire aux cheveux bouclés, au cul bien moulé dans un jean » (*Soumission* : 90). Les Noirs sont des Noirs et n'ont pas besoin, chez Houellebecq, de nom, puisqu'on leur reconnaît à leur bonhomie (au sens de naïveté), à leur « grand sourire » (comme celui de L'ami Y'a bon) ou à leur « cul bien moulé », bien mesuré, et bien intégré[41]. Ainsi, quand un groupe de jeunes bloquait l'entrée de son université à laquelle François voulait accéder et qu'il déclina son identité de « professeur dans cette université », « ce fut le Noir qui me répondit avec **un grand sourire** » (*Soumission* : 33). Si le « grand sourire » est innocent, sa mention chez François ne l'est pas. François aime leur bonhomie, leur grand sourire, c'est entendu. Il *aime bien* « les Noirs », il ne nous sert à rien de le répéter. L'idée en revanche de leur voisinage, leur proximité éventuelle, l'insupporte : « je rendis grâce aux Chinois d'avoir su depuis les origines du quartier éviter toute installation de Noirs » (*Soumission* : 73). Il les aime avec modération. Il les aime bien, il l'a dit. Depuis la polémique de Nadine Morano en 2012, un ami noir, dans l'imaginaire français, ce n'est pas un ami, c'est un ami noir.

En conséquence, Houellebecq, qui n'est pas censé ignorer toutes ces choses, et a par ailleurs fait la preuve de son bon usage des fiches Wikipedia, est dans une posture d'immersion et d'invisibilisation de son point de vue. En le supposant ignorant ou mal documenté, nous lui servirions, sur un plateau d'argent, des circonstances atténuantes aux accusations de xénophobie. En vérité, Houellebecq n'est, dans ce roman, ni ignorant ni xénophobe. Si du reste il en était convaincu, cela n'ajouterait ni n'enlèverait rien à l'intérêt du roman. Louis-Ferdinand Céline, dans *Voyage au bout de la nuit* (1932), écrit à partir du Cameroun

41 Dans son essai sur le racisme en France, Yazid Sabeg aborde, au deuxième chapitre, la question de « l'actualité des images coloniales ». Il explique par exemple comment « Le Noir sauvage des premières heures devient le "**nègre bonhomme**" doté de toutes les vertus de l'exotisme ». Nous avons souligné l'expression entre guillemets. Lire Sabeg, Yazid. *Discrimination positive : pourquoi la France ne peut y échapper.* Calmann-Lévy, 2004.

et du Congo, serait du point de vue moral bien plus monstrueux. Car l'auteur fait un usage excessif de l'écriture racialisée, d'autant plus raciste et insusceptible d'être dédouanée par des exceptions d'anachronisme interprétatif que son contemporain, André Gide, à partir des mêmes pays, a écrit des textes d'une grande générosité (*Voyage au Congo*, 1927). Ce disant, je n'ignore pas l'accueil chaleureux que les anticolonialistes les plus sincères avaient donné à l'illustre auteur. De la même façon que je trouve vain d'accuser le regard de Bardamu sur les « nègres », de même les abymes de l'âme de Michel Houellebecq sont inintéressants pour sonder son œuvre. Les préjugés d'auteurs ou leur éthique d'écriture ne sont pas notre sujet. Ils ne sont mentionnés qu'au passage, pour dire qu'ils ne sont pas passés sous silence, qu'ils sont ignorés en connaissance de cause, parce que je les juge inopérants dans mon approche critique de *Soumission.*

LA POLITIQUE, BOULEVARD DE LA CONTRE-UTOPIE

Des travaux récents publiés dans *Res Futurae*, la revue de la Science-Fiction, sous la direction de Marc Atallah[42] (avec des contributions d'experts reconnus de Houellebecq comme Simon Bréan et Novak-Lechevalier) s'intéressent enfin à la poétique de l'utopie chez Houellebecq. Selon l'initiateur du dossier, le but était non pas de traiter

> la dimension proprement science-fictionnelle des romans de Michel Houellebecq (elle n'est ni systématique ni intéressante si on la déconnecte du reste de l'œuvre), mais d'inciter les chercheurs à réfléchir aux relations se tissant entre lesdits romans et la tradition utopique, elle-même à l'origine d'un des genres constitutifs de l'imaginaire narratif humain

Les genres constitutifs en question sont les genres conjecturaux.

---

42 La revue présente ainsi le chercheur : Marc Atallah est directeur de la Maison d'Ailleurs (musée de la science-fiction, de l'utopie et des voyages extraordinaires) et maître d'enseignement et de recherche à la Section de français de l'Université de Lausanne. Ses recherches portent principalement sur les littératures conjecturales (utopie, dystopie, voyages imaginaires, science-fiction) et sur les théories littéraires (théories des genres, théories de la fiction).

Même si certaines observations contenues dans le dossier sont caduques au moment même de leur publication. Ainsi Hua Hu (2016) qui a soutenu en 2015 une thèse de doctorat sur M. H. analyse la prégnance de la tradition utopique chez Houellebecq, mais une tradition que l'écrivain aurait selon elle débarrassé du politique : l'utopie houellebecquienne se fait dès lors scientifique, artistique ou sexuelle et, en raison du ton satirique avec lequel elle est traitée au sein du récit, devient ambiguë et énigmatique. (Atallah, 2016).

La chercheure se trompe à moitié parce que *Soumission* par exemple est totalement politique. Présenté comme tel en quatrième de couverture. Cette présentation ne lie pas le critique mais conserve une valeur probante que peut intégrer toute analyse, à condition de ne pas se réduire à valider, à diffuser les lectures officielles, à assurer leur circulation et la circularité de leur interprétation. *Soumission* est donc une utopie particulière, plutôt qu'une dystopie. C'est très exactement une contre-utopie, et en cela politique. Sa poétique est traversée ou travaillée par le politique. Ce roman ne peut être étudié dans le même esprit que les précédents, un anachronisme selon moi qui est commis dans le dossier de M. Atallah et rend illisibles certaines perspectives.

Il appert de ce qui précède que les bases textuelle et théorique dont on dispose suffisent pour poser *Soumission* et *Les Événements* comme matrices ou centres de gravité de la hausse tendancielle de la littérature prédictive. Ces deux romans à eux seuls n'auraient peut-être pas suffi à légitimer nos premières intuitions. La réception et la critique sont importantes[43].

Il est souvent question de l'influence de M. H., mais aussi de ses influences, déclarées ou non. Par exemple, en 2009, Tchoudinova, une écrivaine russe, parlait dans un roman d'anticipation d'une France islamisée. Par plusieurs aspects, cette contre-utopie résonne avec l'œuvre de M. H. La cathédrale Notre-Dame se transforme ainsi en une mosquée, comme indiqué en titre. Quant à elle, la réflexion contre-utopique va atteindre son point de surchauffe en 2015, 2016, et 2017. Il y a eu Christopher Caldwell (2010)[44] ou Oriana Fallaci, pour citer deux journa-

43 « Les genres littéraires dépendent peut-être moins des textes eux-mêmes que de la manière dont on les lit. Le fait esthétique requiert pour se produire la rencontre » (Borges, 1999 : 72)

44 *Reflections on the Revolution In Europe : Immigration, Islam and the West* a été traduit en France par les éditions du Toucan sous le titre de *Une révolution sous nos yeux : comment l'Islam va transformer la France et l'Europe* (2014). Un an auparavant, toujours aux éditions du

listes occidentaux : un an avant *Soumission*, qui évoque une désintégration sous nos yeux, le journaliste américain parlait ainsi de révolution sous nos yeux. Puis après il y a eu Charlie Hebdo, ou le pape des discours substitutionistes, Renaud Camus (2017), égal à lui-même, qui nous a offert *Dernière chance avant le grand remplacement* ; Éric Zemmour (2015) parle de suicide ; Jean-Yves Le Gallou (2016) publie *Immigration : La catastrophe. Que faire ?* Il y a également Douglas Murray (2017) dont l'essai zemmourien est sous-intitulé *Immigration, Identité et Islam.* Il y a aussi Nicolas Baverez, éditorialiste au point et membre du comité directeur de l'Institut Montaigne, qui dès 2003 publiait *La France qui tombe* (*L'homme qui tombe* de Don DeLillo paraît en 2007). Il y a encore Thierry de Montbrial, le président de l'IFRI (Institut Français des Relations Internationales), auteur chez Plon de *Le sursaut ou le chaos* (2015). Dans cette énumération non exhaustive, il y a enfin Guillaume Larrivé qui publie chez Plon un essai visant à « faire mentir Houellebecq » : *Insoumission : pour que vive la Nation* (2017). En fait d'opposition, il s'agit d'une utilisation politique d'un succès littéraire, entendu que Larrivé, député LR de la première circonscription de l'Yonne, est dans sa rhétorique plus houellebecquien que Houellebecq lui-même :

> Notre pays est affaibli par des décennies de renoncements. Le pouvoir n'exerce plus le pouvoir. Le système politique est à bout de souffle. L'immigrationnisme fait des ravages. L'ennemi islamiste s'attaque à la Nation fragilisée.

En sus des romanciers institutionnalisés comme Michel Houellebecq, Jean Rolin, ou Boualem Sansal, il y a Franck Poupart (2015) qui dans *Demain les barbares*, sous-intitulé *Chroniques du grand effondrement* et publié la semaine de l'attentat de Charlie Hebdo, imagine la France en 2028, ruinée par des décennies de mauvaise gestion. La France va basculer en quelques jours vers un conflit civil terrifiant qui va réveiller les fractures ethno-religieuses. Sous la bannière verte de l'islam, les Salafistes vont affronter les Identitaires dans une guerre urbaine meurtrière qui va détruire le pays pendant que plusieurs personnages

---

Toucan, David Engels publie un ouvrage intitulé le déclin dont le but est de « Montrer que la confrontation du monde méditerranéen du Ier siècle av. J.-C. et de l'Europe actuelle renferme les clefs de la compréhension de notre situation contemporaine – et, peut-être, le paradigme de la solution des nombreux problèmes qui caractérisent la crise que nous traversons aujourd'hui » (Engels, 2013 : 15)

tentent de sauver leur peau en fuyant ou en se battant dans une France qui sombre rapidement dans le chaos et la barbarie.

Vincent Message, pour son deuxième roman publié chez Seuil, imagine également la *Défaite des Maîtres et Possesseurs* (2016). Il ne s'intéresse pas seulement, dans sa contre-utopie, à ce qui tombe « sous les yeux » (Message, 2016 : 41) mais prolonge en quelque sorte ce que le narrateur des *Événements* disait : « si c'était un temps difficile pour les hommes, il ne l'était pas moins pour les chiens » (Rolin, 2015 : 12). Son discours antispéciste est un positionnement politique et humaniste, et l'inversion étant un marqueur contre-utopique, son discours est également une double inversion perdante, celle d'hommes incarnant allégoriquement des animaux, celle d'hommes déchus de leur statut de « maîtres et possesseurs de la nature ».

Autre auteur, l'éditeur du journaliste Ivan Rioufol[45] (2016) présente ainsi l'essai *La Guerre Civile Qui Vient* :

> Tout doit être fait pour éviter, en France, la guerre civile que l'Islam radical aimerait semer pour imposer le califat, ce nouveau communisme. L'erreur serait néanmoins de se soustraire à l'épreuve en s'accommodant de ce nouveau totalitarisme et de ses collaborateurs. Le danger n'est pas le Front national, qui n'est que l'expression de la colère d'un peuple abandonné. (Quatrième de couverture)

S'agissant encore des influences de Houellebecq, je pense à la campagne présidentielle de 2017. Au cas où l'on se serait demandé d'où était venu l'élément de langage du Front National (aujourd'hui Rassemblement National) qui assimilait la France à une université du djihad, lors de la présidentielle de 2017, une réponse est suggérée par la noire prophétie d'Alexandre Mendel dans *La France djihadiste* (2016) en couverture duquel on peut lire : « Ce livre n'est pas une enquête à charge mais un constat : le récit de la barbarie à nos portes. » Cet ouvrage est publié chez Ring, également éditeur de Laurent Obertone, auteur qui alterne réflexions et fictions contre-utopiques, et publie en 2016 le roman *Guerilla : le jour où tout s'embrasa*, sur la couverture duquel on peut lire :

45 Il est par ailleurs l'auteur d'autres productions d'une extrême tristesse : *De l'urgence d'être réactionnaire*, PUF, 2012 et de *La fracture identitaire*, Fayard, 2007. La Guerre civile qui vient fait écho au bref essai du Comité Invisible paru il y a une décennie : *L'insurrection qui vient*. La Fabrique Éd., 2007.

> La guerre civile était inévitable. Vivez l'Apocalypse des trois derniers jours de la France. Dans une France proche et obscure, une descente de police dans une cité sensible tourne au drame[46].

Une « France proche » : l'expression est utilisée en quatrième de couverture de *Soumission*. Ces écrivains, loin d'être des cas isolés, constituent au fur et à mesure du temps un front réactionnaire qui semble faire de ce « mouvement » de pleureuses décadentistes la vulgate de la nouvelle contre-utopie[47]. Illustration rapide qui ne vaut guère démonstration à elle seule : Onfray tresse des lauriers à Houellebecq dans la presse et Moix, pour boucler la boucle, s'excuse à la télévision publique d'avoir critiqué Onfray. La première donnée de fait, le constat qui sous-tend l'élaboration théorique est donc comptable, quantitatif. Eu égard aux occurrences du champ sémantique de la « chute ». Chute provient du latin *cadere*, lui-même à l'origine de ce lexique noir (tombe, s'effondre, fin, déclin, suicide, effacement, remplacement, embrasement, soumission, défaite) dans les seuls titres et les paratextes éditoriaux. Eu égard aussi à la diversité et à l'importance des auteurs considérés, on est bien en présence d'un phénomène représentatif d'une flambée décliniste : la contre-utopie.

46 Le magazine en ligne Atlantico est explicite au sujet du journaliste Obertone : « Depuis 2013, ses ouvrages, *La France orange mécanique*, inspiré du livre d'Anthony Burgess, *La France Big Brother*, adaptation moderne d'Orwell, et *Utoya*, étude introspective d'Anders Breivik, le tueur norvégien, font de lui un procureur très controversé de la décadence occidentale. Lire Atlanti-culture, *Tableau apocalyptique et caricatural d'un futur trop vite annoncé.* Par Isabelle De Larocque Latour. Publié le 26 décembre 2017, consulté le 30 juin 2019.

47 « La décomposition de la France est engagée. Cela ne fait plus de doute » (Malika Sorel, 2015)

LA CONTRE-UTOPIE, ROMAN NATIONAL DE LA SOUMISSION

> Son bras se leva vers l'Orient, – vers ces plaines immenses où le blé futur sera nourri de cadavres. Je pensai : « Ainsi il se soumet. Ils se soumettent tous. Même cet homme – là.
> VERCORS, *Le Silence de la mer.*

L'utopie est un genre littéraire séminal[1], souvent associée avec ou désignée par les sous-genres et variantes qu'elle a fécondés. La contre-utopie en est une pseudomorphose[2], différente de la dystopie, qui elle-même partage peu de caractéristiques communes avec l'utopie. Pourtant, toutes ces déclinaisons relèvent du discours utopique et des fictions d'hypothèse. Dans l'introduction aux études réunies sous le titre d'*Utopie et catastrophe*, Engélibert et Guidée considèrent qu'il fut un temps où :

> L'utopie équivalait à un « cri d'espérance résolu ». L'opposition de l'utopie et de la contre-utopie se superpose ici au passage d'une époque à une autre, sous le signe d'un « épuisement de l'enthousiasme » qui nous conduit « au degré ultime du saccage civilisationnel », quand les contre-utopies sont devenues omniprésentes à tel point que s'impose le sentiment de leur envahissement *ad nauseam* (Engélibert et Guidée, 2015 : 7)

---

1 Comme précédemment expliqué, l'utopie est fondamentalement une œuvre qui « échappe aux catégories classiques. Toute tentative pour faire entrer cette œuvre dans les cadres antérieurs en fausse les perspectives et en gauchit l'intention ». Lire Prévost, André, « L'Utopie : le genre littéraire. », *Moreana* 8.3-4 (1971) : 161-168.

2 Il s'agit d'une transposition épistémologique. Ce terme provient de la minéralogie et désigne les changements ou transformations d'un minéral a en un minéral b n'affectant pas l'apparence qui était celle du minéral a. Se dit ici pour souligner que la contre-utopie est une recomposition contemporaine de l'utopie, que la contre-utopie est toujours appelée dystopie ou utopie, quand il conviendrait de lui réserver une appellation spécifique, en raison des dynamiques internes de ce nouveau phénomène littéraire.

À des fins didactiques, imaginons des figures sans grande portée scientifique, mais qui défrichent le terrain poétique investi dans ce chapitre. Pour comprendre la contre-utopie, convoquons et filons une métaphore visuelle (Voir Annexe). Prenons une situation donnée, partagée, celle du monde qui nous entoure et auquel nous pouvons tous aisément nous identifier. L'utopie est ce monde, ce lieu, cet univers, ou cette planète autour de nous. Elle constitue l'environnement dans lequel l'imaginaire des auteurs nous a transportés. Dans cet environnement se déroule une intrigue quelconque. La poétique de cette intrigue constitue le cadre de cette utopie. Nous baptisons cette poétique U. Dans cet alter-monde (notre poétique U), une série d'organismes prospèrent qui sont autant d'avatars esthétiques E incarnés par les Jérémie français[3], les auteurs de contre-utopie, que nous appellerons H[4]. Enfin, parmi ces organismes, les Jérémie nouveaux ont élaboré tacitement une organisation sociale (un credo laïc ou un mouvement spontané) D. Cette entente implicite s'opère par la mobilisation d'un lexique, de techniques narratives et d'une idéologie qui président tous aux histoires qu'ils racontent. On trouve là (dans D), la justification de l'émergence de la contre-utopie comme sous-genre à part entière, permettant de comprendre le phénomène éditorial, idéologique et poétique qui sert de titre à l'ouvrage de Michel Onfray : décadence. Le mot est abondamment repris par H. H Houellebecq ou H Finkielkraut. Quand par exemple on lit sous la plume de Houellebecq que François estime que l'« Occident [...] sous nos yeux se termine » (*Soumission* : 13), on a du mal à imaginer que H Finkielkraut ne l'ait pas lu. Dans un entretien au New York Times, l'auteur de *L'Identité malheureuse* estime que sous la pression migratoire la France se désintègre « in front of our eyes » : comme les cadavres des vers de Baudelaire se décomposant sous nos yeux, la France des auteurs contre-utopiens se meurt en direct[5].

---

3 Jérémie est appelé le prophète des nations, titre donné par l'Éternel, Dieu lui-même, mais aussi « prophète des malheurs ». Dans la Bible, il se lamentait en permanence et avait prédit guerres et persécutions aux Juifs. Victor Hugo considérait dans son William Shakespeare que le poète est un prophète.

4 Dans la Bible (Jérémie 50.1-51), Jérémie est le prophète qui avait annoncé le siège de Jérusalem. Une sorte de lanceur d'alerte *ante litteram*. Dans ce cas-ci la fin promise est de l'ordre de la dystopie (« Un vent destructeur ») même si elle s'accompagne de la fin d'une civilisation aux dépens d'une autre (contre-utopie : « Des nations venues du Nord »)

5 Adam Nossiter, Saturday Profile, "Once Hopeful for Harmony, a Philosopher Voices Discord in France". La citation complète de Finkielkraut qui sert de légende à la photo de

De même la parution la même année 2014 de *France : suicide d'une nation* (Renaud Camus) et *Le suicide français* (Éric Zemmour) est bien plus qu'un simple hasard de calendrier. Il y a un dispositif métalittéraire propice à l'émergence de ces discours, un pré-texte.

Si en s'intéressant à ce hors-monde, on se demande à quel champ scientifique ou quelle discipline académique on rattachera U, on pense à certaine philosophie et à sa quête panglossienne du meilleur des mondes possibles. Une poétique philosophique pourrait-on dire. Si en pénétrant à l'intérieur de ce cadre circulaire, on se pose la même question que précédemment au sujet de E et de H (respectivement les éléments esthétiques et les artistes), la réponse coule de source : la littérature (fin-de-siècle). Et donc une esthétique (de la décadence). Si pour finir, l'on veut savoir de quoi procède D, on dira de la politique, de la crise de la laïcité, de la crise de la postmodernité et donc du capitalisme (ce que ne contredit pas *Sérotonine*, le roman de Houellebecq paru en 2019), de la science politique, voire de la sociologie.

Dans la contre-utopie, le lieu (Occident, Europe, France, Paris) délimite la portée du discours, tout en aspirant, comme toute œuvre d'art, à délivrer un message universel. La contre-utopie est par suite une perspective cavalière, un « monde possible[6] », que l'on étudie par-dessus tout comme un « objet esthétique » mais aussi, par certains côtés, comme un fait social (et littéraire). La contre-utopie est en ce sens une expérience de pensée, à travers laquelle les auteurs-expérimentateurs supposent que telle loi est vraie pour mieux analyser et comprendre les conséquences de cette loi dans les conditions directement imaginables mais techniquement irréalisables. C'est, pour utiliser l'expression de Mavrikakis (2015), un « pessimisme méthodologique », une « littérature sans idéal » (Vilain, 2015).

---

l'article est "Until recently, France was successful in integrating its immigrants. Today, it is disintegrating in front of our eyes". https://www.nytimes.com/2016/03/12/world/europe/once-hopeful-for-harmony-a-philosopher-voices-discord-in-france.html, Mis en ligne en Mars 2016. Consulté le 30 octobre 2017. (In print on March 12, 2016, on Page A9 of the New York edition with the headline : Once Hopeful for Harmony, a Philosopher Voices Discord)

6 L'expression « monde possible » rappelle évidemment Leibniz (1710) et Voltaire (1759), dans sa satire philosophique. Elle est reprise avec ces connotations enrichies de sa conceptualisation dans les travaux du logicien Saul Kripke. Pavel Thomas s'en sert également dans sa théorie de la fiction. Lire Kripke, Saul A., Pierre Jacob, and François Recanati. *La logique des noms propres*. 1982. Lire aussi l'ouvrage de Pavel (1986) récemment réédité en Points : *Pavel, Thomas. Univers de la fiction. Points, 2017.*

Dans ce deuxième chapitre de notre exploration du genre, des idées et du temps en littérature, j'élaborerai à la fois une critique et une construction théorique sur le « U-turn » (tournant utopique – cette traduction néologique ou volontairement fautive tient du calembour) que constitue *Soumission.* Il faut comprendre la poétique ici comme un « arpentage technique du fonctionnement et de la mécanique textuelle d'une œuvre » ou en l'espèce d'un corpus (Langlet, 2006).

Pour fluide et presque légère que soit la lecture non critique (orientée sur *le plaisir du texte*) de *Soumission*, ce roman de Houellebecq n'en est pas moins « alourdi », dès son ouverture, de nombreux moments non romanesques, réflexifs, théoriques, qui justifient que la focale soit orientée immédiatement sur la question des auteurs multiples de chaque œuvre contre-utopique. Au-delà des notations relevant du dialogisme, de la théorie de la transtextualité (Genette, 1982), la contre-utopie s'écrit dans un esprit de surimpression subtile. Les auteurs contre-utopiens se servent des utopies, des arts, de l'actualité politique ou fait-diversière et de la science, comme d'un moule, utilisant leur propre écriture comme une chemin de coulée, recueillant ainsi du « délire collectif » l'autorité de leurs prophéties ou de leurs fables[7]. L'autorité (au sens de légitimité de la parole prophétique) est par suite un élément fondamental de la poétique contre-utopique. Le rapprochement que cette déduction opère

7 La verbalisation ou la mise en récit du délit collectif doit-elle être regardée comme une identité narrative ? Il est possible de parler d'un délire collectif de la société qui se durcit et d'un délire collectif au sens d'Alain Roy (2017). Emmanuel Todd, dans « Qui est Charlie ? Sociologie d'une crise religieuse » publié en mai 2015 utilise l'expression « hystérie collective », mais dans une acception autrement critique. Dans son article, l'universitaire canadien Alain Roy, fondateur de la revue *L'Inconvénient*, qu'il dirige, considère que ce que nous étudions comme une nouvelle contre-utopie serait un *survivalisme* à la française, c'est-à-dire selon lui avec en plus la « sophistication intellectuelle » propre aux Français. Sa lecture est moins orientée vers le texte que vers le souffre qui environne l'auteur. C'est la critique principale que nous pouvons lui adresser. Lorsque par exemple il écrit « Avant même sa sortie officielle le jour des attentats de Charlie Hebdo – coïncidence troublante, qui n'en était peut-être pas une –, le sixième roman de Michel Houellebecq soulevait déjà une polémique » Alain Roy fait preuve d'un scepticisme en tous points équivalent à celui des « complotistes » qu'il désigne. Car imaginer (avec à l'appui de son hypothèse parenthèses et adverbe exprimant le doute – peut-être –), imaginer que la coïncidence entre la date de publication de *Soumission* et le moment des attentats n'est pas une pure coïncidence relève d'un complotisme qui veut se moquer du complotisme. Lire son essai disponible dans Érudit, le portail académique canadien : Roy, Alain. « Le délire collectif des déclinistes français : Finkielkraut, Zemmour, Houellebecq et Onfray. » *L'Inconvénient*, number 69, summer 2017, p. 31-38.

entre autorité et légitimité trouve un soubassement théorique chez Haydn (1989 : 13) qui considère que la fiction ou le récit *in globo* « [...] from the folktale to the novel, from the annals to the fully realized "history" has to do with the topics of law, legality, legitimacy, or, more generally, authority ».

Quant au poids de la dimension didactique, il est tel que le paratexte de *Soumission* présente ce roman comme une « fable » voire un conte moral. Ce qui n'est pas la caractéristique première de la littérature de genre spécifiquement dédiée à l'industrie de l'émotion. Les indices utopiques ou dystopiques, les traces de science-fictionnalité, ou les motifs habituels du genre sont en effet démobilisés dans *Soumission*. Ils sont aussi rares que les lieux de l'histoire y sont réels. Cette esthétique du lieu (et des paysages) dans *Soumission* (et *Les Événements*), traversée par un quadrillage (à la militaire) tout en marques (« brands »), personnalités, références culturelles et patrimoniales, géographie de Paris, cette esthétique donc fait de l'avenir contre-utopique l'endroit le moins futuriste de l'histoire récente.

Sont absentes voire lacunaires l'imagination technologique ou les théories néo-humanistes qui sont pourtant la matière des précédents romans du futur de Michel Houellebecq[8]. Le futur contre-utopique « paraît faire *défaut*, *excédant* immanquablement par son caractère protéiforme la parole qui voudrait l'enserrer dans l'enclosure d'une complétude narrative » (Crombet, 2017)[9]. Enfin, la contre-utopie apparaît dans ce chapitre comme l'espace d'un déploiement ambivalent d'hypothèses (sur le présent) et de fantasmes (quant au futur). L'intrigue contre-utopienne fait émerger une thématique ou deux, dont l'arborescence est celle de l'effacement ou de la transparence (le personnage François), de la soumission, du remplacement, de la décadence voire de la désintégration, avec une obsession identitaire répétée et incarnée *ad nauseam*.

Considérons les éléments suivants :

---

8 François utilise des sites de rencontres : Tinder serait plus efficace ! Vu la piètre estime dans laquelle il tient les femmes, nous l'aurions imaginé utilisant un sexbot, ce qui lui aurait épargné les gros pourboires.

9 Le sujet est approfondi au troisième chapitre sur les « présents, présentismes, et présentification » dans la fiction contre-utopique. Lire aussi : Crombet, Hélène. « La présentification de l'absence historiographique : une esthétique de l'excentricité narrative. *La Seine était rouge. Paris, octobre 1961* de Leïla Sebbar », *Questions de communication*, vol. 31, n° 1, 2017, p. 355-371.

> Le Bloc identitaire était en réalité tout sauf un bloc, il était divisé en multiples **fractions** qui se comprenaient et s'entendaient mal : des catholiques, des solidaristes apparentés à « Troisième voie », des royalistes, des néo-païens, des laïques purs et durs venus de l'extrême-gauche... Mais tout a changé au moment de la création des « Indigènes européens ». Ils s'étaient inspirés au départ des « Indigènes de la République », en en prenant l'exact contre-pied, et ils ont réussi à délivrer un message clair et fédérateur : nous sommes les indigènes de l'Europe, les premiers occupants de cette terre, et nous refusons la colonisation musulmane (*Soumission* : 68)

L'usage du mot « fractions » souligné peut apparaître à première vue un barbarisme, son usage est cependant attesté chez plusieurs auteurs comme Balzac et Jaurès[10], dans le sens de « faction » (groupe se livrant à une activité factionnelle), mais aussi dans un sens politique et historique de « fractionnisme ». Cet extrait appelle deux observations qui vont déboucher sur la première section de ce chapitre[11].

Primo, la littérarité dans tous les sens du terme de *Soumission*. La première partie du livre (p. 1-44) est ainsi très peu politisée et pourrait être un éloge funèbre de la littérature, « art majeur » (p. 13). Le décor que l'auteur pose est académique, littéraire, poétique voire lyrique, d'abord en termes comparatifs :

> Autant que la littérature, la musique peut déterminer un bouleversement [...] autant que la littérature, la peinture peut générer un émerveillement, un regard neuf porté sur le monde.

L'énumération orientée devient rapidement contrapuntique, avant de prendre des accents symphoniques à travers une comparaison qui de relative devient absolue. Dans cette ode à la littérature, l'anaphore « Seule la littérature » souligne à loisir le caractère saillant et distinctif de la littérature :

---

10 Ils sont cités dans l'article « Fraction » du dictionnaire en ligne du CNRTL : « Cette fraction du parti royaliste qui ne voulut aucune transaction avec [...] les révoltés » (Balzac, *Cabinet ant.*, 1839, p. 18). « Pour toutes les fractions du Parti socialiste, pour toutes ses "méthodes", il y a eu des victoires et des échecs » (Jaurès, *Ét. soc.*, 1901, p. 23).

11 Barbarismes, agrammaticalité apparaissent des lieux de subversion, de résistance, de créativité et de néologismes dont le narrateur de *Soumission* ne fait pas l'économie tout le long du roman. Au-delà des nombreuses incorrections relevées par Antoine Compagnon, on peut rapidement illustrer ce fait par ce que le narrateur écrit en page 218 : « T'es hors-sujet Ducon, je suis seul dans ma chambre, narquoyais-je avec fureur ». *Narquoyer* est compris comme quelque chose qui est dit avec narquoiserie, c'est être narquois. Mais ce n'est pas un mot dont les dictionnaires français aient eu idée.

> Mais **seule la** littérature peut vous donner un sentiment de contact **avec** un autre esprit humain, **avec** l'intégralité de cet esprit, ses faiblesses, et ses grandeurs, ses limitations, ses petitesses, ses idées fixes, ses croyances ; **avec** tout ce qui l'émeut, l'intéresse, l'excite ou lui répugne. **Seule la littérature** peut vous permettre d'entrer en contact **avec** l'esprit d'un mort, de manière plus directe, **plus** complète et **plus** profonde que ne le ferait même la conversation avec un ami – **aussi** profonde, **aussi** durable que soit Une amitié, jamais on ne se livre, dans une conversation, **aussi** complètement qu'on ne le fait devant une feuille vide, s'adressant à un destinataire inconnu.

L'anaphore est un procédé en vogue si l'on songe aux nombreuses anaphores utilisées par Finkielkraut (2013 : 5) : « dans cette France de naguère » fait-il, se souvenant du temps passé qui était si joli, « dans cette France d'autrefois » fait-il dans son lamento. Chez Houellebecq, l'anaphore, cela est souligné par moi, s'accompagne d'autres formes d'anaphore, des déclinaisons d'elle-même, notamment de l' « épanaphore ». Il y a aussi cette allitération du son « s » qui produit un effet d'accélération, de sifflement (le cri du serpent), et de danger[12]. L'épanaphore désigne selon Molinié « la reprise exacte, en la même place syntagmatique absolument initiale, des mêmes éléments » (Molinié, 1992 : 136-137) :

> Alors bien entendu, lorsqu'il est question de littérature, la beauté du style, la musicalité des phrases ont leur importance ; la profondeur de la réflexion de l'auteur, l'originalité de ses pensées ne sont pas à dédaigner;mais un auteur c'est avant tout un être humain, présent dans ses livres, qu'il écrive très bien ou très mal en définitive importe peu, l'essentiel est qu'il écrive et qu'il soit, effectivement, présent dans ses livres (il est étrange qu'une condition si simple en apparence si peu discriminante, le soit en réalité tellement, et que ce fait évident, aisément observable, ait été si peu exploité par les philosophes de diverses obédiences : parce que les êtres humains possèdent en principe, à défaut de qualité, une même quantité d'être, ils sont tous en principe à peu près également présents ; ce n'est pourtant pas l'impression qu'ils donnent, à quelques siècles de distance, et trop souvent on voit s'effilocher, au fil de pages qu'on sent dictées par l'esprit du temps davantage que par une individualité propre, un être incertain, de plus en plus fantomatique et anonyme). (p. 13-14)

Cette phrase est performative et prétéritive. En d'autres termes, elle montre ce qu'elle démontre et fait étalage de tout ce dont elle prétend pouvoir se passer. Elle est longue, rythmée, chantée, portée par une prosodie caractéristique du style serpentueux de Houellebecq dans

12 L'onomatopée correspond à *sssss* ; en grammaire phonétique, on écrirait [s].

Soumission. Malgré les figures de répétition, le texte ne piétine pas mais plutôt s'accélère, s'épanouit, se déploie dans un souffle démonstratif (scripteur et orateur) digne d'un homme ou une femme politique : né poète, Houellebecq devient orateur. Pour finir, Houellebecq et son double narrateur closent leur manifeste ou ce qui en tient lieu, cette démonstration de littérarité, par l'éloge de la fonction auteur, notamment pour le lecteur, amorçant une esthétique paradoxale de la réception.

> De même, un livre qu'on aime, c'est avant tout un livre dont on aime l'auteur, qu'on a envie de retrouver, avec lequel on a envie de passer ses journées. (*Ibid.*)

A-t-on vraiment envie de passer ses journées avec quelqu'un qui disserte sur la fin de l'espèce européenne, de l'*homo occidentalis* ? Chez le narrateur houellebecquien le plaisir du texte passe par l'« envie » de l'auteur, une envie qui est de l'ordre du compagnonnage ou, en exagérant à peine, de *l'envie du pénis* : on a envie de *retrouver* et *passer ses journées* avec cet auteur (masculin). C'est une posture que défendent souvent les auteurs pour dénoncer le monopole des écrivains institués. « Il est permis de choisir ses livres dans cette multitude d'ouvrages comme on choisit ses amis dans la société », disait Louis-Sébastien Mercier. Comme monsieur Jourdain et sa pratique de la prose, Houellebecq paraphrase Mercier qui défendait deux siècles plus tôt cette idée de la littérature. Lire son *De la littérature et des littérateurs*[13].

Cette littérarité[14] donc pose une équation à deux inconnues au moins, savoir : la décadence ou la politique sont-elles juste des prétextes à la littérature ou alors inversement la littérature est-elle un prétexte à l'engagement politique ? La double conséquence objective est la même : point de salut par la politique, plus (ce mot pouvant vouloir dire arrêt ou continuation, je traduis : « no more ») d'évasion via la littérature. Les nouveaux prophètes (contre-utopiens) se gardent bien d'annoncer de nouveaux Messie. La décadence ne s'arrêtera qu'au bout de sa propre logique. Mais le corpus contre-utopique est l'occasion d'une réflexion sur la littérature, les études littéraires et « le métier d'écrire ». Une réflexion qui par certains côtés dénonce la terreur de la théorie (Marty

13 Cité dans *Dictionnaire d'un Polygraphe*, textes établis et présentés par Geneviève Bollème (1978 : 221)

14 Littérarité non pas au sens de Jakobson (1973) pour définir ce qui fait d'une œuvre une œuvre littéraire, mais pour dire l'ambiance littéraire, critique, et universitaire marquée.

2006, Compagnon, 1998) ou constate son espace sans cesse réduit dans la société[15].

« Littérarité » dans tous les sens finalement. S'agissant de contre-utopies, des textes qui ne sont pas reçus comme littéraires sont mobilisés en raison de leur intérêt thématique. L'unité thétique des textes du corpus existe, au-delà de la pratique individuée du matériau de la décadence. Mais en tant que poétique, la contre-utopie n'est formellement constituée ni dans la conscience des auteurs ni dans celle du grand public. Elle a été identifiée plus ou moins clairement sous forme d'intuitions critiques (Mark Lilla, voir page 17) et de commentaires de jeunes chercheurs ayant constaté les évolutions récentes des discours dystopiques.

« Littérature » dans son sens le plus large : car d'histoire littéraire il est largement question. Au point que Houellebecq me semble avoir, pour reprendre cette formule inimitable empruntée à Stéphane Zekian (2012), me semble avoir prélevé « la peau du style sur le cadavre doctrinal d'un maître de vie recyclé en maître de plume[16] ». Tel apparaît l'« ami » Huysmans chez Houellebecq, sous le double point de vue de l'écriture et de la pensée, « les deux corps du roi » (cette allusion à Ernst Kantorowicz est aussi de Zékian). Pas tant un roi qu'un maître ou un modèle au niveau duquel il se hisse : « Ma vie en somme continuait, par son uniformité et sa platitude prévisibles, à ressembler à celle de Huysmans un siècle et demi plus tôt » (*Soumission* : 18). L'observation que je tire de cet extrait est l'identité (au sens étymologique d'idem : la mêmeté) du « bloc identitaire » de *Soumission* au bloc identitaire de la contre-utopie[17] : des fractions voire des fractures peuvent exister entre différents auteurs.

Deuzio (j'avais annoncé deux observations, la première a suscité plus de commentaires que prévu) : tout comme une structure ou un plan de roman (ou de thèse de doctorat) n'est évidemment pas un simple contenant que l'écriture, l'imagination, ou la réflexion viendront remplir, le genre ou le fait littéraire de la contre-utopie seraient bien plus qu'une gondole de libraire ou un rayon de bibliothèque où les œuvres

---

15 On peut lire avec profit Antoine Compagnon, *La Littérature, pour quoi faire ?* Paris, Fayard, 2007 et Tzvetan Todorov, *La Littérature en péril*, Paris, Flammarion, 2007.

16 Stéphane Zékian, *L'invention des classiques. « Le siècle de Louis de Louis XIV » existe-t-il ?*, Paris, CNRS éditions, 2012.

17 Dans le milieu académique également dépeint à grands traits dans *Soumission*, on pourrait désigner un tel regroupement une communauté épistémique.

viendraient se ranger. Cependant la contre-utopie et la décadence dont elle est l'expression esthétique produisent toutes deux, littérairement, par les implications du lexique et des références qu'elles mobilisent, produisent ou supposent une poétique.

À L'ORIGINE DE LA CONTRE-UTOPIE, LA DÉESSE AUX MILLE BRAS

Au sujet de *Soumission*, Raphael Baroni (2017) a pu estimer lors d'un colloque tenu à Lausanne et disponible dans la revue en ligne Fabula que cette « utopie ludique a été interprétée de manière univoque comme une dystopie sérieuse, manipulant dangereusement les peurs du public face à l'islamisation de la France ».

Houellebecq fait preuve dans *Soumission* d'un incontestable sens du jeu. Mais *Soumission* est un roman de la guerre, comme je vais l'illustrer par les extraits les plus éloquents de cette ambiance noire, morbide, explosive. Si ce roman, qui admet « d'emblée qu'entre les musulmans et le reste de la population doit nécessairement, tôt ou tard, éclater une guerre civile » (*Soumission* : 70), si cette fiction est ludique, ce n'est certainement pas dans le sens contraire de « sérieuse ». *Soumission* est ludique, au surplus, parce qu'il s'agit d'un cadre connu, qui rend plausible l'hypothèse finale d'une soumission. Cette « fable » est à la fois un « jeu fini » (un jeu surdéterminé) comme le *dilemme du prisonnier* et un monde virtuel comme dans une Playstation VR. Seulement, la comparer à un jeu ne signifie pas qu'il s'agisse d'une activité ludique : la théorie des jeux par exemple dont est issue la situation logique du *dilemme du prisonnier* n'est pas un divertissement. De même l'un des concepts bourdieusiens que j'utilise plus loin, l'*illusio*, provient étymologiquement de *ludo,is,ere* (verbe jouer, et par suite *illudere* qui signifie se jouer de) et sémantiquement recoupe le champ du jeu auquel il est indexé. Mais le sens véritable d'*illusio* est moins le jeu que l'ironie. Ce qui déplace le curseur du régime ludique au régime satirique, pour utiliser des catégories genettiennes. En tout cas, dire d'un projet narratif aussi ambitieux qu'il est une activité « ludique » revient à lier encore plus son contenu au réel brut. Car le jeu est davantage une modalité de la vie, du réel, que de la fiction : ce sont des humains qui « jouent » un rôle, les personnages ne jouent pas, ils nous entraînent. De ce point de vue la contre-utopie fût-elle ludique, comme du reste le suggèrent également Engélbert & Guidée (2015 : 18) qui en parlent comme d'une « forme particulièrement ludique, et même parfois franchement comique », la contre-utopie donc conserve les mêmes conséquences objectives que la dystopie dite sérieuse qui dépeindrait la pire des apocalypses.

De plus, cela a été longuement démontré dans le chapitre introductif, au sens strict, *Soumission* n'est ni une utopie ni une dystopie. Il s'agit au plan infragénérique d'un moyen-terme, un entre-deux, quelque chose qui procède de l'utopie sans atteindre en s'altérant le fond de l'entonnoir, la dystopie. Cette chose (*Soumission*), cet « objet esthétique », est une contre-utopie dotée d'une ambivalence qui en fait un art à la fois figuratif et abstrait, le cœur dans le passé, les pieds dans le présent et la tête dans le futur, une licorne littéraire. De la littérature générale qui s'abreuve aux sources de la science/politique-fiction. Dans la foulée de ces notations, il convient de reconnaître le caractère arbitraire de chaque perspective critique, notamment celle qui consiste en l'occurrence à regrouper sous la bannière de la contre-utopie, au motif de récurrences thématiques, des auteurs souvent divers. Mais cet arbitraire est le propre de chaque catégorisation, de toute option critique. L'œuvre (et la critique) littéraire n'existe que si elle peut être rattachée à un genre, une catégorie, un ensemble d'œuvres l'ayant précédée : la généricité plutôt que l'unicité est la marque de la littérature (Genette, 1994). En problématisant une poétique de la nouvelle contre-utopie, nous ne surestimons pas les attributs transversaux des œuvres du corpus contre-utopique, nous nous intéressons plutôt au traitement, par la littérature française, de la décadence qu'elle répète. Nous nous intéressons au rapport entre forme et sens, auquel s'est depuis des siècles intéressée la philosophie dans l'examen des relations entre politique et littérature. La nouvelle vague, la nouvelle philosophie et ce que j'appelle la nouvelle contre-utopie désignent moins des nouveautés *stricto sensu* que des renouvellements, des interrogations dans le genre. Stanley Fish à l'aube des années 1980 postulait que ce « n'est pas la présence de qualités poétiques qui impose un certain type d'attention mais c'est le fait de prêter un certain type d'attention qui conduit à l'émergence de qualités poétiques » (2007 [1980] : 60).

Dans ce chapitre, la poétique de la contre-utopie est décrite comme une modélisation d'une esthétique et d'un détournement créatif de sujets politiques (avec l'hypothèse limite d'un « grand remplacement »). La contre-utopie est étudiée à travers deux dispositifs de l'architecture romanesque : l'histoire et le cadre. Ils sont directement inspirés de la parole paranarrative et paratextuelle de Michel Houellebecq. Dans la note de remerciements en page terminale, le « cadre » de *Soumission* est en effet dit « à peu près crédible », quand l'intrigue serait une « affabulation ». Les avis peuvent diverger sur le statut heuristique de ces remerciements : on peut estimer être en face d'une forme d'autodérision ou d'ironie, auquel cas il ne faut pas s'abstenir d'interpréter l'ironie. On peut considérer que Novak-Lechevalier qui est autant l'amie et spécialiste de Houellebecq que François, le narrateur, est l'ami et spécialiste de Huysmans, est non seulement la fin mais aussi l'origine de ces remerciements, sur lesquels nous revenons une énième fois[18]. C'est que ces « remerciements » me paraissent un explicit, empreint de sens, soupesé, comme chaque mot, phrase, disposition du roman houellebecquien. Novak-Lechevalier est ainsi faite ou une source d'autorité (en tant que dix-neuvièmiste reconnue mais aussi spécialiste de Houellebecq, elle est le meilleur lien entre le narrateur et l'auteur) ou carrément une coauteure. En d'autres termes, Houellebecq créé dans ce roman un dédoublement auctorial[19].

---

18 Deux mois exactement après la parution de *Soumission*, Novak-Lechevalier a publié une tribune dans Libération. Elle y est présentée comme « spécialiste de l'œuvre de Houellebecq », en même temps qu'est rappelée sa préface d'une anthologie de poésies de Houellebecq. Son omniprésence, en amont comme en aval de la vie de cette œuvre, contribue à valider l'hypothèse d'une double auctorialité, la sienne étant certes plus symbolique que juridique. Dans cette tribune, la vigueur avec laquelle elle défend l'idée de la conversion du narrateur rappelle Houellebecq se défendant contre les rumeurs de toute conversion de sa mère. Novak-Lechevalier considère en effet que « le narrateur ne se convertit pas à la fin de *Soumission* ; il envisage la conversion et ses suites comme une (tentante) possibilité. » Notre question, celle à laquelle nous répondons, est : cette conversion, fût-elle virtuelle dans le roman change-t-elle fondamentalement les conséquences liées à la fictionnalisation de cette hypothèse ? Novak-Lechevalier, *« Soumission », La littérature comme résistance*, http://next.liberation.fr/culture/2015/03/01/soumission-la-litterature-comme-resistance_1212088 mis en ligne le 1er mars 2015, consulté le 20 septembre 2019.

19 Les remerciements que l'auteur de *La Carte et le territoire* ont fait figurer suite à la polémique concernant le plagiat de Wikipedia sont une indication de ce que les remerciements sont une modalité de la reconnaissance de copaternité (tardive dans le cas de cette affaire), accessoire ou restreinte dans le cas de Novak-Lechevalier, ou anticipée dans le cas de Huysmans. Lire, pour une approche différente, Maurel-Indart, Hélène. Techniques du plagiat. *Médium* 3 (2012) : 249-266.

La multiplication des foyers narratifs est un *topos* de la critique de la littérature postmoderniste. Ce que l'on voit d'original, à l'occasion de l'analyse de la poétique contre-utopique, est la multiplication des auteurs au sein de romans uniques, à travers la création de réseaux intertextuels étoffés, confinant parfois au *name-dropping*. Pratique rhétorique qui va de pair avec la création d'effets de « présence réelle » et de « chevauchement des mondes », celui de la fiction du narrateur François et celui de la réalité où habite l'écrivain et où la fiction a son origine (Lavocat, 2016 : 490). Les hommes et femmes politiques connus sont désignés, pour camper leur propre rôle, ce que Lavocat (2016 : 491) traduit par l'anglicisme « effets cameo ». *Cameo appearances* en ce sens que l'art et la technique à l'œuvre « reposent sur des apparitions fugaces, en arrière-plan, souvent muettes » (Lavocat, *ibid.*), ainsi de David Pujadas qui apparaît en page 75 :

> Dès que David Pujadas prit l'antenne à 19 heures 50, je compris que la soirée électorale s'annonçait comme un très grand cru, et que j'allais vivre un moment de télévision exceptionnel.

Au-delà des acteurs vivants, il y a un phénomène de démultiplication de références à d'autres écrivains. Cette présence simultanée de plusieurs auteurs dans des œuvres uniques m'a inspiré la métaphore de la déesse-mère, Kali, dont la représentation est réputée la plus terrifiante du panthéon hindou. Kali incarne la destruction ou l'apocalypse, elle qui est représentée avec plusieurs mains. Les mains représentant dans notre évocation la coprésence d'autres auteurs en plus de l'Auteur. Ainsi, les auteurs secondaires n'existeraient pas par la seule allusion, ils existent par des effets d'actualisation (de l'auteur invité) et d'effacement ou de transparence (de l'auteur invitant). Et cette multiplication des auteurs est logique si l'on considère à fois « la mort du narrateur » (Patron, 2016) et le brouillage dénoncé, par Françoise Lavocat, entre fait et fiction. Le narrateur mort était devenu un narrateur multiple. L'auteur ressuscité l'est en plusieurs personnes. Il était acquis déjà que « Toute œuvre est l'œuvre de bien d'autres choses qu'un "auteur"[20]. » (Valery, 1960). Pour coller à notre contexte, je dirais : toute œuvre est l'œuvre de bien d'autres choses que d'un seul auteur. On est manifestement en face d'un élément d'identification du phénomène contre-utopique. En

20 *Tel Quel*, in *Œuvres*, Tome II, Paris, Gallimard, 1960, Bibl. de la Pléiade, p. 629.

France, les remerciements dans les travaux de thèse par exemple ouvrent souvent les travaux ; ici ils ressemblent aux crédits dans un générique de fin, à une légende sur un tableau : posés en toute fin en caractères minuscules mais d'autant plus lisibles :

> Je n'ai pas fait d'études universitaires, et toutes mes informations sur cette institution, je les ai recueillies auprès d'Agathe Novak-Lechevalier, maître de conférences à l'université de Paris X – Nanterre. Si mes **affabulations** s'inscrivent dans un **cadre** à peu près crédible, c'est uniquement à elle que je le dois (*Soumission* : 303)

Le narrateur s'efface devant l'auteur, l'auteur s'efface devant sa source. Ces « remerciements » ont tout d'un Avertissement ou un Préambule et auraient pu figurer en introduction du roman dont ils sont partie intégrante. Ce qui justifie l'usage que, *supra*, j'ai introduit de l'épithète paranarrative. Entre le corps de la narration et ces remerciements, il n'y a qu'une page blanche pour rompre la dynamique narrative, il n'y a rien d'autre qui dise que le pacte romanesque soit suspendu[21]. Rien d'autre que ce blanc qui n'estompe pas le continuum entre « récit et hors récit », le nom de l'auteur n'apparaissant pas sous ces « remerciements », pas même sous la forme d'initiales. Nous sommes en face d'un doute (une équivoque) raisonnable : qui parle, de Houellebecq ou de François ? La relation cohésive ourdie par Houellebecq entre lui-même et son personnage François n'est dissoute ni par le fait du titre (« remerciements ») ni par l'usage des italiques, toutes des typographies que l'on retrouve, à l'occasion, dans les pages ayant précédé. L'univers fictionnel dont on sort à peine et la réalité que l'on croit enfin retrouver forment et ferment le roman. Aucune indication supplémentaire, c'est-à-dire rien en sus de cette page de garde de fin, ne vient préciser : soit que le narrateur François ait cessé de parler, soit que l'on ait une séquence textuelle de nature différente. Alors que la parole est désormais relayée par l'auteur en personne, Michel Houellebecq, qui de toute manière n'avançait pas masqué.

---

21 Dans sa théorie de la coopération textuelle, Umberto Eco (1979) parle de « pacte de coopération », Bertrand Gervais (1990), partisan d'une théorie de la lecture, parle du « pacte de lecture », Dominique Maingueneau (2010) en analysant les présupposés et sous-entendus de l'activité discursive littéraire intitule un chapitre le « contrat littéraire », Jean-Michel Adam (1985) dans ses travaux sur la superstructure narrative parle de « contrat narratif », Philippe Lejeune (1975) a théorisé l'existence d'un pacte autobiographique double d'un « pacte référentiel ».

Dans ce pastiche de l'esprit fin-de-siècle, le rôle de Novak-Lechevalier apparaît d'autant moins secondaire que le narrateur François considère la littérature comme un art en (des) réseau(x).

> Huysmans, Zola, Barbey, Bloy, tous ces gens se sont connus, ont eu des relations d'amitié ou de haine, se sont alliés, fâchés, l'histoire de leurs relations est celle de la littérature française ; et nous, à plus d'un siècle de distance, nous reproduisons ces mêmes relations, nous restons toujours fidèles au champion qui a été le nôtre, nous demeurons prêts pour lui à nous aimer, nous fâcher, nous battre par articles interposés. (*Soumission* : 59)

L'histoire de sa relation avec Houellebecq est ainsi suggérée comme l'histoire de l'œuvre de Houellebecq. Le pastiche ou l'expansion intertextuelle assimilé à une polyauctorialité sont plusieurs fois mis à l'œuvre. Cette idée n'est nulle part mieux traduite que par la formule de Meizoz : « À l'intérieur d'un écrivain, à n'en pas douter, plusieurs auteurs s'entraident ou s'entretuent ». Le concept de polyauctorialité prend à son compte toutes les contestations de l'unicité du sujet écrivant et veut traduire la mort de l'auteur unique. C'est un déploiement possible de la polyphonie bakhtinienne entendue comme « la coexistence de plusieurs voix en un seul énoncé ». Par exemple, chez Huysmans, *À Rebours* (qui contient aussi des composantes parodiques selon Grojnowski) commence également par une épigraphe (fait certes si banal que si cela était le seul terme de comparaison avec *Soumission* cette épigraphe ne serait pas évoquée). Il y a plus. Le personnage de des Esseintes est identifié dans *À rebours* à Balzac « que hantait l'impérieux désir de noircir beaucoup de papier[22] ». Chez Houellebecq François est comparé dans plusieurs occurrences à Huysmans. De même, la réflexion sur les auteurs notamment ceux dits du grand siècle traverse-t-elle *À rebours* et annonce les propres réflexions de Houellebecq sur ce qu'est un écrivain selon lui. Grojnowski, commentant la quatrième de couverture de l'édition d'*À rebours* publiée par Garnier-Flammarion (1978), estime qu'on retrouve un style et que les :

> formules étudiées orientent la lecture avant qu'elles ne s'amorcent, elles s'efforcent de dégager la quintessence de l'œuvre : soit en termes d'histoire littéraire par l'évocation du mal du siècle, du bréviaire baudelairien, soit en termes existentiels qui mettent en exergue *les excentricités morbides de la décadence* (Grojnowski, 1996 : 67)

22 J.-K. Huysmans, *À rebours*, Gallimard, « Folio », 1977, p. 220.

On ne s'étonnera pas de voir si tôt le procès de la réalité dans une œuvre dont le prédicat fictionnel est clair : « roman » en première de couverture ; « fable politique » en quatrième de couverture. C'est que : autant l'épigraphe de Huysmans qui ouvre l'ouvrage donne le ton du propos, autant les « remerciements » conclusifs rétroéclairent le sujet juste clos, augmentant le mensonge romanesque (par une donnée factuelle), comme en d'autres lieux des casques Google augmenteraient la réalité (par une illusion). À première vue, ces références de début et de fin sont toutes dans la forme et dans le fond des dettes de reconnaissance dont l'auteur s'acquitte, au nom de son narrateur. Mais ce décorum paratextuel, cette postproduction telle que mise en scène, relèvent aussi d'une dramaturgie de la réalité. Lesquelles révèlent au passage le caractère autoparodique plutôt qu'autofictionnel de la démarche. À travers ces remerciements, double caution littéraire et scientifique, un pont est jeté entre la création et la recherche pour faire passer l'« affabulation » d'une *Soumission* pour une réalité attestée, autant dans les arts au sens large que dans les sciences.

Françoise Lavocat (2016) qui plaide « pour une frontière », une sorte d'éthique de l'esthétique donc, considère que Barthes ou Ricœur ont contribué au plan théorique à abolir les frontières voire à poser un « panfictionnalisme » dans les espaces brouillés de la fiction et de la réalité trouverait ici un nouveau sujet de mécontentement.

Le *locus*, le cadre, doit être entendu comme la surface de l'action. En ce sens, le cadre de *Soumission* n'est pas borné, limité par les murs de l'Université de Paris IV – Sorbonne où le narrateur travaille – ou bien ceux de Paris III où il a soutenu sa thèse de doctorat intitulée : « **Joris-Karl Huysmans, ou la sortie du tunnel** ». Je mets en gras parce qu'il y a de toute évidence plusieurs détails dans ce titre, notamment une licence poétique, qui ont été mis exprès pour être relevés, des sortes de stimuli stylistiques.

Mais avant de répondre à ce stimulus, il convient de préciser le cadre de l'action. Le cadre ou *locus* contre-utopique, quel est-il ? Le cadre est non seulement un espace (un lieu si l'on adopte la terminologie classique de la règle des trois unités) mais encore une temporalité. Le lieu et le temps forment le cadre. Celui-ci est à la fois matériel et intellectuel. La configuration du cadre peut aussi être rapprochée de la notion de champ. L'idée qui, dans la réflexion sur la contre-utopie, a mené à la mobilisation de cette notion bourdieusienne est « champ de guerre ». Dans les sciences humaines et en particulier dans la recherche littéraire, dire « champ » sans arrière-pensée, sans faire un détour chez Bourdieu (1992) qui a lourdement investi le terme et domestiqué ce concept de physique est malaisé. La démarche en cours, tout en ne s'appuyant pas sur un cadre théorique exclusif, ne se soustrait pas aux réflexions du sociologue.

Paris est présenté dans *Soumission* comme un champ de guerre ; c'est moi qui applique l'expression à la réalité décrite. Il suffit pour s'en convaincre de lire les passages comme celui-ci qui abondent :

> « C'est la première fois que ça pète à Paris » remarqua Lempereur d'un ton neutre. Au même instant il y eut à nouveau des bruits de fusillade, cette fois très nets, et qui paraissaient proches, puis une explosion beaucoup plus forte. Tous les invités se tournèrent aussitôt dans cette direction. Une colonne de fumée s'élevait dans le ciel au-dessus des immeubles ; cela devait venir à peu près de la place de Clichy. (*Soumission* : 61)

Mais c'est une guerre quasi-normale, à laquelle Lempereur semble s'attendre depuis longtemps. Le ton, quand ils en parlent est « neutre » et les fusillades qui se rapprochent ou les explosions de plus en plus fortes n'entraînent qu'un simple regard des invités qui « se tournèrent aussitôt dans cette direction ». Cette quasi-normalité transparait aussi dans *2084* que nous allons examiner plus avant, au quatrième chapitre, quand par exemple après la description de la guerre et du chaos, le narrateur constate simplement que cela n'a « pas effrayé, on a continué à remercier Yölah pour ses bienfaits et à louer Abi pour son affectueuse intercession » (p. 19).

Dans la littérature française d'aujourd'hui, la filiation thématique de la mort de l'Occident est le fil d'Ariane ou principal marqueur contre-utopique (Houellebecq, 2015 ; Sansal, 2015 ; Rolin, 2016 ; Wieviorka, 2016 ; Onfray, 2017) : ce corpus se massifie au fil des rentrées littéraires. *Soumission* et les autres fictions spéculatives publiées dans le sillage de Michel Houellebecq prévoient et organisent l'apocalypse : non pas toujours la fin du monde, mais la fin du monde tel qu'on le connaissait jusque-là (une fin de monde). Régis Debray faisait la une de la Revue des Deux Mondes en juin 2017, à l'occasion d'un entretien au sujet de son essai *Civilisation*. La citation tirée de son entretien et barrant sa photo à la une était : « La fin de notre monde n'est pas la fin du monde[23]... ». Parler d'une poétique de la contre-utopie revient sinon à systématiser en tout cas à mettre en résonance la manière dont, d'une œuvre à l'autre, cette relative inflation de la perspective contre-utopique redéploye les mêmes thèmes déclinistes, les mêmes mèmes décadentistes d'un monde que les littératures de la pronostication refusent de réenchanter[24].

La série noire se poursuit dans la critique littéraire, la « longue séquence de mort » reste en vie. La mort du narrateur (Patron, 2016), après celles de l'auteur (Barthes, 1968) et des personnages (Robbe-Grillet, 1963), après « la mort du roman » (Gervais, 1999), la mort du narrateur donc, après la « mort des créatures fabuleuses » (Lavocat, 2016)[25], est-elle le dernier avatar de la littérature contemporaine, avant l'extinction de l'espèce littéraire ? On a pu, en d'autres occasions, parler de protoréalisme tendanciel (« protorealist tendencies ») (Blatt, 2012) : ce que l'on voit à l'œuvre chez Michel Houellebecq (figure tutélaire de la vague contre-utopique et des thématiques identitaires et décadentistes) dans les œuvres et les vies de ses contemporains peut-il être assimilé à une proto-utopie ? Comment la question de l'identité figure et (re)-configure-t-elle les imaginaires ultra-contemporains ?

---

23 Nous avons retrouvé cette distinction fin du monde / fin d'un monde dans de nombreux articles de journaux ou de revue ; outre le philosophe Régis Debray dont l'entretien mis en ligne le 1er juin 2017 était intitulé *Régis Debray : en route pour une « joyeuse Apocalypse »*, http://www.revuedesdeuxmondes.fr/regis-debray-route-joyeuse-apocalypse/, outre cet entretien, un article antérieur d'autant plus pertinent qu'il s'intéresse à *Soumission* : Selao, Ching. « La fin du monde, la fin d'un monde », *Voix et Images*, volume 42, numéro 1, Automne 2016, p. 121-126. doi : 10.7202/1038593ar.

24 Un mème est « un élément d'une culture (prise ici au sens de civilisation) pouvant être considéré comme transmis par des moyens non génétiques, en particulier par l'imitation » Richard Dawkins, *Comment les systèmes pondent ? Introduction à la mémétique*, Le Pommier, Paris, 2005. (Traduction de Pascal Jouxtel)

25 Lavocat parle de « mort des créatures fabuleuses » quand elle explique que les opérateurs poétiques de la transition d'un monde à l'autre ne sont plus « les animaux chimériques » et les « bêtes fabuleuses » (Lavocat, 2016 : 159, 160).

QU'EST-CE QU'UN FAIT POÉTIQUE ?

Soumission est paru peu avant l'attentat islamiste au siège de Charlie Hebdo. Dans la foulée, la même année sont également parus *2084* de Boualem Sansal, *La présidente*, un roman graphique de Farid Boudjellal et Francois Durpaire qui imagine Marine Le Pen élue en 2017, après François Hollande. Il y a aussi *Les Événements* de Jean Rolin : un tel titre rappelle Mai 68, ou la guerre d'Algérie qu'on avait également appelée « les événements » mais évoque aussi *a posteriori* la vague d'attentats ayant eu lieu à Paris. Toutes choses qui renforcent l'effet de miroir, de réflexion, à l'œuvre dans son projet dystopique qui imagine la France en guerre, sur son propre sol. Toujours en 2015 est également paru *Le Séisme : Marine le Pen présidente*. Dans ce dernier ouvrage, inclassable, Michel Wieviorka, sociologue, livre une fiction dont l'écriture de son propre aveu lui a été suggérée par *Soumission* de Houellebecq. *Le séisme* n'est pas un roman, sans aucun doute est-ce une fiction contre-utopique qui complète les romans de notre corpus en ceci que le narrateur-journaliste se distingue de l'auteur, qui lui-même disparaît, pour n'apparaître que comme un éditeur : ce que Michel Wieviorka, directeur de collection chez Robert Laffont, est par ailleurs. *Le Séisme* a deux auteurs pour ainsi dire : l'auteur réel ou intellectuel qui est Wieviorka et l'auteur fictif ou fictionnel qui est aussi le narrateur-journaliste américain, Michael W. Squirrel. Ce jeu de rôles énonciatif brouille les fonctions de narrateur et créé une double distanciation qui pourrait faire croire à une déresponsabilitation du chercheur aux dépens du journaliste. Le « je » de Wieviorka organise sa désertion. Mais en reconnaissant dans les médias qu'il s'inspire de Michel Houellebecq, non seulement s'engage-t-il mais encore perpétue-t-il une tradition française de l'uchronie et du commentaire politique, que l'on peut faire remonter à Montesquieu et ses *Lettres persanes*.

Le traitement du futur chez Houellebecq, Rolin, et Sansal est abordé dans une perspective sociocritique qui s'origine dans la sociologie de Bourdieu ou dans l'*Esthétique* de Bakhtine. En effet[26] :

---

26 Lire Maingueneau, Dominique. Le contexte de l'œuvre littéraire : énonciation, écrivain, société. Paris : Dunod, 1993, p. 121.

> Les travaux des sociologues de la littérature l'ont bien montré, les choix esthétiques, mais aussi idéologiques, et les novations marquantes, obéissent à la logique du champ ou tout au moins s'inscrivent dans les possibles d'une époque.

Cela a été dit, la vague contre-utopique observée en 2015, 2016 et 2017 est un ensemble de **romans à thèses** : si anachronique ou antipost-moderne que soit l'étiquette, celle-ci est validée par l'article déjà cité de Compagnon au sujet de *Soumission*. Le thématisme des contre-utopies se réfère au chaos, à une expérience de mort imminente de la civilisation (la civilisation judéo-chrétienne,)[27] aux peurs/angoisses de la douce France, en entremêlant multiplication de voix narratives et de perspectives et brassage genrologique.

Les glissements temporels à l'œuvre dans les programmes narratifs des contre-utopies, comme illustrés dans le dernier chapitre de *Soumission*, font la part belle au futur. Ce dernier chapitre est écrit au conditionnel, ce qui est logique si le point de repère de la narration est à l'imparfait de l'indicatif. Les grammairiens feraient une différence entre conditionnel conjectural et conditionnel hypocoristique. C'est-à-dire que le morphème qui marque le virtuel dans les énoncés terminaux de *Soumission* a certes un effet d'atténuation par rapport au temps de la narration dans le récit qui est l'imparfait de l'indicatif. Mais il a surtout une valeur d'emploi qui n'est pas celle de l'hypothèse ni du conditionnel contrefactuel. En raison de la faible occurrence de ce changement verbal, cette anachronie (rupture apparente dans les temps verbaux mobilisés) il est plutôt facile de convenir que cette perspective temporelle s'aligne avec l'optique narrative qui est à la fin du roman celle de l'intériorité du narrateur, François.

C'est simple, le conditionnel présent a, chez François, valeur de futur simple. Cela s'appelle une « prolepse ». Elle est définie par Genette (1972 : 82) comme « toute manœuvre narrative consistant à raconter ou évoquer d'avance un événement ultérieur (au point de l'histoire où l'on se trouve) ». Ainsi, le temps de référence dans *Soumission* étant le passé (pour parler du futur), le futur de ce passé en cours de narration

27 Voir la une de *Valeurs Actuelles*, n° 4168 du 13 au 19 octobre 2016, intitulée *Guerre civile* avec la Tour Eiffel en feu. Voir aussi Michel Onfray, *Penser l'Islam* (Paris : Grasset, 2016). Le philosophe y développe notamment l'idée d'une civilisation judéo-chrétienne désarmée et moribonde.

se traduit par le conditionnel. Lequel en ce cas a une valeur de futur dans la perspective du passé : la soumission est certaine et non pas hypothétique. Certaine entre guillemets. Il convient en effet de préciser que ce mot est utilisé pour marquer une distance avec l'interprétation de Novak-Lechevalier. Tout en jouant avec deux références croisées (l'émission de télé-réalité *L'île de la tentation* et le roman *La possibilité d'une île*), la spécialiste entrevoit la soumission comme une « tentante possibilité ». La soumission dans *Soumission* est un pis-aller, elle est une issue-impasse à laquelle le narrateur se résoudra faute de mieux. La soumission présente deux des trois caractères essentiels de la notion juridique (du droit des obligations) de force majeure : extériorité et inévitabilité. La menace extérieure est intériorisée, l'inéluctabilité est actée. La troisième caractéristique, l'imprévisibilité est, elle, inopérante. Entendu que la décadence est prévue, de longue date, pour un futur proche[28]. Si proche que la contre-utopie en devient une fiction spéculative, une prophétie retardataire, constamment mise à mal par la réalité des énoncés par trop précis ou hâtifs : par exemple la création de Paris-Sorbonne Cité rend relativement caducs les commentaires sur la Sorbonne nouvelle. De même l'émergence d'Emmanuel Macron a-t-elle ringardisé certains hommes politiques qu'on imaginait actifs, présents ou déterminants dans ce futur proche.

Roman après roman, Houellebecq décrit les conditions d'une escalade vers le bas. La rupture temporelle apparaît pour ce qu'elle est, *id est* une affirmation brutale ou l'atteinte d'un anticlimax, entendu comme une dé-gradation, un moment rhétorique de gradation inversée ou descendante précédant la chute. Contrairement à Huysmans, Houellebecq et son narrateur François ne croient pas. Mais Houellebecq ne doute pas non plus. Et son œuvre est construite comme un système ouvert vers sa propre réalisation, comme un rébus générant davantage de sens au fur et à mesure des dessins/syllabes/livres qui sont publiés. Il a, plusieurs fois dans les médias, suggéré de lire son œuvre dans son ordre d'écriture, pour mieux l'appréhender. La soumission entrevue de la « civilisation chrétienne » sera confirmée dans un de ses prochains romans, s'il est possible d'envisager un avenir à l'avenir, si plus simplement il est permis de suivre les prescriptions de l'auteur de le lire dans l'ordre. Houellebecq

28 Ce qui fait échec à la ressource métaphorique de la force majeure, mais permet de mettre en lumière la soumission comme une inéluctabilité non pas une éventualité.

veut faire œuvre, cela s'entend. Certaines scènes, internes à chacun de ses romans, peuvent être reliées les unes aux autres, de manière à former une intrigue qui se déploie au-delà des sujets particuliers de chaque texte considéré. C'est le sens de la comparaison furtive qui a été faite entre les personnages Michel de *Plateforme* et François de *Soumission.*

Fondamentalement donc, la soumission n'est ni factice ni factuelle. Il y a une fausse incertitude ; une incertitude qui aurait été perçue autant dans le futur que dans le conditionnel, dans ce sens que la conversion est en cours. Le processus est *a priori* irréversible. L'incertitude contenue dans ce conditionnel de narration provient du fait que l'action est, pour le dire en termes grammaticaux, plus inchoative que terminative. Inchoatif au sens étymologique d'un temps verbal qui exprime une « intention de commettre une action » (portail lexical CNRTL)[29]. Aurait-il voulu traduire le sentiment hypothétique que le narrateur aurait mieux fait d'utiliser l'une des deux formes du conditionnel passé[30]. Le roman d'une soumission se termine ainsi de « façon totalement contre-fictionnelle » (Lavocat, 1986 : 466). Ce n'est pas arrivé, mais cela arrivera, c'est certain (virtuellement), cela arrivera dans un roman à venir ou dans la réalité.

La démonstration peut être poussée en insistant sur la place déjà dite de ces changements verbaux dans la structure du roman. Le conditionnel serait ainsi un blanc temporel certes, mais de manière plus évidente un *cliffhanger* ; cette technique narrative est expliquée avec clarté par Raphael Baroni (2016)[31]. Citant David Lodge (*The art of fiction*, 2012) en introduction de son article[32], Baroni montre que les questions et les

29 Consulter le portail Centre National de Ressources Textuelles et Linguistiques : http://www.cnrtl.fr

30 Contra Novak-Lechevalier : « c'est-à-dire que (contrairement à ce qu'on lit partout) le narrateur ne se convertit pas à la fin de Soumission ; il envisage la conversion et ses suites comme une (tentante) possibilité. » Tribune du 1er mars 2015, http://next.liberation.fr/culture/2015/03/01/soumission-la-litterature-comme-resistance_1212088. Ce que nous venons de démontrer, c'est que ce n'est pas une « tentante possibilité », mais un projet acté, quelque chose que le narrateur considère comme devant arriver.

31 Nous donnons la référence complète également présente dans la bibliographie, en raison du grand nombre d'articles publiés par ce chercheur en 2016. Lire Raphaël Baroni, « Le *cliffhanger* : un révélateur des fonctions du récit mimétique », *Cahiers de Narratologie* [En ligne], 31 | 2016, mis en ligne le 22 décembre 2016, consulté le 16 juillet 2018. URL : http://journals.openedition.org/narratologie/7570

32 Baroni a proposé une traduction française « il pourrait difficilement y avoir une situation plus productive de suspense que celle d'un homme accroché par le bout de ses doigts au bord d'une falaise, incapable de grimper pour se mettre en sécurité, d'où le terme

réponses peuvent organiser la tension narrative ou structurer l'intrigue, en la faisant avancer. Le conditionnel serait du point de vue de la présente analyse un point d'interrogation implicite ou une discontinuité, qui opéreraient comme un ajournement stratégique de la réponse, un « ralentissement stratégique de la scène » (Baroni, 2016). Scène qui, dans un prochain roman de Houellebecq, si sa muse est toujours aussi déprimée, sera probablement reprise, dans des circonstances aggravées.

Pour en finir avec un point contesté de l'analyse de Novak-Lechevalier, quand elle écrit que la conversion du narrateur dans ce roman n'est qu'une « tentante possibilité », restituons les circonstances de cette conversion verbale (passage au conditionnel). Lesquelles établissent selon moi que le narrateur utilise le conditionnel comme une action en cours, non pas pour dire une hésitation ou traduire un *irréel du passé*.

> Quelques semaines **allaient** encore s'écouler, comme une espèce de délai de décence, pendant lesquelles la température **allait** peu à peu se radoucir, et le printemps s'installer sur la région parisienne ; et puis, **bien entendu** je **rappellerais** Rediger (*Soumission* : 296)

La proposition conditionnelle prise dans l'absolu aurait pu signifier en effet qu'il y avait comme un doute. Mais je préfère la lire, en l'occurrence, comme le temps des doux regrets. De plus, l'imparfait utilisé dans ce premier paragraphe, celui qui précède la suite et la fin, le dénouement du roman au conditionnel, n'est pas un simple imparfait. En règle générale la périphrase du futur proche (aller + verbe) exprime le temps de l'imminence. Il se forme par combinaison du verbe semi-auxiliaire *aller* avec les infinitifs *s'écouler*, *se radoucir* ou *s'installer*. Dans l'extrait *supra*, il s'agit d'un passé proche à l'imparfait ou, pour le dire comme les correcteurs du *Monde*, un « imparfait du futur[33] ». En d'autres termes la forme verbale qui a retenu l'attention de Novak-Lechevalier annonce l'imminence des actions que François décrit et non pas un quelconque scepticisme de dernière minute. La conversion est acquise, à bon marché d'ailleurs, sans djihad, avec plusieurs jeunes femmes et une promotion

"cliffhanger" » Lodge, David (2011 [1992]), « Suspense », in *The Art of Fiction*, London, Vintage, p. 13-16.

33 Des ressources existent sur internet, des blogs personnels, des forums sur ce sujet, mais nous avons retenu ce site plus institutionnel. http://correcteurs.blog.lemonde.fr/2012/06/19/imparfait-du-futur/ Consulté le 30 avril 2018.

académique à la clé, sous la férule d'un Mohammed Ben Abbès digne d'admiration, avec un président d'université polygame, du nom de Robert, Robert Rediger. En grammaire latine, l'on pourrait rapprocher ce faux conditionnel d'un futur passif. Il suffit pour s'en convaincre de voir la place de la locution adverbiale « bien entendu », qui exprime la certitude, l'évidence. Ceci indépendamment du conditionnel qui est simplement le futur de ce passé. D'ailleurs, le dernier paragraphe de la page précédente (295) embrayait déjà sur cette forme verbale confirmant qu'il s'agit moins d'un doute que d'un *cliffhanger*, *id est* une fin relativement ouverte visant à créer un suspense et annonçant sans doute une scène d'un roman à venir de Houellebecq.

On l'a déjà dit dans *Soumission* l'auteur livre une utopie qui n'en a pas l'air[34]. Non pas une dystopie, il n'y a pas de guerre nucléaire, tout semble normal dans ce glissement vers l'improbable. Cette normalisation d'une république française dirigée par les Islamistes ne s'encombre pas de pathos ni du jugement d'un narrateur omniscient, en fait le narrateur de Houellebecq est même très ignorant, imprécis, constamment oublieux. *Soumission* est, dans son principe, mimétique (représentation comme anticipation du futur) et utopique (n'ayant pas encore eu lieu, donc sans lieu).

> Ces « voix », si difficiles à cerner, apparaissent en même temps idéalement contemporaines, car elles rejoignent une esthétique réengagée dans notre « litige avec le monde » (pour utiliser une expression de Julien Gracq) et elles font également écho à une critique littéraire qui redécouvre le statut discursif des énoncés fictionnels, leurs dimensions éthique, sociale, politique et leurs liens indissociables avec la posture publique de l'écrivain. L'interprète ne saurait échapper aux voix de Michel Houellebecq sans réduire considérablement la portée ou l'intérêt de sa lecture.

L'interaction du discours littéraire avec le social, autrement dit la socialité des contre-utopies, est rendue nécessaire parce qu'on évolue, dans le cas de Chloé Delaume par exemple, d'une dynamique interne, personnaliste, vers un déploiement plus politisé, plus ouvertement engagé[35]. Si le miroir stendhalien que l'écrivaine promenait dans la rue

34 Dans un style plus dystopique, on peut lire et comparer Houellebecq, Michel. *La possibilité d'une île*. Fayard, 2005.

35 Pour davantage de précisions sur le concept de socialité, lire l'article auquel on s'est référé : Diaz, José-Luis, « Sociabilités littéraires vs "socialité" de la littérature », *Romantisme* 1 (2009) : 47-61.

servait *a priori* une entreprise *selfographique* (le néologisme est de nous), dorénavant ce miroir qu'elle promène le long du chemin veut sinon refléter la société qu'elle traverse, du moins dire vers quelles catastrophes elle avance. L'image de cette écrivaine, Nathalie Dalain de son vrai nom, qui enfant a vu père et mère se faire assassiner, a souvent expliqué la dimension cathartique d'une œuvre qui semblait limitée à soi. Avec *Les Sorcières de la république*, son positionnement et sa posture auctoriale s'affirment différemment. Le fait littéraire d'abord, en acteur, en tant que fait générateur, le fait social après (en soutien), avant, autour, en tout cas en adjuvant. La démarche de recherche n'étant pas l'ordre de présentation.

LA DÉCADENCE OU LE ROMAN NATIONAL DU DÉCLIN

En principe, la conjonction de coordination « ou » (tout comme « et ») n'est pas précédée d'une virgule : voir par exemple le titre de cette section. Pas de virgule donc après « décadence », avant le « ou », à moins qu'il s'agisse d'une incise ou du dernier terme d'une énumération. La présence de cette virgule dans le titre de la thèse du narrateur, François, est sinon baroque difficilement défendable. Mais au mieux la thèse en question a été défendue avec succès, cette formulation, cette grammaire décadente ou pour ainsi dire dégénérative, moquée par Antoine Compagnon (2015) dans le « rapport d'habilitation » consécutif à ce roman qu'il analyse ironiquement comme une thèse d'habilitation, a été validée. Au pire, il est possible d'en déduire que Michel Houellebecq prend très au sérieux son devoir de « corruption de la langue » qui est sacré pour tout écrivain. L'écrivain est avant tout un démiurge et non pas simplement le serviteur d'une norme linguistique ou grammaticale. La langue du narrateur François, professeur de littérature, est généralement noble. Il reste que, en écrivant, il lui prend quelquefois l'envie irrépressible de grapher les murs ou d'utiliser des laxatifs – « Mes doctorants m'avaient pas mal fait chier » (53) ; « J'ai pas mal merdé » (54) ; « enfin tout ça était complètement à chier » (260). Ce passage régulier de son écriture littéraire à la langue vulgaire et ceci en dehors des dialogues s'est vu chez Louis-Ferdinand Céline, chez Henri Barbusse, et chez tant d'autres illustres narrateurs.

François a donc ses raisons que le lecteur ignore, mais que les jurés de la Sorbonne Nouvelle ont validées. À y regarder de près, le narrateur en disant d'entrée de jeu que Huysmans est son seul compagnon, son ami fidèle, pose l'auteur d'En *route*, parmi d'autres, comme co-auteur de *Soumission.* Mais Huysmans est surtout un modèle : en ceci que cette ponctuation disruptive ou alors l'usage que Houellebecq fait de cet élément syntaxique ne vont pas sans évoquer Huysmans.

Le narrateur multiplie l'usage des « ou » qui ne sont ni alternatifs ni énumératifs (mais narratifs ou du moins explicatifs) : leurs nombreuses occurrences dans sa ponctuation sinueuse, surtout dans les premières pages du roman, semblent participer de la réalisation d'un phrasé délibérément kilométrique, un rythme énonciatif marathonien, et du parti pris du dédoublement permanent, traduisant ou conduisant paradoxalement à l'essoufflement, au bout duquel la mort. Celle de l'auteur. Celle du narrateur. Celle du lecteur. Celles des personnages. Celle du cadre (temps et espace). Celle de l'intrigue. Celle d'une civilisation atteinte d'un complexe de castration. Ce sont les crises, la maladie ou les pathologies qui mènent à la mort. En posant le diagnostic de sa grammaire malade, dégénérative, contaminée par Huysmans, on voit se démarquer les lignes de force de la poétique « inspirée » de Houellebecq. L'anamnèse de cette maladie fait remonter l'analyse jusqu'à l'esthétique huysmansienne, tout en images obsédantes et en phrases torturées. Chez Huysmans, les lignes de force qui structurent et densifient les mécanismes d'itération (le réseau intratextuel) obéissent à une logique qui peut être consciente et se manifester dans la filiation entre ses différents romans. Au-delà de certaines images obsédantes, la filiation intratextuelle est par exemple assurée par Durtal, le héros mis en scène dans la tétralogie du cycle durtalien : *En route* (1895), *La Cathédrale* (1898), *L'Oblat*, (1903) et *Là-bas* (1891). Durtal est en crise permanente et comme par hasard écrivain. Dans *Soumission*, le narrateur autodiégétique est professeur d'université, mais aussi écrivain dans ce sens qu'il définit dans les premières pages, en laissant parler Houellebecq, sa conception de la littérature est-ce que cela suffit pour faire de lui un écrivain ? Tous les universitaires alors le seraient...

Ainsi, pour revenir à *Soumission*, le deuxième paragraphe du roman est-il une longue kyrielle d'unités, dans laquelle les segments s'enchâssent les uns dans les autres, sans pour autant défigurer la syntaxe fine de l'écriture houellebecquienne[36]. 14 virgules dans une seule phrase, en n'incluant pas les parenthèses ! Quand on sait l'origine arabe de ce signe de ponctuation, on peut y voir par hantise ou par biais l'expression du délire de persécution de la civilisation occidentale assaillie par de petits soldats typographiques au service de la Fraternité musulmane. Dans ce paragraphe il annonce d'ailleurs dès la première ligne la fin de l'Occident, son « grand remplacement » ou son orientalisation[37] : « Nos sociétés **encore** occidentales ».

> Tel est le cas, dans nos sociétés encore occidentales et social-démocrates, pour tous ceux qui terminent leurs études, mais la plupart n'en prennent pas, ou pas immédiatement conscience, hypnotisés qu'ils sont par le désir d'argent, ou peut-être de consommation chez les plus primitifs, ceux qui ont développé l'addiction la plus violente à certains produits (ils sont une minorité, la plupart, plus réfléchis et plus posés, développant une fascination simple pour l'argent, ce « **protée infatigable** »), hypnotisés plus encore par le désir de faire leurs preuves, de se tailler une place sociale dans un monde qu'ils imaginent et espèrent compétitif, galvanisés qu'ils sont par l'adoration d'icônes variables : sportifs, créateurs de mode ou de portails Internet, acteurs et modèle. (*Soumission* : 12-13)

Dans le paragraphe précédent, il a été à nouveau question de dédoublement et le long extrait ci-dessus est l'illustration de ce dédoublement. Ces virgules envahissantes sont comme des crochets ou des vertèbres d'un serpent. Et elles se succèdent frénétiquement sans se ressembler, avec des statuts ou des fonctions différant les uns des autres. La parenthèse perdue au milieu de toutes ces virgules est elle-même un fragment discursif dont la présence semble obéir à une injonction mystique ou un symbolisme typographique d'une sophistication extrême : Vaugelas ou Saussure en perdraient leur latin. Naturellement, il est possible de donner, en serrant l'analyse, une valeur de « et » à son « ou » en raison de

36 Au troisième chapitre, nous relevons cette même syntaxe, cahoteuse à l'occasion, dans *Les Événements* de Jean Rolin.

37 L'intérêt de cette expression d'*orientalisation* est qu'elle permet de faire observer que l'islam n'est pas la seule phobie de certains intellectuels occidentaux. Plusieurs ouvrages ont documenté à la fois une crise de la modernité et une percée du bouddhisme et des spiritualités orientales.

cette virgule. Mais « ou » endosse par nature cette valeur coordinatrice sans le secours de ce détour crocheté et, accessoirement, arabe : « , ». À travers la multiplication de propositions incidentes, grammaticalement indécentes, à travers son usage de la virgule et de la parenthèse (la possibilité du tiret double lui a étonnamment échappé) : on voit la réécriture de Huysmans. Il réécrit Huysmans ou plutôt il laisse à travers lui Huysmans réécrire *in absentia*. Pour s'en convaincre, il suffit de comparer le titre de la thèse du narrateur François avec cette phrase syntaxiquement désastreuse de Huysmans : « Quoi qu'il *fît, la hantise du* XVIIIe *siècle, l'obséda.* » (*À rebours*, 1884). Laquelle par effet de ping-pong renvoie également à Houellebecq que hante son siècle ou la fin (mort) de son siècle (époque), quoi qu'il écrive (comme Huysmans en son temps avait hanté la période dite fin-de-siècle : comme des Esseintes en avait été hanté).

Dans la version d'*À rebours* (33) par exemple, disponible dans Gallica, on voit les paragraphes à une phrase de Huysmans[38]. Et que dire de ce « mais » faussement interrompu dans son élan par un point factice ? La phrase suivante s'écrit au mépris des règles orthotypographiques, avec une minuscule en début de phrase. On peut continuer la lecture de la page suivante d'*À rebours* (34). Le jeu quasi-calligraphique est repris par Houellebecq, en complicité avec ses éditeurs, lesquels dans toutes les versions consultées (français, anglais, allemand, et italien) isolent sur une page unique, nouvelle, qu'il faut toujours tourner, la clausule, la phrase terminale du roman « Je n'aurais rien à regretter » : on y voit une triple coprésence : le narrateur écrit avec l'auteur et l'éditeur dont les présences sont manifestes.

L'ellipse est souvent traduite pas trois points. Huysmans, lui, faisait de son « mais » sinon une phrase complète au moins une unité de sens, d'une conjonction qui ne coordonne rien, se suffit entre son point-virgule (;) de départ et son point (.) d'arrivée, un moment de littérature. Chez Houellebecq, une armée de virgules qui délient autant qu'elles lient sont une caractéristique originelle de l'esthétique contre-utopique, inspirée de l'écriture décadente, telle que par exemple Paul Bourget, en son temps l'exprimait :

---

38 Voir Bibliothèque Nationale de France : http://gallica.bnf.fr/ark:/12148/bpt6k1045576p/f50.highres

> Un style de décadence est celui où l'unité du livre se décompose pour laisser la place à l'indépendance de la page, où la page se décompose pour laisser la place à l'indépendance de la phrase, et la phrase pour laisser la place à l'indépendance du mot. Les exemples foisonnent dans la littérature actuelle qui corroborent cette hypothèse et justifient cette analyse (Bourget, 1924)[39].

Il parlait d'un style de la Décadence ; je qualifie, ici, le style de la contre-utopie. La virgule chez Houellebecq va jusqu'à lier des énoncés indépendants. La distribution sémiologique des connecteurs nuit à la linéarité du texte au lieu de l'assurer. Virgules et signes d'enserrement (parenthèses et guillemets) s'enchaînent, se déchaînent pourrait-on dire. Le signe supplante le mot ; la typographie génère du sens au-delà du son (intonation, prosodie, rythme). L'auteur qui fait de nombreux clins d'œil et sous-entendus dans son roman, c'est-à-dire qu'il intègre des mots marqués (qui renvoient clairement à d'autres auteurs) sans distance aucune, sans guillemets ni citation directe, l'auteur donc ajoute ici des guillemets, dans un paragraphe déjà chargé de signes de ponctuation, à seule fin de mettre en valeur l'allusion qu'on imagine schopenhauerienne. L'expression « Protée infatigable » est tombée depuis fort longtemps dans le domaine public, si longtemps qu'il est difficile de déterminer l'auteur véritable de cette expression, pour ainsi dire dix-neuvièmiste[40].

L'usage de la ponctuation, des virgules surtout, apparaît comme autant de symptômes syntaxiques d'une crise identitaire que tracent, à coup de propositions incidentes, les contours du roman contre-utopique. Un roman oscillant en permanence entre une obsolescence (de la civilisation) sans cesse déprogrammée (par les faits) et une réhabilitation thématique par des auteurs toujours plus nombreux et plus divers. Michel Houellebecq

39 Bourget Paul, *Essais de psychologie contemporaine*, Paris : Plon, 1924.

40 « On reproche fréquemment aux hommes de tourner principalement leurs vœux vers l'argent et de l'aimer plus que tout au monde. Pourtant il est bien naturel, presque inévitable, d'aimer ce qui, pareil à un **Protée infatigable**, est prêt à tout instant à prendre la forme de l'objet actuel de nos souhaits si mobiles ou de nos besoins si divers » Arthur Schopenhauer, *La Sagesse dans la vie*, 1884. Dans un poème (Octobre) publié dans le Mercure de France, en 1819, on retrouve également cette expression « Protée infatigable » pour désigner le travail, celui de Saint Perse en l'occurrence auquel l'auteur Albert Monterret rendait hommage. Jean-Charles Emmanuel Nodier qualifiait lui la mode de « Protée infatigable » qui « multiplie avec tant d'activité ses métamorphoses » (1832 : 29). Il est facile de trouver beaucoup d'autres occurrences de cette expression chez les auteurs du XIXe siècle, en l'entrant dans des moteurs de recherche. Les guillemets du narrateur n'étaient donc pas d'une absolue nécessité, l'expression racontant elle-même assez facilement sa propre histoire.

s'assimile à un auteur (néo)décadent ou « néantiste » (Nancy Huston). Mais il s'agit d'un Décadentisme revisité, remotivé. Il utilise le mot décadence, qui est le titre d'un essai sur le même thème (de la mort de l'Occident) de Michel Onfray, comme un marqueur de la crise de la postmodernité, pour dire la crise de la civilisation occidentale comme à son époque Durtal (dont l'ombre et le nom sont omniprésents dans *soumission*) incarnait la « crise de la modernité ».

S'il laisse trop souvent parler Huysmans comme la section qui suit le démontre, il laisse aussi parler d'autres auteurs. Ainsi quand le narrateur, François, dit :

> **L'amour** chez l'homme **n'est rien d'autre que la reconnaissance** pour le **plaisir** donné, et jamais personne ne m'avait donné autant de plaisir que Myriam. (*Soumission* : 39)

Il s'agit clairement des paroles de Balzac dans *Le Père Goriot*[41]. Peu de choses étant laissées au hasard, elles sont reprises du chapitre intitulé *La mort du père* (1910 : 269-343). Rastignac attend au chevet de Goriot, le père de Delphine, le verdict du médecin. Il se doute que la mort est imminente. Ce que ne confirme pas le médecin qui annonce plutôt des « mieux ou des rechutes alternatives », tout en concluant paradoxalement « Il vaudrait mieux qu'il mourût promptement ». Michel Houellebecq laisse écrire Balzac auquel fait écho le diagnostic de Michel Onfray lorsqu'il annonce dans *Décadence* que le moment est venu pour la civilisation occidentale de mourir. Plus que cet extrait mis en lumière, ce sont les mots dont il est l'aboutissement qui établissent une filiation souhaitée par Houellebecq entre lui et Balzac. En reproduisant la langue balzacienne, ici, en laissant écrire Balzac dans son roman, Houellebecq pose François et Myriam comme des répliques papier d'Eugène Rastignac et Delphine de Nucingen, lui-même-Houellebecq étant, très modestement, un nouveau Balzac[42].

---

41 L'édition consultée est celle des œuvres complètes de Balzac publiée chez Calmann-Lévy en 1910.

42 Le journal *Service Littéraire*, dans un article repris par Atlantico se demandait : « Houellebecq serait-il le Balzac de la bourgeoisie décadente du 21e siècle ? ». C'est du reste une comparaison devenue un lieu commun de la critique journalistique et même universitaire. Bridait (2008) en parlait comme d'un nouveau Balzac. Murielle Lucile Clément et Sabine Van Wesemael (2007) ont également comparé l'approche au sexe de Houellebecq qui rappelle Balzac et s'y identifie.

> Rastignac et Delphine s'étaient rencontrés dans les conditions voulues pour éprouver l'un par l'autre les plus vives jouissances. Leur passion bien préparée avait grandi par ce qui tue les passions, par la jouissance. En possédant cette femme, Eugène s'aperçut que jusqu'alors il ne l'avait que désirée, il ne l'aima qu'au lendemain du bonheur : **l'amour n'est peut-être que la reconnaissance du plaisir.** (Balzac, 1910)

Balzac n'est cité nommément que deux fois dans *Soumission* (p. 28, 155) et toujours à travers la collègue de François, Marie-Françoise Tanneur, qui en est une spécialiste. On retrouve néanmoins dans l'extrait supra de Balzac l'opposition qui parcourt l'œuvre entière de Houellebecq l'opposition donc entre amour et plaisir, cette tension vers la « jouissance », la « petite mort ». J'ai relevé vingt-sept occurrences du mot plaisir. Comme si la recherche des plaisirs perdus et le sentiment de cette perte fondaient toute la poétique de Houellebecq. Lorsqu'il décrit par exemple Huysmans comme un « esthète misanthrope et solitaire », c'est en mobilisant le réseau de tous les sens qu'il donne au plaisir : non seulement les « plaisirs de table », « plaisir de lecture », « plaisirs charnels », « plaisirs simples », etc. sont-ils cités individuellement dans son roman mais encore ils sont condensés dans le passage suivant :

> Il avait sa propre servante, qui lui préparait ces plats de cuisine bourgeoise qui avaient joué un si grand rôle dans sa vie ; il avait sa bibliothèque, et ses paquets de tabac hollandais. Il assistait à l'ensemble des offices, et sans nul doute il y prenait plaisir, sa dilection esthétique et presque charnelle pour la liturgie catholique transparaissait dans chacune des pages de ses derniers livres. (*Soumission* : 265)

À REBOURS D'*À REBOURS*
Voyages dans le temps

Le narrateur de *Soumission* est un spécialiste de Huysmans[43]. Il est blasé voire mélancolique. Voici comment il accueille, après son doctorat la perspective de sa carrière :

---

43 « Son livre, espèce d'autobiographie lapidaire, à forme d'épitaphe, dénonce à toute page le néant, l'irréparable néant de tous les étais par lesquels la vieille entité psychique fait

> J'allais devoir m'engager dans un processus d'insertion professionnelle. Ce qui ne me réjouissait nullement. (*Soumission* : 16)

« Y'a d'la joie » ! Avec François qui met dans sa vie autant d'application à être pessimiste que ne l'était Huysmans, c'est : *Bonjour Tristesse*, toujours Tristesse.

L'un des points communs aux deux auteurs est la centralité de la littérature dans la vie des personnages principaux, esthète et critique. Avant de comparer rapidement, une fois encore, les décadences, quelques mots de rappel sur Huysmans au sujet duquel, du reste, tout a déjà été dit selon le narrateur de *Soumission* qui considère que toute thèse sur cet auteur participerait du recyclage voire du plagiat.

Naturaliste émancipé, décadent de fait[44], en un siècle finissant, symboliste par affinités[45], anticlassique, résolument moderne, voire moderniste[46], Huysmans était un écrivain sous influences multiples. L'influence de Zola et de ses admirateurs que l'on retrouvait dans le groupe de Médan et dont le recueil collectif de nouvelles *Les Soirées de Médan*[47] est un produit dérivé pour ainsi dire, l'influence de Flaubert dont il considère *L'Éducation Sentimentale* comme « un chef-d'œuvre qui a été beaucoup plus que *L'Assommoir* le parangon du naturalisme ». On peut aussi citer « Goncourt pour la langue, Baudelaire pour le spiritualisme décadent et Schopenhauer pour le pessimisme noir » (Bloy). Mais en fait

---

semblant de se soutenir encore », Léon Bloy (1913) et « D'après Per Buvik, *À rebours* est un roman de crise dans la mesure où cette dénonciation vise l'auteur lui-même », Buvik, Per, « Manifeste et roman de crise. À propos d'*À rebours* de Joris-Karl Huysmans », Bulletin de la Société Joris-Karl Huysmans, 1980, n° 71, p. 16, Edyta Kociubynska (2011).

44 « Un amalgame d'esprit décadent et d'attitude naturaliste » selon Marc Smeets (2003 : 128). Quant à Lethèves : « On a parlé de décadence à propos d'écrivains très divers : Gautier, Flaubert, Baudelaire, les Goncourt, Renan, Paul Bourget, Élemir Bourges, Péladan, les "poètes maudits" – Mallarmé, Rimbaud, Corbière et Verlaine – Huysmans et tous les écrivains aimés de des Esseintes, Barbey d'Aurevilly, Villiers de L'Isle-Adam et Théodore Hannon, Barrés et les hommes de son choix, Catulle [...] c'est dire qu'il s'agit plutôt d'une atmosphère commune dans laquelle se complaisent parfois occasionnellement des écrivains nombreux usant de techniques variées. » p. 47 (Lethèves 1963)

45 « J'avais été séduit par l'idée de rétablir le symbolisme » Lettre à Dom Besse du 26 mai 1897, Bibliothèque de l'Arsenal, Fonds Lambert 77. L'extrait repris s'appliquait plutôt au roman *La Cathédrale*, mais convient aussi dans la justification de l'exégèse des odeurs à laquelle se livre des Esseintes.

46 Au sens où Huysmans cité dans Littré (1883) l'entendait lui-même de « peintre qui a la prétention d'innover un genre ». Portail CNRTL en ligne.

47 C'est dans ce recueil collectif qu'a paru pour la première fois la nouvelle « Boule de Suif » qui valut à Guy de Maupassant une reconnaissance rapide et durable.

d'influences, il s'agit surtout d'allusions, de critiques, d'adhésions ou de renoncements intellectuels à des contemporains dont il s'inspire, qu'il rejette ou commente, en un mot d' « intertextes spécialisés » (Guérin-Marmigère 2013).

Le chapitre x d'*À rebours* est par exemple dédié à la littérarisation des parfums, à l'analyse grammaticale des arômes dont le côté artificiel intéresse Des Esseintes :

> Dans cet **art** des **parfums**, un côté l'avait, entre tous, séduit, celui de la précision factice [...] Peu à peu, les arcanes de cet **art**, le plus négligé de tous, s'étaient ouverts devant des Esseintes qui **déchiffrait** maintenant cette **langue**, variée, aussi insinuante que celle de la **littérature**, ce **style** d'une **concision** inouïe, sous son apparence flottante et vague. Pour cela, il lui avait d'abord fallu travailler la **grammaire**, comprendre la **syntaxe des odeurs**, se bien pénétrer des **règles** qui les régissent, et, une fois familiarisé avec ce **dialecte**, comparer les **œuvres des maîtres**, des Atkinson et des Lubin, des Chardin et des Violet, des Legrand et des **Piesse**, désassembler la **construction** de leurs **phrases**, peser la proportion de leurs **mots** et l'**arrangement** de leurs **périodes**. Puis, dans cet **idiome des fluides**, l'expérience devait appuyer les **théories** trop souvent incomplètes et banales.

Quand Huysmans parle des maîtres et cite les grands parfumeurs de son époque, c'est surtout aux milieux littéraires que l'on pense, à la « clique de Médan » ou aux dîners de Flaubert, mais aussi, à présent, à tout le discours de François, dans *Soumission*, sur la littérature. Les parfums sont alors appelés des « œuvres ». Huysmans élève le flair au rang de don, la parfumerie devient un art et une technique, au point qu'il laissera des Esseintes s'essayer dans une critique d'un nouveau genre où les parfums nous transportent dans les lettres et le jargon de la critique littéraire.

À la fin du XIXe siècle, la littérature, la mauvaise littérature surtout[48], a été associée aux odeurs, aux mauvaises odeurs souvent.

Le programme de Jean Floressas des Esseintes, « personnage fictif et unique d'*À Rebours*, qui n'est que le prête-nom littéraire de l'auteur » (Bloy 1913), est ici délimité avec des mots qui recoupent le champ sémantique du sacré/profane, mystique/chrétien, littérature/

48 « Détestant tout ce qui **sent** la littérature, / Je chasse de ce livre uniquement privé / Tout ce qui touche à **l'horrible littérature** », Verlaine, « Détestant tout ce qui sent », *Invectives*, Vanier, 1901 (*Œuvres complètes*, volume III, p. 344-345)

odeur et simple/composé. Sans qu'il soit possible d'affirmer que le fait d'isoler, surligner, faire émerger un condensé sémantique de l'œuvre de Huysmans (un condensé inspiré du tag *cloud*, à la manière de Flickr) suffise à expliquer cette présentation programmatique. Huysmans utilise le mot d'**extraits** dont la connotation est aussi abstraite (parfum) que concrète (livre) : au-delà des mots qui sont dits, il y a donc également ceux que le lecteur entend ou devine. Ainsi quand plus haut j'oppose arbitrairement mystique/chrétien, c'est sur la base d'une compréhension dynamique et systémique du texte, en traduisant l'esprit autant que la lettre. Le programme de Des Esseintes semble limité a priori au « laïque » mais cela ne saurait signifier en aucun cas que le christianisme n'est associé à aucune odeur. On peut lire par exemple ceci que

> c'était un **faisandage** incomplet et alenti ; c'étaient de gauches retours aux emphases cicéroniennes, n'ayant pas encore ce **fumet** spécial qu'au IVe siècle, et surtout pendant les siècles qui vont suivre, l'**odeur** du christianisme donnera à la langue païenne, **décomposée** comme une venaison

Dans ce passage, toute l'emphase qui précède pour aboutir à l'évocation du christianisme rappelle une atmosphère de décomposition ou de désintégration qui annonce la décadence houellebecquienne. Dans ce célèbre chapitre X en particulier, connu pour être un pot-pourri d'exhalaisons littéraires, la fréquence de surface du mot « odeur » (dix-sept occurrences dans ce seul chapitre contre huit occurrences dans tout le reste du roman) atteint une densité significative, « signifiante ». Certes notre calcul rapide et le décompte lexicométrique que je fais ne vont pas révolutionner la compréhension de l'œuvre huysmansienne (sans cela déjà suffisamment étudiée et recyclée, selon François, le narrateur de *Soumission*) et peuvent ne pas correspondre au dessein de l'auteur, mais les fréquences d'apparition de l'« odeur » que j'ai comptabilisées font abstraction de tout champ sémantique qui engloberait le vocabulaire de la perception sensorielle et le « territoire linguistique » des odeurs. Lue à travers la fenêtre houellebecquienne, une telle recherche rend plus évidente la présence d'une métaphore filée, sans forcément en éclaircir les sens. Une métaphore filée de la vie littéraire fin-de-siècle et une énième métaphore de ce que François a du nez, du flair, et que la fin de l'occident est, sinon proche, certaine, l'idée de proximité n'étant plus simplement spatiale ou temporelle, mais aussi celle d'imminence du danger, de son inéluctabilité, de sa gravité[49].

À travers le sens de l'odorat de des Esseintes, c'est en effet son sens critique qu'il est donné de voir. Et chaque parfum agit comme une évocation d'un auteur ou d'un peintre qu'il lui associe. De là cette double question un tantinet naïve : les odeurs sont-elles le prétexte de sa critique[50] ou alors la critique artistique et littéraire lui permet-elle de mieux parler des odeurs ? Le recours de des Esseintes à ces méditations olfactives traduirait-il une tentative de Huysmans de rendre la littérature plus « scientifique » comme les naturalistes en formaient déjà le projet ? Une tentative qu'il aurait reprise, tout s'en démarquant. L'adage latin ayant postulé qu'il est insensé de discuter des goûts et des couleurs (*de gustibus et coloribus non disputandum*), tant ils sont affaire d'opinion, on peut supposer que les odeurs, elles, par leur pouvoir d'évocation, sont considérées comme lieu de connaissance critique par Huysmans.

« RIEN N'AURA EU LIEU QUE LE LIEU »
Histoire et géographie de la contre-utopie

Michel Houellebecq n'invente pas l'utopie ni la contre-utopie d'ailleurs, il en remotive le contenu. Dans la fiction américaine du siècle dernier, on retrouve des éléments de la poétique contre-utopique analysés notamment dans l'ouvrage important de Nicholas Spencer (2003), professeur au département d'anglais de l'Université de Nebraska-Lincoln, aujourd'hui disparu[51]. Celui-ci a développé le concept d'espace critique dans son

---

49 L'odeur chez Houellebecq est associée à la femme. D'abord sous forme métaphorique quand le narrateur François estime que l'islam était rendu « désirable » en raison d'un « parfum d'exotisme » (*Soumission* 153) ; ensuite François estime que la femme apporte « un certain parfum d'exotisme » (*Ibid.* 207) à la vie ; enfin François fait du Houellebecq et considère que « Nietzsche avait vu juste, avec son flair de vieille pétasse, le christianisme était au fond une religion féminine. » (*Ibid.* 218)

50 « *À rebours* [...] est aussi une encyclopédie de ses goûts littéraires et artistiques [...] au moyen d'une vaste métaphore associant la composition des parfums à celle d'un tableau ou d'un poème » (Béhar 104)

51 Si nous lisons la notion d'espace critique à travers un auteur américain, il convient de préciser que la paternité en revient à l'urbaniste et philosophe d'art Paul Virilio et que

ouvrage *After Utopia.* Son étude est consacrée à la fiction américaine. Et il y présente une nouvelle généalogie de la fiction du vingtième siècle. Nicholas Spencer soutient que la fiction américaine de Jack London, d'Upton Sinclair, de John Dos Passos et de Josephine Herbst réinvente les préoccupations spatiales de l'utopie ayant eu cours à partir de la fin du XIXe siècle. Au lieu de sociétés utopiques complètement imaginées, les fictions étudiées dépeignent des espaces utopiques localisés (contre-utopiques ?) qui documentent de façon décisive le cadre des histoires racontées par ces auteurs américains.

Dans certains romans du milieu du siècle dernier de Mary McCarthy et Paul Goodman et les textes de Thomas Pynchon, William Gaddis, Joan Didion et Don DeLillo à la fin du vingtième siècle, les récits de l'espace social deviennent selon Nicholas Spencer de plus en plus utopiques et critiques. L '« espace critique » très varié de tels textes atteint une position similaire à celle dont jouissent les représentations de la transformation historique dans la fiction américaine radicale du début du vingtième siècle. *After Utopia* est une réflexion sur les aspects centraux des romans américains postmodernes, qui dériveraient des récits ouvertement politiques de Londres, Sinclair, Dos Passos et Herbst. Ce qui m'intéresse dans son ouvrage et qui sera utilisé plus avant dans le troisième chapitre est que Spencer se concentre sur les moments de l'émergence de ce qu'il appelle, à la suite de Virilio, l'espace critique durant le siècle dernier. Il met ces moments d'émergence en relation avec les ouvrages théoriques de Georg Lukács, Ernst Bloch, Antonio Gramsci, Hannah Arendt, Henri Lefebvre, Gilles Deleuze et Félix Guattari, et bien sûr Paul Virilio. La rencontre systématique et généalogique entre la théorie critique et la fiction américaine révèle des parallèles étroits et des analyses originales de ces deux domaines du discours culturel du XXe siècle.

À propos des récits contrefactuels, dans l'ouvrage dirigé par Lavocat sur *La théorie littéraire des mondes possibles*, Lubomir Dolezel (2010 : 95) estime que « sans faits historiques, il n'y aurait pas de contrefaits historiques ». Il souligne dans le même paragraphe que les auteurs de tels récits sont libres de « donner à leur monde contrefactuel la forme et le sens que leur imagination leur suggère parce qu'aucune condition

---

l'essai de Spencer est également informé des travaux de Deleuze et Guattari. Lire Spencer Nicholas. 2006. *The Rise of Critical Space in Twentieth-Century American Fiction.*

de vérité ne s'impose à leur création». Certes, cette liberté de mentir est généralement reconnue à tout roman comme inaliénable, mais en replaçant dans son contexte cette réflexion sur les mondes possibles, on ne peut s'empêcher de relever qu'elle s'applique également aux récits contre-utopiques, avec cette légère dénaturation dans la pensée de Dolezel : plutôt que de dire « imagination », il faudrait sans doute écrire « idées » ou « idéologies » pour caractériser la toile de critères et de caractères réunis dans la contre-utopie. Ces critères et caractères donnent forme à ces récits politisés du futur que l'on appelle contre-utopie[52]. En infléchissant également l'extrait de son analyse, on dirait que « sans utopie, il n'y aurait pas de contre-utopie ». Au départ et à l'arrivée, l'utopie assume la couverture théorique des textes qualifiés de contre-utopies. Le sous-système contre-utopique ne se soustrait pas aux sens de l'utopie, il a néanmoins sa propre vie sémantique et tend à remodeler littérairement les contours de l'utopie. En utilisant le lexique des linguistes, on dirait que la différence défendue entre utopie et contre-utopie est que les sens sont proches mais les signifiants divergents. Utopie et contre-utopie étant deux unités lexicales différentes, nés à des moments spécifiques, la contre-utopie étant logiquement postérieure à l'utopie, les connotations dans le second emploi du mot utopie tiennent en l'utilisation du préfixe « contre » qui induit une dimension cognitive plus dialectique. J'ai trouvé un hapax, une attestation isolée d'un usage spécifique de la contre-utopie, dans une critique de Thomas Osborne (2003 : 123) qui parlant d'un écrivain russe (Andrei Platonov) évoquait « a critical style that is not straightforwardly anti-utopian or dystopian but what is called here 'counter-utopian'. »

Alors que l'Occident continue d'être ou de représenter le paradis sur terre pour des millions de migrants et aspirants au voyage à travers le monde, celui-ci se plaît à croire qu'il est en train de devenir un enfer, ceci expliquant forcément cela (le pouvoir d'attraction étant plus fort que la capacité de réception). Il en résulte que le lien entre utopie (espaces rêvés ou imaginés) et contre-utopie (espaces expérimentés) est à la fois antagoniste et causal.

---

52 « Caractères » au sens d'ensemble de traits physiques et moraux qui définissent une personnalité, le mot est utilisé métaphoriquement pour parler des caractéristiques du roman, mais aussi à cause de son homonymie avec le mot anglais « character ». *Character* désigne les personnages auxquels on consacrera un paragraphe.

> En tant que lecteur de Huysmans, vous avez certainement été agacé comme moi par son pessimisme invétéré, ses imprécations répétées contre les médiocrités de son temps. Alors qu'il vivait à une époque où les nations européennes à leur apogée, à la tête d'immenses empires coloniaux, dominaient le monde !... À une époque extraordinairement brillante à la fois du point de vue technologique – les chemins de fer, l'éclairage électrique, le téléphone, le phonographe, les constructions métalliques d'Eiffel – et du point de vue artistique – là, il y a vraiment trop de noms pour les citer, que ce soit en littérature, en peinture, en musique (*Soumission* : 256)

Rédiger considère par ailleurs que l'« Europe qui était le sommet de la civilisation humaine s'est bel et bien suicidée, en l'espace de quelques décennies » (*Soumission* : 257). Rédiger dont la parole est précédemment reproduite dit au sujet d'Huysmans ce qui peut créer l'étonnement au sujet du pessimisme de Houellebecq (Alors qu'il vit dans une époque où la langue française n'est certes plus la langue des rois et des princes, mais où elle n'a jamais autant été parlée dans le monde, avec tout ce que cela suppose d'attractivité et de fascination). François adhère au discours de Rédiger :

> Il avait de toute évidence raison [...] Le souvenir de certaines pratiques sexuelles avait ainsi, en un siècle, disparu de la mémoire des hommes – un peu comme disparaissent certains savoir-faire artisanaux tels que ceux des sabotiers ou des carillonneurs. Comment, en effet, ne pas adhérer à l'idée de la décadence de l'Europe ? (*Soumission* : 256-257)

La métaphore introductive à ce chapitre l'a démontré. C'est en effet des idées, de la pensée, que tout système utopique naît. La contre-utopie, elle, prospérerait sur le terreau de l'idéologie. Elle serait une variante des romans à thèse, une forme d'engagement ou à tout le moins de « résistance » politique (Novak-Lechevalier, 2015 ; Lavocat, 2016), de désobéissance civile à l'injonction islamiste, qui vient, de se soumettre ou de périr. De ce point de vue, *Soumission* serait un engagement poétique et la contre-utopie un costume d'époque de la décadence.

Parlant d'engagement ou d'investissement poétique, on voit dans le roman contre-utopique de Houellebecq une tentative de quadrillage par les mots de Paris, une indexation de places qui annoncent beaucoup d'autres auteurs parus depuis 2015. Cette esthétique du réalisme augmenté, avec des noms de personnages vivants identifiables et d'adresses connues, ne tire finalement sa fictionnalité que d'une stratégie du détour qui consiste à situer l'instant raconté dans le futur[53].

Il n'y a dans *Soumission* ni « science savante élective » ni « techno-science de masse » (Langlet, 2006), au contraire la machine contre-utopienne ne s'encombre pas de croyances scientistes, la science y est vaincue, marginale, utilitaire, comme un « smartphone ». En somme un futur sans futurisme. Le caractère marginal de la technologie peut se lire dans ce passage :

> Elles allumaient leur smartphone pour enregistrer l'intégralité de mon cours, ce qui ne les empêchait pas de prendre des notes sur de grands cahiers 21 x 29,7 à spirale. (*Soumission* : 28)

Le « smartphone » ne sert souvent qu'à consulter ou vérifier une information rapide.

Concernant toujours l'insignifiance de la technologie ou de la science, le narrateur par exemple, qui a la chance de pouvoir coucher avec ses étudiantes sans que ne se pose à lui quelque cas de conscience, déconsidère de manière plutôt étonnante la science littéraire qu'il sert.

> Les études universitaires dans le domaine des lettres ne conduisent comme on le sait à peu près à rien, sinon pour les étudiants les plus doués à une carrière d'enseignement universitaire dans le domaine des lettres — on a en somme la situation plutôt cocasse d'un système n'ayant d'autre objectif que sa propre reproduction, assorti d'un taux de déchet supérieur à 95 %. Elles ne sont cependant pas nuisibles, et peuvent même présenter une utilité marginale. (*Soumission* : 18)

Dans la théorie économique dite du marginalisme, la valeur d'une chose procède ou « est proportionnelle à l'utilité marginale qu'elle procure[54] ». Et au-delà des indications factuelles concernant les débouchés dans la recherche littéraire, ce qu'il faut retenir c'est la défense de la littérature comme discipline.

53 À l'occasion d'un entretien à Diacritik, Vincent Message disait que les fictions contemporaines « se demandent où le présent nous mène si nous n'y changeons rien, si nous suivons sa pente. Cela passe par une esthétique du détour, par un travail de transposition qui permet de poser les problèmes non pas dans leur inscription actuelle, en les articulant à tout un réel politique et social dont la description fine serait une tâche infinie, mais en les résumant à quelques-uns de leurs traits les plus structurels. » Le grand entretien : Vincent Message *(Défaite des maîtres et possesseurs*, 2016*)*, par Christine Marcandier : https://diacritik.com/2016/01/08/le-grand-entretien-vincent-message-defaite-des-maitres-et-possesseurs/ publié le 8 janvier 2016, consulté le 15 février 2018.

54 Article « Utilité marginale », https://www.larousse.fr/archives/economie/page/248

Il y a cette histoire et il y a la géographie de la contre-utopie. Autre point d'intérêt qui sera traité plus avant dans la quatrième partie, la topo-graphie (au sens étymologique d'écriture du lieu), la géopoétique. En tant qu'avatar post-moderne d'un sous-genre, la science-fiction, la dystopie ou le space-opéra[55], la contre-utopie est une fable du temps autant que du lieu. Il y a une obsession du lieu juste, de la rue que l'on retrouve dans d'autres romans du corpus : plus de cinquante occurrences de noms de rue font passer *Soumission*, en première approximation, pour un guide touristique, un inventaire avant liquidation, ou une redécouverte des « territoires perdus de la république » (Bensoussan, 2015). L'activité prédictive ou spéculative est moins marquée dans *Soumission* que l'exercice analytique. Toutefois, les procédés de mise en narration des idées, les procédures narrativisantes, même quand leur dimension littéraire n'est pas avérée, mettent en œuvre des ficelles intertextuelles. Les protocoles du roman contre-utopique seraient par suite ceux d'un sous-genre qui défend des notions chargées d'histoire mais sans aucune scientificité comme la Décadence, ceux d'un sous-genre qui se dédie au traitement conjectural des menaces politiques. Sous-genre voire sous-culture puisque le phénomène n'est pas exclusivement littéraire et rappelle, à travers les métaphores que son traitement suscite, la sous-culture des cataphiles à Paris, évoquée au premier chapitre. Le récit contre-utopique se distingue par le motif littéraire du déclin mais aussi par la culture et l'exploitation d'une psychose islamiste voire religieuse[56]. L'entrée en scène conquérante de l'Islam dans la littérature européenne semble annoncer une colonisation, puis une soumission, auxquelles peu résisteront par ambition et par goût des jeunes filles[57].

S'agissant de l'esthétique du lieu : en quatrième de couverture, l'éditeur parle de la France comme d'un ailleurs (« Dans une France proche »). La

---

55 « Le space opera ou opéra de l'espace est un sous-genre de la science-fiction caractérisé par des histoires d'aventure épiques ou dramatiques se déroulant dans un cadre géopolitique complexe. » Article Space opera.

56 Cette psychose est ce que l'on voit dans les médias et les débats politiques, mais aussi dans la littérature, où l'incertitude domine. Par exemple, dans le roman « chrétien » d'Emmanuel Carrère *Le Royaume* (2014), pour lequel Houellebecq avait eu des mots élogieux, la clausule est « je ne sais pas » (p. 634), que l'on peut mettre en parallèle avec l'usage du conditionnel qui clôt le roman *Soumission*.

57 Un collectif dirigé par Georges Bensoussan et préfacé par Élisabeth Badinter a ainsi été titré : *France soumise. Les voix du refus*. La convergence thématique de la soumission est un ferment littéraire de la littérature française des années ayant suivi l'attentat de *Charlie Hebdo*.

proximité évoquée est peut-être temporelle ou délibérément ambiguë, elle n'en dit pas moins que le roman exploite subtilement les ressorts fonctionnels science-fictionnels.

Paris est une paratopie, au sens que Maingueneau (2004, 2013) donne à ce mot, c'est-à-dire *scène d'énonciation*, ou lieu de rhétorique, au sens aristotélicien de lieu spéculatif. Paris devient ainsi au sens littéral une contre-utopie, un lieu de spleen, de « danse macabre » (Baudelaire, 1857) et de décadence. Une décadence « avec élégance » (Michel Onfray, 2016), une apocalypse douce, considérée par une professeure de français de l'Université de Pittsburgh, Guiseppina Mecchia (2015), comme une « underwhelming apocalypse[58] ». En fait ce « tremblement de terre », cette apocalypse « de velours » (Hoquet, 2015), ne correspondent pas à la soumission, ils ne sont qu'un moment du roman, ce qui en constitue l'intérêt est la vie après le « tremblement de terre », l'a-vie qui précède le « tremblement de terre ». Dans les romans ultra-contemporains qui nous intéressent, l'apocalypse est finalement plus immanente qu'imminente[59].

CONCLUSION PARTIELLE

La contre-utopie est cet art nouveau de parler d'un présent qui nous échappe à travers un futur possible. Les œuvres contre-utopiques françaises posent la littérature comme un outil épistémologique qui rend de nombreux aspects de la société intelligible ou questionne leur inintelligibilité. Alors que beaucoup de critiques littéraires continuent de défendre l'examen proche du texte pour comprendre son sens profond, j'ai choisi d'adapter nos outils d'analyse à la complexité de notre objet d'étude. En conséquence, cette recherche va aller en se diversifiant dans les deux derniers chapitres.

58 Plus haut nous citons également l'entretien de Régis Debray qui parle d' « apocalypse joyeuse ». Concernant l'article de Giuseppina Mecchia, lire http://www.telospress.com/an-underwhelming-apocalypse-the-islamization-of-france-in-michel-houellebecqs-submission/, consulté le 1er novembre 2017.

59 « Apocalypse is no longer imminent but immanent : the anticipation of the real, worldly end has been supplanted by a more nebulous sense of an ending within the individual psyche. » (P. 452) Hurley, Jessica & Sinykin, Dan, "Apocalypse : Introduction", ASAP/Journal, vol. 3 n° 3, 2018, p. 451-466. Project MUSE, doi : 10.1353/asa.2018.0034.

Dans un ouvrage dirigé par Raphael Baroni et Marielle Macé (2007) et auxquels contribuent notamment Novak-Lechevalier, Maingueneau, Escola, Gefen et Saint-Gelais, les auteurs disaient l'importance du « regard générique » (lequel est l'un des enjeux de cette thèse de doctorat). La présentation de l'ouvrage est celle-ci :

> La question n'est plus, par exemple, *À la recherche du temps perdu* est-il un roman policier, une comédie ou un traité de morale ? mais : que fait-on quand on le lit ou quand on le classe comme tel ? Enchevêtrement complexe de connaissances, de reconnaissances, d'appropriations, le regard générique puise à un répertoire de formes et d'idées qu'il nourrit en retour. Ce qui se dessine alors, c'est un savoir des genres, mêlant expérience, affects et cognition : savoir dont disposent les acteurs (compétences, préférences, méconnaissances) et savoir que modélisent les œuvres, lorsqu'elles élaborent des cadres, des instruments d'intelligibilité ou des programmes de vie à leur tour généralisables, dont les traces se sédimentent en une mémoire générique.

Notre approche dans ce chapitre a surtout engagé une démarche critique et analytique des options de composition du roman *Soumission*. Il était nécessaire de parler de la lettre avant de commenter l'esprit. L'approche dans les chapitres suivants est davantage thématique. On examine les rapports entre la contre-utopie, l'Histoire et la philosophie, entre la contre-utopie et la société (Viegnes, 2009) à travers une approche mixte ou polyphonique. Cette démarche permet d'évaluer les implications politiques de l'expérience textuelle spécifique contre-utopique.

La présente recherche offre un corpus étoffé de textes des défenseurs de la décadence française, européenne et occidentale : les auteurs français contre-utopiens. Ces auteurs permettent d'offrir, à travers les esquisses théoriques, quelques principes explicatifs de l'expérience contre-utopique, comme l'importance ou la mystique des lieux parisiens bien connus pour être chargés d'histoire. Aussi ai-je démontré l'importance des séquences d'événements réels dans le dispositif contre-utopique, ce qui nous a donné un meilleur aperçu de la façon dont, par exemple, le discours philosophique et l'histoire littéraire contribuent à crédibiliser, dans l'esprit du citoyen européen (et au-delà, du lecteur lambda, malien ou malgache par exemple), à crédibiliser la possibilité d'une désintégration. En fin de compte, le point de vue fictif construit par le texte permet au lecteur d'accéder à un cadre idéologique dans lequel les personnages fictifs (qui ne le sont que très peu) sont des pions d'une machine idéologique. La critique du texte est indissociable en l'espèce d'une esthétique de la réception que Houellebecq par exemple a prévue et aménagée dans *Soumission.*

Outre Gefen, et avant d'en venir aux auteurs dénonçant les « déclinologues », relevons l'importance dans la littérature française des textes à visée hygiénique, « thérapeutique », à la limite de la contre-utopie, que sont les fictions dites panoramiques. La « fiction panoramique » se caractérise par une

> esthétique romanesque particulière, marquée par sa multiplicité, semble procéder de la volonté de relater et, peut-être, de suturer la déchirure causée par une guerre, par une catastrophe environnementale ou humanitaire en donnant la parole à des personnages qui représentent des « oubliés » de l'Histoire officielle. (Crombet, 2018 : 131)

Les récits contre-utopiques, à partir du moment des attentats terroristes contre Charlie Hebdo, ont fait plus que de refléter formellement la dynamique d'une civilisation prétendue en déclin. Les auteurs contre-utopiens ont donné corps à leurs thèmes[60], par une espèce de vertu autoréalisatrice de la littérature : ceci mourra de cela, pourrait-on dire en s'inspirant de Claude Frollo, pour traduire la mort que préfigure cette génération d'auteurs dans ses livres[61]. En tout cas de nombreuses interactions existent, que nous étudions, entre Histoire et fiction, politique et littérature, discours romanesques et discours institués, poétique et théorie, genre et thème. Les auteurs contre-utopiens ne sont pas marqués politiquement à gauche ou à droite. Cela dit, pour autant qu'ils soient ouvertement politiquement engagés, ils seraient plus souvent situés à droite de l'échiquier politique. C'est en tout cas ce que peut laisser penser le narrateur de *Soumission* quand il critique les journaux dits de « centre-gauche » :

> Le Monde, ainsi plus généralement que tous les journaux de centre-gauche, c'est-à-dire en réalité tous les journaux, avaient régulièrement dénoncé les « Cassandres » qui prévoyaient une guerre civile entre les immigrés musulmans et les populations autochtones d'Europe occidentale. (*Soumission* : 55)

---

60 Pour une étude sur la voix et la performabilité des romans, voir Evelyn Birge Vitz (1999) et Performing Medieval Narrative, éd. Evelyn Birge Vitz, Nancy Freeman Regalado.

61 En sus de la référence à l'intitulé d'un chapitre du roman de Victor Hugo, on peut mentionner la double dimension poète/prophète que les grands écrivains incarnent souvent.

Avant lui, Michel Onfray s'était égaré dans une critique inattendue et vindicative contre une humoriste qu'il comparait à une prostituée (*Penser l'Islam*) : la femme-prostituée, presque un topos contre-utopien : prostituée et les variantes *salope*, *pute*, et *vieille pétasse* (deux occurrences) se retrouvent dans *Soumission*[62].

> Une comique fit son billet d'humeur peu avant le journal de 9 heures. Quand elle se présente fardée avec l'humour comme une pauvresse qui fait le trottoir, l'idéologie peut tout se permettre. À l'antenne, celle qui est payée avec l'argent du service public pour faire rire en remettait une couche, le propre de toute propagande. Elle prophétisa que ceux qui, avec leur soumission à la Houellebecq, leur suicide français à la Zemmour, leur identité malheureuse à la Finkielkraut, ou leur raison populaire à la... Onfray, seraient tenus pour responsables de ce qui adviendrait ! Houellebecq était donc jugé coupable du prochain attentat antisémite commis par un musulman intégriste. C'est comme si l'on avait rendu Zola responsable de la condition des mineurs, Proust de l'effondrement de l'aristocratie, Céline de la guerre de 14-18, Malraux de la guerre d'Espagne et Sartre de la Nausée ! (Onfray, 2016 : 8)

Soumission, *Les Événements* et *2084* essaient souvent d'interpeller le politique et le citoyen sur des sujets comme la laïcité, élément de l'identité française.

La vague de la nouvelle tendance littéraire contre-utopique de la France est à la fois une dure réalité et un présage froid du climat politique actuel. C'est à la fois une histoire et un avertissement : une étude de cette littérature peut révéler des leçons essentielles au public, aux politiciens. Elle peut en ce sens « réparer le monde » pour reprendre le titre de Gefen :

> Sauver ou agir, même modestement, sur nos souffrances individuelles ou nationales, par la parole littéraire en tant qu'elle est adresse ou libération, par la fiction en tant qu'elle peut mettre des mots sur le perdu ou l'indicible, chercher à cerner et à intervenir sur les blessures du monde, me semble le mot d'ordre, souvent explicite, placé au cœur des projets littéraires contemporains. (Gefen, 2017 : 9)

La contre-utopie soulève des questions politiques essentielles mais d'une manière parfois polémique. Le *kairos* semble en effet venu d'une

---

62 Le billet attaqué est celui de Sophia Aram, consulté le 10 mai 2018 https://www.youtube.com/watch?v=UB3tNwJy5sE

césure aiguë ou en tout cas de renouvellements génériques. L'inflation du discours de rupture qui fait de chaque événement ou, dans ce cas, de chaque attaque terroriste le signe d'une ère nouvelle et donc d'une ère finissante est exploitée par la veine contre-utopique. Le sentiment d'accélération du « grand remplacement », nourri par des discours nostalgiques (Finkielkraut, Zemmour), appréciant chaque trait du présent à la lumière d'une lecture orientée du passé, n'est que l'un des symptômes de la crise épistémologique de la postmodernité. Dans la littérature française, ils en viennent à anticiper, pour le conjurer (Attali), le déclin de l'Occident. Dans la France *mécontemporaine*[63], l'identité, la migration et l'islamisme (sinon l'islam) sont si étroitement liés dans la plupart des esprits des journalistes et du public que l'un suggère l'autre. Ces signes avant-coureurs seraient tous les précurseurs de la « décadence » occidentale. Le contenu littéraire de la Décadence est redomanialisé d'après les abus de langage journalistiques : à l'origine, le mouvement de la Décadence (fin-de-siècle) ne faisait pas uniquement référence à la civilisation. De nos jours, les usages journalistiques et littéraires sont interchangeables, coïncident et forment une revendication continue, déployant le thème du déclin de l'Occident.

La question de l'inversion des pentes de l'histoire est posée par l'analyse de *Soumission*, mais guère traitée dans la partie qui s'achève, que l'on peut résumer comme une traversée du sous-genre contre-utopique (en tant que littérature de la décadence). Les cibles de l'analyse vont se diversifier et intégrer d'autres « fables du temps » qui ne sont pas toujours des romans ni seulement de la fiction. Plusieurs auteurs contre-utopiens ont pu estimer que leur rôle est moins de prévoir que de prévenir et leurs travaux demeurent pertinents même après la non-réalisation des catastrophes annoncées, avec une certaine imprudence, comme devant survenir l'année d'après leur publication. La contre-utopie houellebecquienne ne présente aucun signe de marginalité, la thématique de *Soumission* décale ainsi la dimension utopique de son œuvre qui de dystopique devient contre-utopique. Son écriture est certes densifiée par l'importance des références sibyllines, mais elle est travaillée pour rester aérienne. L'œuvre n'est pas aussi épaisse ni aussi filandreuse qu'une fiction ouvertement

63 Le sens originel du mot signifie non-contemporain. Le préfixe « Mé » étant privatif ou négatif. On retrouve cependant les occurrences de ce mot comme mot-valise (mécontent+-contemporain) pour désigner les auteurs déprimistes.

documentée (roman historique) ou un roman scientifique pourraient l'être. 306 pages, soit environ une page écrite par semaine, cela semble léger pour chroniquer la fin d'une civilisation aussi dominante[64].

Au-delà des événements de Paris et de Nice (2015, 2016), nous voyons que l'idée de décadence au sens anti-postmoderne (comme on disait antimoderne) a cessé d'être un refrain chanté et repris seulement dans les médias « islamophobes » (e. g. *Valeurs Actuelles*). Ladite décadence a acquis une dimension intellectuelle, comme idée politique et comme inspiration artistique (poïétique). Nous avons pu estimer au premier chapitre que la décadence est ainsi devenue l'antienne favorite de la contre-utopie : tous les auteurs de notre corpus et de nombreux journalistes semblent aujourd'hui accorder leurs peurs. Les développements esthétiques de la littérature prédictive produite par certains des auteurs les plus influents de la France contemporaine requièrent un examen transdisciplinaire, essentiel pour comprendre les divers processus par lesquels la contre-utopie a évolué en France, en relation avec la droitisation des intellectuels et la montée des nationalismes en Europe[65].

Au sujet de la portée de la contre-utopie, dans la recherche en sciences humaines, dans la philosophie et les débats européens, en ces temps troublés et marqués par une circulation plus fluide d'idées entre des textes appartenant au domaine de la littérature et ceux des sciences, les textes de la culture populaire et d'autres plus expérimentaux, l'examen de la contre-utopie est donc l'occasion pour la recherche littéraire de développer son propre discours sur des sujets partagés avec d'autres disciplines académiques : l'identité, la laïcité, le temps, l'histoire et l'avenir. Les événements violents qui ont déterminé et qui sont encore

---

64 La mesure de son rythme d'écriture est arbitrairement établie en considérant que depuis son premier roman, en 1994, il publie au rythme d'un roman tous les 4 ans et demi.

65 Jean-Loup Amselle (2017) en fait l'amer constat : « le processus de droitisation ou d'extrême droitisation de la société française s'est poursuivi [...] Natacha Polony et Élisabeth Lévy, venues toutes deux du chevénementisme – la première étant passée au *Figaro* et ayant fondé il y a peu le "comité Orwell", et la seconde officiant depuis quelques années à *Causeur* est bien connu –, celui d'Yves Roucaute, philosophe, ancien membre du PCF, et désormais conseiller éditorial de *Valeurs actuelles*, l'est moins. [...] ». L'anthropologue émérite documente une vingtaine d'autre cas de figures connues, parmi lesquelles « Jacques Julliard, ancien directeur d'études à l'EHESS, journaliste au *Nouvel observateur* puis à *Marianne* [...] Coralie Delaume [...] Élisabeth Badinter préfacière du livre de Georges Bensoussan, *Une France soumise*, ainsi qu'Élisabeth de Fontenay, philosophe autrefois d'extrême gauche et qui vient de témoigner en faveur de Georges Bensoussan ». Amselle, Jean-Loup, « Les nouveaux "nouveaux rouges bruns" », *Lignes*, vol. 54, n° 3, 2017, p. 77-84.

en train de façonner la montée de la contre-utopie française sont trop proches pour en tirer toutes les conséquences utiles. De là l'importance de mobiliser des ressources analytiques philosophiques, historiques, politiques, journalistiques et littéraires pour distinguer, si besoin est, fait et fiction, la réalité de la perception.

Dans le chapitre qui suit, je traite de l'esthétique du réel et de celle de l'artifice contre-utopique telle qu'elles apparaissent notamment dans *Les Événements*.

LA CONTRE-UTOPIE, UNE THÉORIE DES *ÉVÉNEMENTS*

Dans la recherche d'une définition plus stable de ce qu'est la contre-utopie, ce qui se joue désormais est la détermination du régime du temps par rapport aux crises religieuses, démographiques, politiques, environnementales et aux défis économiques, en un mot il faut cuirasser la poétique d'une conceptualité. En tant que structuraliste, Foucault est un puits théorique où l'on peut s'abreuver dans notre étude de la poétique contre-utopique, c'est-à-dire à la fois dans notre analyse de la dynamique de création à la naissance de ce genre, et dans la recherche de fondements théoriques essentiels.

Dans *Fait et Fiction*, c'est surtout à travers un historien, Paul Veyne[1] (Lavocat, 2016 : 25, 91) que Lavocat commente Foucault. Ses références directes à Foucault sont extraites de *Les Mots et les Choses. Une archéologie des sciences humaines* (1966). En raison du maniement que Foucault fait dans une œuvre précédente des notions de *temps*, *imprévisibilité*, *anticipation*, et en raison de ce que le dix-neuviémiste Bertrand Marquer relevait dans *Naissance du fantastique clinique : la crise de l'analyse dans la littérature fin-de-siècle*...

> La naissance de la clinique est en effet traditionnellement rattachée à l'esthétique réaliste, à laquelle elle fournit une méthode, un objet (la pathologie), et un système d'explication [...] un certain nombre de ses règles poétiques : le principe de Broussais (la continuité du normal et du pathologique), le principe de Baillarger (le primat de l'involontaire), et le rôle de l'analyse (devenue principe morbide de déliaison). (Marquer, 2014)

J'emprunte une autre source que Lavocat, et m'intéresse plutôt à l'archéologie foucaldienne du « regard médical », intitulée *Naissance de*

1 Nous avons pris à notre compte un élément d'autocritique de Paul Veyne qui écrivait dans *Foucault, sa pensée, sa personne* : « Si j'avais lu Wittgenstein ou mieux compris Foucault, je m'en serais moins mal tiré » (Veyne, 2008 : 101). Dans la quatrième partie, nous montrerons comment Wittgenstein, de loin en loin, influence l'émergence aujourd'hui de la contre-utopie.

la clinique (1963). La décadence, prise comme maladie, n'est plus alors l'objet, c'est désormais le sujet, la société qui est passée au scanner. L'objet fonctionne comme un mythe. Car les éléments constitutifs de cette décadence, les représentations, et leur évolution dans un futur proche, n'échappent pas à la fonction évaluative de la littérature. Ils écrivent une histoire du présent, faisant des auteurs contre-utopiens de nouveaux Thucydide[2].

Déjà au niveau du mythème, ce qui a été dit mais doit être reformulé en termes toujours plus simples est que *Soumission* est un événement. C'est-à-dire quelque chose qui fait date, qui vient, peut venir, qui advient, une chose qui dénoue[3]. De l'étymon du mot *événement* sont dérivés *aventure* (qui peut signifier événement inopiné), *éventuel* (ce qui peut arriver ou non : le préfixe *e* ajoutant l'idée d'une cause). *Inconvénient* procède du même étymon, mais de tous les événements qu'il est possible de faire ressortir du mot et de la chose, plusieurs s'appliquent simultanément à *Soumission. Soumission* équivaut à plusieurs événements, à la fois comme *aventure* sans cause déterminée ou comme *dénouement* avec une cause ou une chaine causale identifiables. *Soumission* est non seulement un *événement « quod evenit »* (qui a eu lieu) mais encore un *événement « quod venire »* (à venir) dans une acception qui « ne préjuge ni le bien ni le mal » (Mazure, 1863 : 533). Un « livre-événement » par exemple est un livre qu'on annonce, c'est un livre qui arrive, qui créé l'événement. Les événements sont des nouvelles, l'événement est la nouvelle, l'édition spéciale de BFMTV, le message urgent de l'AFP (*breaking news*), toutes ces dimensions se recoupent dans les titres contre-utopiques qui s'intéressent aux événements et font l'événement, qui ont quelque chose d'une littérature à sensation.

Dans *Soumission*, la centralité de l'événement (« le tremblement de terre » politique) est inscrite dans l'Histoire et la politique qui traversent le roman comme un crypto-programme, si l'on en juge par sa structure à couches ou du moins sous-jacente. En effet l'on ne dit pas toute la vérité en disant que *Soumission* est divisé en cinq parties, numérotées en chiffres

2 Cet aspect théorique est approfondi au prochain chapitre, où sont traitées les questions d'histoire contrefactuelle.

3 Notre inventaire des sens est établi à partir du Dictionnaire étymologique de la langue française, usuelle et littéraire... pouvant servir de complément à tous les dictionnaires classiques, d'Adolphe Mazure (1863 : 533). Notice disponible en ligne dans le catalogue Gallica : https://gallica.bnf.fr/ark:/12148/bpt6k6483273w consulté le 10 juin 2018

romains. I (1-44) ; II (45-122) ; III (123-170) ; IV (171-220) ; V (221-300). Ces parties sont subdivisées en chapitres qui ne sont ni titrés ni numérotés, tous excepté les pages centrales du roman qui sont politiques et ont, elles, en guise de titre des dates qui courent du dimanche 15 mai au mardi 31 mai 2022. Cette alternance structurelle, ce basculement dans le temps calendaire agit comme un compte à rebours, enclenché derrière le temps du politique. Les chapitres ainsi datés, tel un journal de bord, constituent une sous-structure subliminale qui chevauche deux parties et vont de la deuxième partie, page 75 (15 mai), à la troisième partie, page 163 (31 mai), couvrant ainsi deux parties (II et III). Sur la forme comme sur le fond, le propos est politique et affleure comme tel. D'ailleurs cette tendance se confirme dans *Sérotonine* (2019), dans cette nouvelle contre-utopie, au-delà des glissements dans les temps verbaux que l'on note d'emblée (avec l'usage d'un début *in media res*), le temps de l'intrigue, quand il passe à l'imparfait, se situe par rapport à l'histoire politique.

> L'histoire commence en Espagne, dans la province d'Almeria, exactement cinq kilomètres au Nord d'Al Alquian, sur la N 340. Nous étions au début de l'été, sans doute vers la mi-juillet, plutôt vers la fin des années 2010 – il me semble qu'Emmanuel Macron était président de la République. (Houellebecq, 2019 : 13)

Le narrateur nous vient du futur et comme chez Rolin se met en route. Emmanuel Macron est encore président (ce n'est pas sûr), mais de manière certaine il ne l'est plus au moment de l'écriture.

Pour revenir au bref examen titrologique des textes de notre corpus primaire, que nous avons introduit plus haut, il a établi une filiation ou une interaction sémantique entre ces œuvres. Il m'a semblé utile de les mettre en perspective, en tant qu'y est confirmée la théorie de Léo Hoek[4], qui considérait que « le titre désigne, appelle et identifie un co-texte » et, en l'occurrence, un inter-texte. De même Genette (1987), dans son élaboration de la notion de paratexte analyse-t-il systématiquement le titre comme une composante paratextuelle.

Les événements, leur succession, font tous partie d'un système comparable à celui que l'on retrouve dans la description que faisait Foucault de la clinique, dans son Histoire de la clinique médicale[5].

---

4 Lire Hoek, Leo H., « Essai sur le titre en littérature et dans les arts », 1974 : 1109-1109.

5 Foucault Michel, *Naissance de la clinique*.

Foucault considérait ainsi que « la pluralité des constatations n'est plus simplement contradiction ou confirmation, mais convergence progressive et théoriquement indéfinie » (1963 : 97)[6].

La médecine était parvenue à traiter cliniquement l'incertitude liée au temps et, de même, le futur

> N'est pas un élément d'imprévisibilité qui peut masquer et qu'il faut dominer par un savoir anticipateur, mais une dimension à intégrer puisqu'il apporte dans son propre cours les éléments de la série comme autant de degrés de certitude. (Foucault, 1963 : 7)

Foucault parle du temps, j'ai, pour des raisons évidentes, mis en avant dans mon analyse le futur comme élément du temps et comme « fait culturel[7] ».

Ce chapitre insiste sur la dimension conceptuelle de la contre-utopie, c'est-à-dire par effet de ricochet aussi bien les aspects historiques, temporels, que culturels. Comme concept, elle s'avère une préoccupation à la fois philosophique et théorique, esthétisée à travers les poïétiques du temps et de l'espace.

SENS DE L'IRONIE ET ESTHÉTIQUE DE L'INVERSION

L'examen de la contre-utopie permet de relever que ni la critique ni la théorie littéraire francophones n'a abordé l'utopie d'une manière

6 Cette pluralité de constatations prend plutôt la forme d'une pluralité de postures. Dans sa thèse de doctorat en cours au département de français de l'Université de Virginie, *L'état islamique de la littérature*, Sana Alaya Seghair développe l'idée d'un « marché cognitif » spécifique auquel va se perfuser la littérature française d'après 2015. S'appuyant sur les thèses de Gerald Bronner (2003), elle considère que les romans dont l'intrigue joue avec les représentations de l'islam contribuent exactement comme les médias islamophobes, à créer « des homogénéités de croyances » auprès du grand public, et ce qui est plus grave, ces romans ne prendraient pas selon elle de recul par rapport aux clichés véhiculés. L'idée de marché cognitif telle qu'exposée nous fait simplement penser à ce que dans les milieux de la presse l'on nomme « marronnier ». La littérature aussi aurait ses marronniers.

7 Appadurai, Arjun, « The future as cultural fact », *Essays on the Global Condition*, London and New York : Verso (2013).

satisfaisante, pour tout dire plusieurs approches recensées sont problématiques. Nous avons dans le premier chapitre repéré quelques positions tendant par exemple soit à inscrire la contre-utopie dans un régime ludique alors qu'elle ressortit clairement du régime satirique, soit à estimer que des auteurs contre-utopiens pourraient s'être désintéressés du politique. En nous fondant notamment sur Aristote qui considère au chapitre IX de sa *Poétique* que « l'affaire du poète, ce n'est pas de parler de ce qui est arrivé, mais bien de ce qui aurait pu arriver et des choses **possibles**, selon la vraisemblance ou la nécessité », nous en déduisons une appréhension graduée de la mimesis, à la manière de Ricœur[8]. La *mimesis* est elle-même une étape seulement et non pas tout un cycle de fabrication. Ce que nous expliquons au prochain et dernier chapitre, en parlant de *mimesis*, est que les discours tendant à mettre en avant l'expérience sensible *stricto sensu*, les émotions, sont des approches néoplatoniciennes, regardant les arts en général et la littérature en particulier à travers leurs ombres réciproquement projetées. Ce qui est privilégié dans notre démarche, c'est l'expérience créatrice (Aristote, Plotin, Kant, Heidegger, Peguy) et la dimension intelligible.

Notre essai de théorisation a vocation à ancrer littérairement l'utopie, dont la contre-utopie est une expression littéraire. Plus qu'une expression, un fait littéraire alliant *mimesis* et *reconnaissance*. Les travaux de Deluermoz et Singaravélou (2016) sont certes hors champ, relèvent d'abord de l'histoire, mais ils contiennent nombre d'exemples littéraires et des outils qui appuieront notre esquisse conceptuelle. Le soubassement de notre thèse est expliqué aussi bien à travers les travaux de Platon que ceux d'Aristote, leurs différences autant que ce qu'ils fournissent de matériau à la compréhension et la construction de notre objet sont fondamentaux. Platon en affirmant que la fiction est potentiellement dangereuse rappelle, *mutatis mutandis*, Edwy Plenel s'offusquant au moment de la sortie de *Soumission* que Michel Houellebecq truste toute l'attention des médias, demandant de fait de chasser l'écrivain du service public idéal. Platon parlait d'une république idéale, Aristote dans sa poétique établit les règles d'une « république des lettres » idéale.

La contre-utopie ici constituée en objet d'étude a un régime spécifique « de vraisemblance et de nécessité », de révélation et de « regard de la pensée » (Guenancia, 2009), qui fonde sa matrice théorique. Pour

8 Lire Ricœur, Paul, "Mimesis and representation", *Annals of Scholarship* 2.3 (1981) : 15-32.

résoudre les éventuels problèmes de théorie ou d'absence de théorie, il convient d'expliquer la discrimination de l'utopie en littérature qui n'a été vue surtout que comme science fictionnelle, la dystopie comme anglo-saxonne, au point d'en cantonner l'intérêt littéraire à celui du divertissement.

Au sujet des *Événements* de Rolin : « On ne perçoit la guerre que de loin, par échos, sinon la vie semble continuer », constatait la journaliste suisse Isabelle Rüf dans un entretien téléphonique que lui accordait Jean Rolin au lendemain de l'attentat contre Charlie Hebdo. La vie continue toujours en temps de guerre, mais sous des formes peu humaines. « L'activité humaine se poursuit, ou reprend, comme si de rien n'était » (p. 181). Chez Houellebecq, l'arrivée d'une secte musulmane Les frères musulmans, grimés dans son roman en Fraternité musulmane, n'affectent pas davantage l'activité humaine. Au contraire, comme du temps des Romains qui prospéraient tout en multipliant des guerres sur différents fronts, certaines activités connaissent un regain d'activité (*Les Événements*, 182 ; *Soumission*, 289), cela malgré la chute des symboles les plus forts de la France. Si chez Houellebecq, c'est la plus importante université française qui est aux mains des islamistes, chez Rolin, l'un des lycées les plus prestigieux de Paris a été attaqué[9]. Dans le fond, la soumission ou la défaite des maîtres et possesseurs n'est qu'une forme d'alternance, un cycle. Dans la forme la satire se dessine dans le rapport de Houellebecq et Rolin au sexe et à l'amour (voir sections dédiées ci-après), souvent sous forme d'ironie, l'humour du désespoir.

La scène du narrateur qui pisse est à plusieurs titres l'une des plus réussies des *Événements*. Le rapport au sexe peut s'interpréter hors d'un moment sexuel, à partir d'un pistolet et de son pénis[10].

9 Dans le site Internet du Lycée Saint Louis, il est dit que c'est « le seul lycée public entièrement consacré aux classes préparatoires aux grandes écoles (C.P.G.E.). Il a succédé en 1820 à l'ancien Collège d'Harcourt, fondé en 1280, et veille à maintenir, dans cette tradition qui remonte à plus de 7 siècles [...] Les études, au lycée Saint Louis, conduisent en 2 ou 3 ans, à l'intégration dans les écoles supérieures et grandes écoles d'ingénieurs, agronomiques et de chimie, vétérinaires, de commerce et de gestion : Polytechnique, Écoles Normales Supérieures, Centrale, Mines Ponts, ENST, INA, Écoles Nationales Vétérinaires, HEC, ESSEC, ESCP-EAP et beaucoup d'autres. »

10 C'est un rapprochement courant en psychologie, en psychanalyse et en littérature. « Il n'y a pas pour lui de différence entre un pénis et un pistolet ; il tire (son coup) sur tout ce qui bouge. » Hébert, François, « Blue Velvet : Les deux enfances de Jeffrey Beaumont », *Liberté* 29.1 (1987) : 119-122. Pour une étude entre pénis et civilisation, lire aussi : Aron, Jean-Paul, and Roger Kempf, *Le pénis et la démoralisation de l'Occident*, Grasset, 2014.

L'ironie derrière ce moment de pisser, pourtant d'une grande banalité, retient l'attention en raison d'une intersection sémique, parce que ce moment est littérairement sculpté avec le même soin que le Manneken-Pis. Le passage est introduit par des expressions qui soulignent qu'il s'agit d'anecdote ou une parenthèse et que les faits sont accessoires (*d'ailleurs, à ce propos*).

> À ce propos, d'ailleurs, je constatai que, n'ayant que deux mains, il m'était impossible, ou du moins difficile, de tenir en même temps, et avec la même assurance, l'arme et ma queue, et je pris le parti, pour être plus à l'aise, de fourrer la première dans ma poche gauche. (*Les Événements* : 11)

Nous avons relevé, dans les chapitres liminaires, le phrasé souvent sinueux de la prose houellebecquienne. De même, l'art rolinien, à travers certaines longueurs grammaticales et une syntaxe escarpée, évoque-t-il le « réel insaisissable » comme l'on dirait au sujet de la photographie de Raymond Depardon. Si *Les Événements* sont présentés comme un « récit descriptif », les descriptions n'en sont pas moins traversées d'épisodes narratifs, de réflexions ou de commentaires détachables ou autonomes. Il se dégage cette impression que la réalité en train d'être écrite est en train de s'enfuir, que le moment décrit enjambe les virgules, les tirets, les deux points et autres termes ou syntagmes de liaison. Les signes de ponctuation, tout en incises et participiales, relient et modifient, mais sont appuyés dans leur fonction séparatiste par une inflation adverbiale. Dans l'extrait qui suit, l'acte de pisser (ou plutôt la description du pisseur) est subordonné à plusieurs événements linguistiques. L'homme qui pisse est interrompu dans sa mission par des commentaires successifs, à la fois normatifs (*normalement)*, explicatifs (*en raison de*, *car*), dubitatifs (*peut-être)*, alternatifs (*ou* x 2), alternatifs négatifs (*sinon*) comparatifs (*comme*), concessifs (*bien que*), restrictifs (aussi longtemps que), quantitatifs (*seulement*, *presque*), relatifs (*dont*), tout cela en plein gérondif (en pissant x 2). Autant de valeurs sémantiques différentes concentrées en un espace aussi réduit qu'une phrase. Ces valeurs sémantiques s'étouffent dans une overdose d'adverbes, de prépositions et de conjonctions consécutifs. Jean Rolin écrit des phrases-événements, des phrases occupées, comme la France qu'il décrit.

> C'est en pissant contre la porte à tambour, ou ce qu'il en restait, et seulement à ce moment-là, peut-être en raison de l'incongruité de la situation – car,

> normalement, je n'étais pas du genre à pisser en plein jour dans l'entrée d'un immeuble de bureaux –, ou de la précarité de ma propre position, aussi longtemps que j'aurai la braguette ouverte et ma main droite indisponible, que je remarquai le silence qui pesait en ce début d'après-midi sur le carrefour étrangement nommé de la Vache-Noire : pas un bruit, sinon celui, ténu, bien qu'inconvenant, que je faisais moi-même en pissant sur des éclats de verre, et celui, presque imperceptible, d'un souffle d'air passant parmi les arbres, raides comme des baguettes de tambour, dont était planté le terre-plein central du carrefour. (*Les Événements* : 11)

Dans cette phrase périodique à plus de six membres, l'auteur semble explorer les diverses modalités de la ponctuation, s'interroger sur toutes les implications de la virgule, pliant les phrases comme certains distordent les faits, qui chez lui sont des phrases, alors dotées de la propriété d'élasticité et rendues malléables. Au-delà de l'humour du passage, du sens de l'ironie du narrateur, l'esthétique de l'inversion à l'œuvre dans cet extrait consiste à faire de la banalité d'un moment peu poétique une démonstration de sa capacité narrative. De manière générale, *Les Événements* apparaît comme un travelling paysager, avec des décors en guise d'histoire, des photos aussi poignantes que *Struggling Girl* (Kevin Carter, 1993), et des faits bruts. Mais autant les faits peuvent être chargés de théorie, autant les descriptions roliniennes peuvent déborder d'instants narratifs. Déborder au sens de narration de l'infiniment insignifiant.

AU PÉRIL DES GUERRES DE RELIGIONS

Le marché cognitif ou marronnier islamique/islamiste ayant été investi, l'intérêt du roman de Rolin résidait dès lors dans son traitement. La sécheresse du fond et l'inconsistance de personnages sans rôle autre que d'apparaître et de disparaitre dans le même anonymat sont suppléées par la grâce de la forme et de l'écriture[11], le soin aux détails confinant à la préciosité et à « la luxure des procédés romanesques » : en contradiction des objectifs initiaux supposés tout à leur négation

11 En 2013, à la Foire du Livre de Brive, Jean Rolin a reçu le Prix de langue française : chez lui le style c'est l'œuvre.

(personnages, intrigue, focalisation). Dans les œuvres contre-utopiques, davantage que dans d'autres genres encore, les auteurs racontent plus qu'ils n'expliquent, alors qu'il s'agit pour eux d'intervenir. Mais ils racontent ce qui devra être expliqué. Sous couvert de fictionnalisation d'une thématique, nous assistons à l'extrême-rationalisation d'une esthétique. Les auteurs réussissent le tour de force de raconter ce qui est par ailleurs, dans les médias par exemple, expliqué. Décortiqué *ex ante* et *post ante*. *Les Événements* est un roman non narratif (pas complètement) mais guère dépourvu de récit. Le lieu est l'histoire, le personnage et l'intrigue semblent secondaires. Chez Rolin, le potentiel de pourrissement est poussé jusqu'à sa dernière extrémité : la guerre. Mais la guerre jusqu'à la caricature, la guerre assistée, celle dont on a perdu la maîtrise, la guerre à genoux, celle des humiliés, en présence des casques bleus, en somme la débâcle *des maîtres et possesseurs* : la France est banalisée et « sauvée » par des soldats ghanéens. Le narrateur précise dans un passage la religion d'un casque bleu : « La chambre où je devais passer la nuit était occupée habituellement par un officier ghanéen de confession chrétienne » (p. 20).

Chemin faisant, le narrateur a dû s'arrêter à l'hôtel Première Classe. « Les accréditations dont je disposais [...] me permirent d'occuper, pour la nuit, une chambre de l'hôtel Première Classe qu'un officier en déplacement avait laissée vacante » (p. 17). Ces « accréditations » n'accréditent pas forcément la thèse d'une « mission », elles peuvent avoir été délivrées par complaisance.

Avant d'arriver à l'hôtel, le narrateur a vu des cadavres au bord de la route. Il n'arrive pas à en déterminer le nombre précis, il s'agit de curés morts amoncelés dans le champ de maïs. Il en parle comme d'un exsudat de ces violences. Le narrateur décrit en effet un « amas de curés morts » (p. 18). Un amas puant de curés morts ? Un amas sanguinolent de curés morts ? Non, plutôt un amas indéterminé de curés morts. Dans ces corps ce qu'il relève c'est l'« amas », qui connote l'odeur, le pus, le carnage, la chosification certes. Mais encore, dans cet « amas », ce qui le turlupine, c'est un problème statistique. Le nombre exact de curés morts obsède « notre narrateur », qui insiste sur sa principale difficulté : « Au milieu du champ se voyaient les dépouilles d'un nombre indéterminé de curés morts. Peut-être six ou sept » (p. 15). Le lecteur n'a aucune chance de passer à côté de la mort des curés : deux occurrences de « les curés morts » en page 20. À force de le répéter, le narrateur a frôlé le *carambolage* et le *plagiat par anticipation*, puisque dans la foulée de l'Attentat de Nice, deux terroristes du groupe islamique (EI) avaient égorgé un prêtre français, Jacques Hamel. Bilan : un curé mort.

Ces macchabées en soutane étaient disposés en vrac. Le narrateur se demande s'ils ont eu une « fin héroïque ». Il ne s'agit donc pas de victimes collatérales, les curés sont les seules victimes recensées dans le champ de maïs qui fait office de fosse commune. Selon toutes les indications que le reporter/espion/soldat non mobilisé donne[12], la réalité va toujours au-delà de ce que le narrateur en dit. Le narrateur accède au mess des officiers (p. 22), mais ne précise pas à quel titre, peut-être a-t-il été dans l'armée, avant la guerre.

La guerre qu'il décrit, il ne l'appelle pas guerre. Les curés morts ne sont pas chez le narrateur la chrétienté, ce sont juste des curés. Les curés ne sont pas présentés comme des religieux, ce sont des civils. C'est donc à bon droit que le narrateur utilise une périphrase qui pourrait être celle d'un politique, d'un espion ou d'un soldat : « discordes civiles » (p. 20)[13]. En dépit de cet euphémisme, le lecteur a conscience d'être en face d'une guerre de religions, avec des musulmans en position de faire mal. Expliquer les raisons d'une guerre n'en épuise jamais la « connerie » (Prévert) alors le narrateur a pris le parti de ne rien dire de la genèse de cette guerre, il n'en décrit que les ravages. Il y a des miliciens, des camps de réfugiés, il y a des pillards, il y a des Africains de confession chrétienne, en somme tout le désordre du monde à Paris, sous l'égide des Nations Unies.

Comme s'il allait leur délivrer un certificat de genre de mort, le narrateur se demande en pensant à nouveau aux curés morts s'ils sont morts de manière héroïque ou en reniant leur foi :

> certains tenaient dans leurs mains jointes un crucifix, ou quelque chose de ce genre, témoignant d'une fin héroïque, telle que leur prêteraient de toute façon, pour les besoins de la propagande, les porte-parole de leur Église ou de leur secte (*Les Événements* : 18-19)

---

12 C'est flou, volontairement opaque, peut-être pour mieux endosser toutes ces casquettes qu'on pourrait lui prêter : le personnage presque sans nom de Gabriel García Márquez dirigeant un pays non nommé, dans *L'Automne du Patriarche* est à titre de comparaison aussi une figure composite.

13 Quant à lui le narrateur de Houellebecq n'a aucun mal à la nommer « guerre civile ». Il y en a 11 occurrences dans Soumission (P. 55, 69-70, 73, 116, 125-126, 278)

Voilà anticipé « l'âge des extrêmes » (Hobsbawm, 1999). À chaque catastrophe, son utopie, la contre-utopie est l'utopie dérivée des migrations ou de la pression démographique, de l'islamisme ou du terrorisme. Dans *Les Événements*, l'influence des médias est traduite par la figure du personnage principal dont l'identité professionnelle est incertaine, mais évoque parfois, de loin en loin, un journaliste reporter d'images, parfois un faux dilettante. Il est proche de certaines parties belligérantes au titre de liens personnels ou amoureux, dans cette dernière hypothèse aussi le narrateur ne dit pas toute la vérité, tout de suite, nous y accédons par analyse logique. Et l'auteur qui intervient souvent dans l'histoire n'est pas d'un grand secours non plus dans la manifestation de la vérité. Nous en sommes réduits au spectacle de « curés morts » : n'en voilà-t-il pas assez pour traduire l'islamisme triomphant, sans modération ? Les écrivains contre-utopiens donnent des signaux, ils voient des signes de maladie.

Le narrateur des *Événements* laisse entendre qu'il s'en va voir un individu malade, Brennecke. De nombreuses recensions et critiques journalistiques nous préviennent qu'il est chargé d'une mission, rien dans le roman ne nous convainc qu'il remplit une mission. Car les conditions qui sont posées au narrateur pour le laisser passer se réduisent à remettre un paquet à Brennecke, un chef de milice dans une France factionnalisée, et aussi, ce n'est pas très clair au début, son amant. Dès lors, la mission, si elle existe, est doublement accessoire. « Grâce aux hommes de Brennecke, qui en contrepartie m'avaient chargé d'un colis à lui remettre, et dont je présumais qu'il contenait des médicaments nécessaires à son traitement » (p. 9). Les miliciens étaient donc informés que le narrateur avait des liens intimes avec Brennecke et le narrateur savait que Brennecke était malade. La configuration qui donne sens au tableau jusque-là est celle d'une guerre civile de religions. Les factions en guerre étaient d'abord des partis politiques. Le narrateur écrit au sujet de Brennecke que « son parti – ou sa milice, dorénavant – ne m'inspirant pas plus de sympathie que les autres » (p. 47). En dépit de ce que les « discordes civiles » semblent d'abord religieuses et ne se déroulent plus sur le terrain politique, le narrateur persiste dans un déni de réalité « J'étais peu désireux de me lancer dans une discussion politique avec Brennecke » (p. 47).

Le diagnostic d'une crise religieuse en France a été froidement établi par Emmanuel Todd :

> Le danger croissant auquel une religion minoritaire, le judaïsme, doit faire face, mais pour sacraliser la violence idéologique faite à une autre religion minoritaire : l'islam. (Todd, 2015 : 106)

Mais selon le narrateur des *Événements*, dans la France en guerre, c'est l'Islam, comme religion minoritaire, qui causerait le plus de dégâts.

Les Unitaires, que le public désignait volontiers comme les Zuzus, s'étaient illustrés en commettant un nombre appréciable de crimes – mais pas plus, il est vrai, que leurs adversaires –, lors des combats qui les avaient opposés aux miliciens du Hezb, le parti islamiste dit « modéré ». Même les musulmans dits modérés y sont des criminels de guerre (ce que cache mal l'ironie cachée derrière l'antiphrase « un nombre appréciable de crimes »), confirmant par-là l'esprit de la citation de l'Ayatollah Khomeyni, qu'utilise Houellebecq en guise d'épigraphe : « Si l'islam n'est pas politique, il n'est rien » (*Soumission* : 223).

L'idée de décadence implique que le christianisme paie le coût le plus élevé, au mépris « des clauses du cessez-le-feu » (*Les Événements* : 8).

> Les circonstances de ce massacre, qui devait remonter aux derniers jours de la semaine précédente, n'avaient pas été éclaircies, mais dans la mesure où personne, la nuit précédant l'apparition des prêtres au milieu du champ de maïs, n'avait entendu de coups de feu, on présumait que leur exécution avait eu lieu ailleurs, et que les corps avaient par la suite été acheminés jusqu'ici et probablement déchargés d'un camion à la faveur de l'obscurité (p. 21-22)

Les seuls corps exposés sont ceux de curés morts, dans une guerre qui aurait vu les atrocités commises de part et d'autre. C'est un choix de prise de vues qui n'est pas sans conséquence sur l'interprétation du tropisme ethnocentrique de l'auteur de *Chrétiens* (2003) et du *Ravissement de Britney Spears* (2011), dans lequel déjà de méchants islamistes menaçaient la sécurité de la pop-star américaine de la fin XXe siècle et des années 2000.

PARLONS D'AMOUR (OU DE CE QU'IL EN RESTERA DANS L'AVENIR)

Pour être circonstancié, l'univers rolinien n'en est pas plus vraisemblable. Les précisions topographiques, les descriptions reconnaissables ne donnent pas plus de consistance au lieu, comme lieu de l'histoire. Cela relève d'un esthétisme paradoxal, sans cesse inversé, qui conduit à ne pas parler de ce dont on parle, à parler de ce dont on ne parlera finalement pas, un style prétéritif, un art des bordures, du seuil, qui, tout en empruntant à bord d'une vieille Toyota la Nationale 20, traverse les sujets en diagonale ou en survol. Il n'est pas jusqu'au titre du roman qui ne soit déceptif. Car en fait d'événements, il ne se passe pas grand' chose dans les *Événements*, l'action est faite d'inactions. Le suspense est créé parce que le lecteur attend de voir non pas ce qui va se passer mais plutôt si enfin quelque chose va se passer. Il faut attendre la page 34 pour qu'une virtualité d'action qui n'aura par ailleurs jamais vraiment lieu se dévoile par petites touches. Les raisons du voyage sont égrenées chichement, et avare est « le narrateur », qui porte mal son nom, il n'en a pas d'ailleurs, si ce n'est cette désignation éponyme. Isolons ce passage :

> Longtemps avant la guerre, à l'époque où une rumeur persistante me désignait comme l'amant de Brennecke, il était arrivé que nous allions pêcher le silure dans la Loire. Nous le faisions parfois en compagnie d'une jeune femme que Brennecke, pour donner le change, présentait comme sa petite amie, et dont j'étais secrètement amoureux. Et puisque la rumeur faisait de moi l'amant de Brennecke, **mettons que je l'étais.** (*Les Événements* : 34)

In plain language (pour ne pas le dire en anglais) : Brennecke avait une aventure. Tout le monde le savait. Ceux qui connaissaient les petites habitudes de Brennecke désignaient le narrateur comme l'amant caché. Et pour cause. Le seul loisir connu de Brennecke était la pêche au silure, et le narrateur l'accompagnait systématiquement bien que :

> Au cours de ces parties de pêche, Brennecke et la jeune femme étaient les seuls à prendre du poisson, ou au moins des silures : de mon côté, je ne suis jamais parvenu à pêcher quelque chose dont la taille excédât celle d'une tanche, ou d'un gardon. (*Les Événements* : 34)

La rumeur était d'autant plus persistante que Brennecke essayait de donner le change. C'est que les signes extérieurs de leur aventure allaient bien au-delà de la présence sans objet du narrateur à des parties de pêche, alors qu'il était si mauvais pêcheur. Le narrateur finit par admettre du bout des lèvres, dans un communiqué de cinq mots, une discrète litote, « Mettons que je l'étais » : CQFD[14]. Tant de pudibonderie pour un coming-out ! D'ailleurs, pourquoi restait-il « secrètement amoureux » de la « jeune femme » si tant est qu'elle n'était pas l'amante de Brennecke ? Un secret que le narrateur polyamoureux, si secret, nous avoue de son propre chef, en utilisant la conjonction de coordination « et », plutôt que « mais » pour relier ses deux orientations sexuelles. Un raffinement de la langue qui implique un jeu de rôles amoureux d'une grande sophistication, un triangle relationnel bisexuel, que je situe à mi-chemin du *trouple* et du *quad*. Si le trouple peut désigner une relation de type polygamique/polyandrique, c'est-dire un triolisme simple, avec un homme et deux femmes ou une femme pour deux hommes, chez Rolin, virtuellement, il n'existe pas seulement une tierce personne mais un tierce couple, c'est un triolisme complexe. Brennecke et lui, Brennecke et la jeune femme, lui et la jeune femme. Cette configuration va se complexifier plus loin, quand il trouve sur la route l'amour. Il y a dans cette déconstruction du couple traditionnel la représentation, en fond d'écran, du triomphe discret des valeurs jugées par le passé libertaires et l'échec du couple chrétien voire de la famille. Ce n'est pas un hasard si autant d'études récentes sur la famille citent ces écrivains[15].

À propos de langue : attendu que le narrateur a indiqué que c'est « pour donner le change », attendu que la jeune femme était présentée comme la petite amie de Brennecke, attendu que les mots de l'écrivain, plus que d'autres usagers de la langue, sont susceptibles de plusieurs interprétations, nous pouvons convenir qu'une précision de l'origine de l'expression « donner le change » s'impose. L'expression provient du

---

14 CQFD (ce qu'il fallait démontrer. Équivalent de l'abréviation latine QED : Quod erat demonstrandum)

15 En psychologie, on peut citer deux études parues en 2018 qui commentent *Soumission* de Houellebecq. 1) Arènes, Jacques, « Le nouveau roman conjugal contemporain. Faire couple dans la culture de la construction de soi », *Le Divan familial*, vol. 41, n° 2, 2018, p. 57-72. 2) Joubert, Christiane, « Psychopathologie de la vie familiale contemporaine : la "famille liquide" », *Revue de psychothérapie psychanalytique de groupe*, vol. 71, n° 2, 2018, p. 89-99.

domaine de la chasse et signifie originellement *mettre sur une fausse piste*. Au XVIIe siècle, selon le blog *Expressio* qui a publié sous format papier son contenu, le « change » :

> désigne l'animal qui n'est pas celui qui a été initialement levé (et qui a donc été changé – peut-être parce que, plus rapide que l'autre, il est apparu en premier aux yeux des cavaliers) et que l'on poursuit par erreur[16].

La configuration de ces amours ambiguës et de l'expression choisie est celle d'un ménage à trois, vraiment à trois. Dans sa France en guerre qu'il est en train de traverser, le narrateur se dirige vers Brennecke et cette jeune femme. Cette femme dont nous avons respecté l'anonymat que l'auteur a entretenu pendant une bonne partie du roman, sans raison apparente, s'appelle Victoria. Plus loin, l'on apprendra qu'il est aussi amoureux d'Anna Schwartz : « J'étais tombé amoureux d'Anna Schawrtz [...] L'idée que jamais je ne reverrais jamais Anna Schwartz me déprima passablement, mais je parvins, du moins me semble-t-il, à n'en rien laisser paraître. » (p. 187) Cette ambiguïté concerne non seulement ses amours inconstantes, mais aussi l'existence d'un fils dont il doute à la fois de l'existence et, le cas échéant, de la paternité : « La seule chose qui aurait pu me retenir, personnellement, – outre le doute qui parfois m'assaillait relativement à l'existence du fils –, c'était la nostalgie que j'éprouvais d'Anna Schwartz, même si la compagnie de Victoria, je dois le reconnaître, à la longue m'était devenue agréable » (p. 192).

Quid de Houellebecq et de notre cher François ?

Ce qui frappe dans la description des scènes sexuelles chez François, c'est à quel point il décrit surtout ce qu'il voit, ce qu'il touche et ce qu'il ressent, passant très rapidement sur l'échange et les émotions physiques de son partenaire, qu'il résume toujours par des descriptions présomptueuses comme : « mouillée ». Il les fait mouiller, cela s'entend. Ayant reconnu que « la jouissance féminine est complexe » (p. 105) et manquant de générosité jusque dans sa sexualité, peut-être est-ce là ce que ses partenaires successives entendent par « quelqu'un ». Quelqu'un capable de s'occuper d'elles, de parler d'elles, de leur faire plaisir, sans se limiter aux premiers signes de contraction et d'humidification.

---

16 Consulter l'article http://www.expressio.fr/expressions/donner-le-change.php ou le livre qui en est issu Planelles, Georges, *Les 1001 expressions préférées des Français*, Les Éditions de l'Opportun, 2014.

Passons la question féminine qui, chez Houellebecq, peut se résumer à une posture d'indifférence, de nostalgie ou de vulgarité : indifférence (en témoigne la scène où le narrateur tombe sur une femme abattue et gisant dans son sang, ou comme lorsqu'il sait qu'il ne reverra plus Myriam) et vulgarité, celle d'un homme gêné par le port de la burqa qui l'empêche de reluquer le « cul des femmes » (p. 177), celle encore de la « bite » (p. 99) ou de la « queue » (p. 106) s'enfonçant, logiquement, dans la « chatte ». Le narrateur appelle un chat un chat, des mots nobles pour parler de politique, le registre vulgaire pour parler de sa sexualité. Sans vouloir psychologiser ni obliger le narrateur à s'inspirer des narrateurs de Marc Levy ou, beaucoup mieux, Alexandre Dujardin, il est facile, en se mettant du point de vue de ces jeunes filles de 18-19 ans (première ou deuxième année à l'université), de comprendre qu'après l'affaire Weinstein et l'émergence de #Me Too, le personnage du porc suscitât du rejet. François est décrit comme un macho maladif, casanier, qui selon Myriam « s'habille toujours comme un plouc » (p. 41), « vieillissant » et « andropausé » (p. 25), avec « des problèmes de plomberie », abonné à *You-Porn* (p. 25), et consommateur de prostituées repérées en ligne. Qu'un tel individu ne soit pas forcément, malgré ses généreux pourboires, le bourreau des cœurs des années 2021, 2022, est-il de nature à précipiter la France vers sa chute ?

Ni stérile ni impuissant, le narrateur souffre de quelque chose qui était « traditionnellement » féminin : la frigidité, une sorte d'inaptitude au plaisir. D'abord il « bande » mais ne jouit pas et bientôt il n'arrive plus à rien[17]. Ce n'est pas un « homme sans qualités » cependant. C'est juste que la moindre qualité est vite rattrapée par des défauts en cascade, comme relevé dans l'extrait suivant :

> « […] tu as toujours eu du goût. Enfin, pour un macho » tempéra-t-elle […] « Ça ne t'ennuie pas que je te dise que tu es un macho ?
> – Je ne sais pas, c'est peut-être vrai, je dois être une sorte de macho approximatif ; en réalité je n'ai jamais été persuadé que ce soit une si bonne idée que

17 Dans *Sérotonine*, « bander » est presque une anomalie (tant cela est rare) qu'il traite : « J'étais atteint par une érection, ce qui n'était guère surprenant vu le déroulement de l'après-midi. Je la traitai par les moyens habituels. » (Houellebecq, 2019 : 18). Le narrateur informe dès la fin du premier chapitre de son inaptitude au désir (« libido ») et au plaisir (« impuissance ») : « Les effets secondaires indésirables les plus fréquemment observés du Captorix étaient les nausées, la disparition de la libido, l'impuissance. Je n'avais jamais souffert de nausées. » (p. 12)

les femmes puissent voter, suivre les mêmes études que les hommes, accéder aux mêmes professions, etc. Enfin on s'y est habitués, mais est-ce que c'est une bonne idée, au fond ? » (*Soumission* : 41)

Plutôt que d'énumérer à l'infini les traits successifs de son rapport au sexe (synonyme vague, chez lui, d'amour et d'impuissance), j'explique la fonction métaphorique de François dans cette France bientôt voilée. La sexualité connaît une seconde jeunesse avec l'arrivée au pouvoir de Ben Abbés qui a des projets de société révolutionnaires (le distributivisme) et reconstitue un nouvel empire français. Ce n'est pas une vision d'apocalypse, mais cette utopie insupportable d'une émergence grâce à un musulman même « modéré » est une contre-utopie.

De ce point de vue, *Soumission* n'est pas plus islamophobe qu'il n'est xénophobe, misogyne, misandre, antintellectuel, antifrançais, raciste. C'est le roman d'un narrateur misanthrope. Pour Nicolas Léger (2018 : 113), professeur de lettres et de philosophie au lycée Victor Hugo de Florence : « Le roman de Michel Houellebecq est moins celui de l'islam politique que celui de la fin du christianisme européen à l'ère du capitalisme mondialisé. Le religieux y est dépeint sans âme, servant de ciment social à un édifice proche de l'effondrement. »

THÉORIE DE LA FICTION ET CONTAMINATIONS DU RÉEL

En posant la contre-utopie comme objet formel (angle d'approche du genre), nous permettons de laisser s'épanouir une théorisation qui était dormante dans différents systèmes des mondes possibles (l'argumentation contrefactuelle inclut aussi bien les futurs passés que les futurs possibles) et couvait dans les champs de la réflexion littéraire contemporaine. La contre-utopie va donc être comprise, non seulement comme l'examen d'un objet formel plus ou moins méconnu – confondu qu'il a été par des concepts qui n'en ont jamais fait qu'un mot de réserve pour ainsi dire (dystopie ou contre-utopie, anti-utopie ou contre-utopie, etc.) – mais aussi comme une dynamique d'infiltration théorique tous azimuts de la littérature dans les débats transdisciplinaires qui agitent notre époque.

Pourtant, en France, « le manque de discussion franche, fût-ce critique, sur la capacité de la démarche contrefactuelle à être un outil d'analyse […] est en effet patent » (Deluermoz & Singaravelou, 2016 : 50).

La contre-utopie mêle fictions et non-fiction. Elle peut même devenir, comme chez les éditeurs Ring (certes spécialisée dans la littérature de genre) ou Toucan, une ligne éditoriale. La fictionnalité contre-utopique est un phénomène de signification[18]. Elle approfondit certains des problèmes, les conséquences de la pratique de la littérature sont potentiellement illimitées, en théorie comme en pratique. La capacité transubstantiatrice de la contre-utopie à changer l'eau en vin, un problème de logique en un autre ou en une potentialité poétique, est traduite dans les romans de Houellebecq et Rolin desquels nous extrayons à présent deux morceaux qui pourraient à eux seuls résumer la philosophie des auteurs et tenir lieu de profession de foi aux narrateurs.

Commençons par celui dont la mise en scène du désespoir (Michel Houellebecq est-il vraiment à plaindre ?) inonde et influence le plus une certaine littérature française. François, son narrateur sombre dans un état dépressif, après avoir constaté son inaptitude à l'amour, son incapacité à jouir, fût-ce avec des prostituées (Rachida et Luisa) qui, dans un précédent plan à trois, avaient pourtant fait leur preuve. François souffre visiblement, à l'intérieur comme à l'extérieur, il n'est que souffrances, ravagé qu'il est par d'« absurdes » et « lancinantes tortures » (*Soumission* : 206) que lui cause une dyshidrose palmo-plantaire. C'est une maladie aux causes inconnues qui provoque l'apparition de cloques et d'intenses démangeaisons dont il vient à bout en se grattant « pendant des heures jusqu'au sang, pour un apaisement temporaire » (p. 206). Quand les pieds en sang, François envisage de se suicider, le spectacle, à travers sa baie vitrée, de milliers d'appartement logés dans les immeubles parisiens relativise la dureté de son sort. Il note que tous ces appartements sont des *ménages* (c'est François, le narrateur qui souligne le mot) d'« une ou deux personnes, et de plus en plus souvent une ». Ce dépérissement de son peuple dont cette solitude infligée de tant de pathologies est l'expression, tout comme ses séances de grattage jusqu'au sang, ne réussissent que très provisoirement à lui faire oublier la possibilité du suicide.

18 Au sens de Gallerand (2014) qui parlant de Husserl considère que la signification n'est chez le philosophe : « ni un acte immanent de la conscience, ni l'objet – réel, fictif ou idéal – auquel il se rapporte, mais une objectité catégoriale. »

> Je me rapprochais du suicide, sans éprouver de désespoir ni même de tristesse particulière, simplement par dégradation lente de la « somme totale des fonctions qui résistent à la mort » dont parle Bichat. La simple volonté de vivre ne me suffisait plus à résister à l'ensemble des douleurs et des tracas qui jalonnent la vie d'un Occidental moyen (*Soumission* : 207)

Quelques lignes avant d'en arriver à la débâcle de ses organes et de leurs fonctions, le narrateur disait qu'il avait plus de raisons que la majorité de « ces gens » de rester en vie, et de citer ses : réalisations académiques, prestige, revenu élevé. Ce passage est poignant, proprement pathétique, parce qu'il ne va pas sans rappeler le programme de certains écrivains ayant inscrit leur suicide dans leurs œuvres. La canadienne Nelly Arcan est un exemple récent qui n'aurait pas désapprouvé la citation d'une revue de psychologie qui considère que « le futur et l'anticipation sont intimement liés à la santé mentale » (Truchon & Lemyre, 1995)[19]. S'il se sent à ce point au bord du gouffre, « sans éprouver de désespoir ni même de tristesse particulière », à combien plus forte raison la majorité des autres Français qu'il regarde de haut, depuis son appartement ? C'est la solitude qui est la plus lourde, car en reconnaissant que sa propre existence était une motivation insuffisante pour continuer, il demande « et pour qui d'autre aurais-je vécu ? » (p. 207) À quoi il donne une réponse qui confirme l'accablante solitude, d'un homme parfois submergé de « crise de larmes imprévue, interminable » (p. 208) :

> L'humanité ne m'intéressait pas, elle me dégoûtait même, je ne considérais nullement les humains comme mes frères, et c'était encore moins le cas si je considérais une fraction plus restreinte de l'humanité, celle par exemple constituée par mes compatriotes, ou par mes anciens collègues (*Soumission* : 207)

Il n'aurait pas vécu pour lui-même, toutes les femmes de sa vie lui ayant instillé, à force, le sentiment qu'il n'était peut-être pas « quelqu'un ». Myriam dans son « pas tout à fait honnête mais [...] gentil » billet de rupture lui disait, comme il s'y attendait, avoir « rencontré quelqu'un »

---

19 Les auteurs de l'étude qui considéraient l'anticipation comme un « stresseur », avaient « mesuré des événements avec le Life Events and Difficulties Schedule dit LEDS (Brown et Harris, 1978). Les caractéristiques des événements anticipés : nombre, domaine de vie et valence (positive, négative ou neutre) sont comparées à celles des événements vécus. » Pour un élargissement des approches de notre sujet, cet article sera consulté avec profit : Truchon, Manon, and Louise Lemyre. « Les événements anticipés comme stresseurs. » *Santé mentale au Québec* 20.2 (1995) : 77-98.

(p. 195). Le narrateur ne s'est pas habitué à voir ses relations se terminer « presque toujours à l'initiative des filles [...] certaines, moins soucieuses sans doute de me ménager, me précisaient qu'elles avaient rencontré *quelqu'un*. Oui et alors ? Moi aussi j'étais *quelqu'un* » (p. 19-20). C'est le narrateur qui souligne le mot quelqu'un. C'est-à-dire qui que ce soit d'humain. Était-il encore humain ou bien simplement une loque vivant dans une chambre à « l'ambiance glauque voire insalubre » ? La charité chrétienne n'aurait pas suffi à ne pas lui aliéner la plus humble de ses étudiantes, s'il était, figures de rhétorique mises à part, ce qu'il décrit lui-même : macho, sale, déclinant.

Il est curieux que la décomposition en unités toujours plus petites de l'humanité s'arrête à des groupes (ses compatriotes, ses collègues, les humains). Le narrateur affirme ne pas détester tant les étrangers que les siens, ni tant les inconnus que ses collègues. Les individus ont cessé d'exister, ce sont à ses yeux des entités fictives et quand il envisage que la présence d'« une femme » pourrait peut-être lui rendre le monde supportable, c'est pour ne plus y penser, l'alibi Huysmans dont il se met à parler soudainement lui permet ainsi de ne pas envisager de plus près les conséquences de sa misère sexuelle et amoureuse. Sur les huit occurrences du mot « désespoir » dans *Soumission*, il y en a quatre entre les pages 205 et 208, juste avant qu'il décide de se rendre à l'abbaye de Ligugé.

DES ROMANS MALADES DE LEURS AUTEURS

Il y a dans *Les Événements* une multifocalisation, plusieurs narrateurs qui se relaient dans un même flux. Le deuxième narrateur, est l'auteur, qui intervient comme une espèce de Coryphée et nous gratifie d'adresses directes, en parlant de lui au pluriel (soit qu'il inclue le lecteur dans son « nous », soit c'est à peu près pareil qu'il considère implicitement que le roman s'écrit à plusieurs)[20].

20 Nous avons choisi d'éviter le recensement des allusions intertextuelles, cela étant relativement fastidieux pour un résultat anecdotique. Pour autant, elles sont nombreuses chez tous les auteurs de notre corpus et facilement identifiables, pour peu que

L'extrait suivant, appelons-le parabase, résume l'acte de foi du narrateur[21].

> il s'est fait au moins deux réflexions, l'une et l'autre de portée générale, au sujet de la guerre. Premièrement, que le cœur de celle-ci, indépendamment de l'ampleur des combats ou de leur intensité, peut être envisagé comme un certain volume d'air à l'intérieur duquel des morceaux de métal, de poids et de formes variables, volent en tous sens à la recherche de chairs à déchiqueter et d'os à rompre. Deuxièmement, que là où la densité de tels fragments, si on essaie de se la représenter, devient mentalement acceptable [...], même si elle continue d'entraîner un risque vital bien supérieur à celui que l'on serait prêt à affronter en temps de paix, l'activité humaine se poursuit, ou reprend, presque comme si de rien n'était (p. 180-181).

L'humanité est vue de manière fonctionnelle : l'activité humaine. La vie est décrite comme « un volume d'air ». Cette disparition de l'homme derrière l'humain, de l'humain derrière la logique du « comme si » (feintise) aboutit à accepter ce que l'on arrive à « représenter ». Représenter se définit aussi comme une « anticipation d'événements possibles dans le futur » selon José Ferrater Mora, cité par Valdès (1975)[22]. L'anticipation nous plonge dans le présent par la technique du détour, la poésie *lato sensu* nous rapproche davantage de la réalité du monde. L'esthétique porte sur la beauté, ce qui est beau ne peut être que vrai selon ce qu'en dit par exemple Pierre Guyotat. Il se définit comme un « fictionneur » davantage qu'un simple romancier : « Je ne suis pas un romancier, je suis un fictionneur. La fiction c'est la vérité[23] ».

---

la polyauctorialité devienne la problématique majeure de notre recherche. Ayant cité un exemple chez Houellebecq, citons à titre illustratif une phrase qui se retrouve presque à l'identique dans un traité de critique d'art du XIXe s. parlant de Cabanel et sa Naissance de Venus, une peinture de genre et chez Rolin estimant que le spectacle de curés morts aurait pu inspirer un « peintre de genre » : « une impression de légèreté vaporeuse et presque immatérielle » (Rolin, 2015 : 16). Et Lefranc : « cette couleur vaporeuse, presque immatérielle » (page 315 : salon de 1863) Aristide Lefranc, Revue Nationale et étrangère, politique, scientifique et littéraire, Tome XIII.

21 Dans l'histoire du théâtre, la parabase désigne la suspension du jeu comique, pendant laquelle le coryphée s'adressait au public pour lui détailler les intentions de l'auteur. Par extension, elle en est venue à désigner les digressions qui remplissent dans les fictions ces mêmes fonctions.

22 Disponible en libre accès. Valdés, Mario. Le texte narratif. *Études littéraires* 8.2-3 (1975) : 201-240.

23 Par les temps qui courent, Marie Richeux. Enregistré le 11/09/2018. Consulté le 10 décembre 2018. https://www.franceculture.fr/emissions/par-les-temps-qui-courent/pierre-guyotat

INDICE DE FICTIONNALITÉ OU COEFFICIENT DE FACTICITÉ
Pour une frontière ouverte

Parmi les intérêts fondamentaux de la présente lecture de la contre-utopie, il y a notre reprise passablement sceptique des concepts d'indice de fictionnalité (ou coefficient de facticité qui est de moi) susceptible de fermer l'œuvre littéraire, soit en instituant l'analyse en termes mesurables de vérités ou mensonges détectés, soit en faisant du critique un arbitre des limites, un *fact-checker*. D'abord, l'on pose une frontière au prétexte d'« enjeux sociétaux et politiques », ensuite l'on se retrouvera à fixer les sujets fictionnalisables pour les commodités du critique : le « peut-on rire de tout » devenant « peut-on écrire, faire œuvre, de tout » ? Ce cas de figure à peine caricatural veut traduire la portée d'un mur entre fait et fiction dans les *mondes possibles* de la littérature. La théorie des genres permet, au-delà des genres eux-mêmes, de traduire et alerter contre la tentation d'ajouter aux frontières existantes de nouvelles camisoles de force qui réduiraient le territoire de la fiction ou bien érigeraient la réalité en Veau d'or de l'écrivain.

PENSER AVEC ET CONTRE LAVOCAT

La frontiérisation ou l'idée de « frontière » défendue par Françoise Lavocat est difficile à mettre en œuvre, à moins de retrouver des parties perdues de la Poétique d'Aristote. Lui qui ne s'est pas contenté de théoriser sur l'imitation du réel, mais aussi sur son intégration dans l'art. Ainsi, la théoricienne me paraît poser des questions nécessaires mais indécidables (discordance/aporie/antinomie) dans l'étude, par exemple, de récits caractérisés comme transfictionnels ou transhistoriques dont elle ne traite pas spécifiquement[24].

24 L'aporie est un concept philosophique, le mot étymologiquement signifie impasse. « Il y a aporie quand il y a mise en présence de deux opinions opposées et également raisonnées ». Plus tôt dans l'histoire de la philosophie l'aporie était désignée discordance (Sextus Empiricus), plus tard, c'est ce que Kant appellera antinomie. Pour une définition succincte, consulter l'encyclopédie Universalis en ligne : https://www.universalis.fr/encyclopedie/aporie/ Pour un approfondissement du sujet, on pourrait aussi lire cet article

Le « renouveau théorique » qu'elle constate pour rompre avec lui ou bien pour le remotiver, en raison d'une extension du domaine de la lutte théorique, inclut désormais l'« hybridation, l'extension géographique, intermédiale et interdisciplinaire. » (Lavocat, 2016 : 18). C'est proprement à la réalisation des Douze Travaux que Lavocat s'est lancée, nous fournissant de la matière, mais aussi de l'insatisfaction, tant les sujets peuvent être, parfois pas souvent, survolés. Cela est démontré par exemple à travers l'évocation de son analyse de *L'espèce fabulatrice* de Nancy Huston ou de sa précompréhension de certains auteurs de la renaissance. Pour proposer une frontière entre fait et fiction, elle en a elle-même franchi un certain nombre, disciplinaires, géographiques, médiales, prêchant par le contre-exemple, comme si les seules frontières qui compteraient dans un renouveau théorique étaient celles de l'objet au détriment du sujet. Les frontières de la création moins que celles des auteurs. Les frontières des acteurs non pas celle du chercheur.

Il faut sans attendre rappeler certaines évidences. Que la fiction n'est pas toujours littéraire. Que l'écrivain est dans son rôle de désacraliser les faits[25]. Que les frontières quand elles existent sont poreuses, sans cesse mobiles, ne sont essentiellement que conventionnelles, plus fictionnelles que factuelles en tout cas. Que Françoise Lavocat en a conscience, toute la troisième partie de son livre en est la démonstration ; cette partie terminale de son ouvrage est une réflexion sur les *mondes possibles* (« les fictions sont des mondes possibles », p. 535) et sur « l'idée selon laquelle toute fiction serait métaleptique (Citton 2010a) » (Lavocat, 2016 : 13). Que l'encyclopédisme même de sa démonstration est la preuve qu'elle a pleine conscience de la logique molle des frontières entre fait et fiction dans les arts. Dès les premières lignes de son introduction, elle se pose la question en effet de savoir : « qu'a-t-on à faire de *frontières* » (Lavocat, 2016 : 11). Et cite, en page 12, Pavel (1988) et Parsons (1980) qui ont tous fait appel à l'imaginaire des frontières pour discuter des distinctions entre fait et fiction. Françoise Lavocat a cette conclusion paradoxale « C'est notre goût pour la fiction qui nous a engagée à défendre ses frontières » (p. 521), « ses frontières, c'est-à-dire son territoire » (p. 534). Elle ajoute

---

récent : Matravers, Derek, "Recent philosophy and the fiction/non-fiction distinction", *Collection and Curation*, 2018, vol. 37, n° 2, p. 93-96.

25 Dans *L'essai sur les fictions* (1795), Germaine de Staël considérait le roman comme une voie d'accès au vrai, au réel, au fait.

que cette déclaration « relève, en outre, d'un amour désintéressé », et se pose en gardienne du temple de frontières « mises à mal, depuis cinquante ans, sous l'effet d'assauts répétés » (p. 521). À deux reprises, dans le dernier paragraphe de son ouvrage son « amour pour la fiction » est rappelé (après avoir été dit plusieurs fois auparavant), comme si, dans cet acte d'enclavement et de régulation de la fiction, elle reconnaissait que « toutes les limitations » défendues étaient des assauts d'un nouveau genre contre cette fiction, qui rendraient nécessaires un *disclaimer.*

La fiction contre-utopique abolit les frontières et appelle à leur dépassement, ainsi de celles de Boualem Sansal, au sujet duquel le journaliste Mustapha Harzine (2015) écrivait :

> Si *2084* dénonce avec force l'islamisation, il met aussi en garde les démocraties contre les pourrissements en cours. Nous serions tous dans le même bain : Sud ET Nord, Occident ET Orient, religieux ET laïcs, croyants ET athées... Véhiculant les mêmes peurs, supportant les mêmes détresses, portant les mêmes impasses. De ce point de vue, *2084* est aussi **une invitation à dépasser la frontière**.

L'on peut aussi citer le tout récent Sansal (2018). *Le Train d'Erlingen* est une fable politique qui se sert de 2015 comme d'une catabase. L'usage de ce motif de la catabase confirme l'esthétique contre-utopienne de dépassement des frontières : ce roman est divisé en deux parties, toutes deux précédées d'un avertissement qui prend à rebours les géomètres de la fiction. Au « nul n'entre ici s'il n'est géomètre » (ἀγεωμέτρητος μηδεὶς εἰσίτω), quiconque en somme ne saurait pas mesurer les limites, l'auteur contre-utopien oppose un : nul n'entre ici s'il n'est que géomètre. L'esprit de géométrie, le talent d'élévation des frontières ne sont point nécessaires ici. La création et le rappel de ce pacte contre-utopique sont ainsi posés en exergue dans la première partie (Sansal, 2018 : 15) malicieusement intitulée *La réalité de la métamorphose* (ce qu'il y a de factuel dans les fictions) et dans la deuxième partie (Sansal, 2018 : 141), précisément intitulée *La métamorphose de la réalité.* Les intitulés de ces deux parties répondent eux-mêmes au sous-titre du roman qui est à la fois un paradoxe et un oxymoron, *La métamorphose de Dieu* (Dieu étant par définition infini, est-il susceptible de métamorphose ?). L'avertissement, le même en exergue dans les deux parties, se lit comme suit :

> Toi qui entres dans ce nouveau livre,
> Abandonne tout espoir
> De reconnaître la réalité de la fantasmagorie. (Sansal, 2018 : 15, 141)

Voilà les faits. Il y a dans les seuls intitulés ou la structuration de ce roman des antithèses internes aux titres individuels (réalité vs métamorphose). Puis au-delà du jeu oxymorique, entre les deux titres des deux parties, l'on voit un parallèle qui tient du chiasme et établit pour tous une vérité du roman, un ordre de la fiction que la réalité ne peut nier en se prévalant de quelque carapace frontalière. Ce chiasme, figure de rhétorique en forme de croix (x), en forme de refus, est un NON, non à la tentative isolationniste de la fiction romanesque, « contre toute frontière » donc : la proposition d'une frontière est littéralement, chez Boualem Sansal, lettre morte. Au reste, dans *2084*, Ati et Koa, au terme de leur « odyssée[26] » rapportent quatre enseignements. Le troisième seul nous intéresse en ce moment : « la frontière est une hérésie inventée par les croyants. » (p. 114)

Il est toujours possible d'ajouter un peu plus de complexité à la complexité. Le choix de la contre-utopie comme objet d'étude est en soi un éloge de la complexité : la complexité du geste créateur, celle des signes, et par suite celle de l'acte interprétatif, celle de l'*ars interpretandi* (critique et interprétation). Car pour nécessaire que soit pour nous Lavocat son incroyance de principe, son dualisme méthodologique, et son amour de la fiction qui en vante sinon les chaînes les frontières, limitent la portée et l'amplitude de son travail dans le champ théorique littéraire. Elle affirme en effet que : « Nous ne croyons quant à nous ni à l'utopie du réel, ni à l'autotélisme de la littérature, ni à l'indifférence générale pour la différenciation entre le factuel et le fictionnel » (2016 : 15). Cette délimitation de ses croyances est une limitation de son champ d'intervention. Au lieu d'exciper de la faculté d'indifférence, c'est-à-dire de la liberté d'orientation de l'attention de tout un chacun, inaliénable à tout auteur/lecteur, nous allons nous contenter de poser comme une nécessité la relation de « sacralisation[27] » que doivent entretenir l'auteur

26 La clausule de Sérotonine a pu être appréciée comme un clin d'œil à L'Ulysse de James Joyce, en raison de ce « oui » final qui fait écho au roman de l'illustre écrivain irlandais.

27 « Les faits sont sacrés » a-t-on coutume de dire dans les milieux journalistiques. Dans le domaine de la création, la fiction, est pour les auteurs, tout aussi sacrée, inattaquable dans sa substance.

au matériau fictionnel et même, à un degré moindre, le critique au statut de la fiction. De plus, il me semble que chez Lavocat le seul horizon de l'utopie, par raisonnement déductif et *a fortiori*, soit le « possible », non « le réel ». J'affirme que le possible est une catégorie du réel. J'observe que l'oxymore « utopie du réel » convoque et rabroue la contre-utopie. Ce déni du réel utopique, et par suite du réel de la fiction, évoque ce que Michèle Riot-Sarcey (1998) considérait comme une tentative de séparer le bon grain de l'ivraie[28]. À titre d'exemple, les fictions juridiques comportent des utopies du réel, de la même façon que les utopies sociales sont à la fois des fictions et des alternatives réalistes (possibles) au réel[29]. Celles-ci sont des pendants de ce que l'on nomme *utopisme rationnel*, lequel est « capable de jouer de la connaissance du probable pour faire advenir le possible » (Bourdieu, 1980 : 77-78). Quant enfin à « l'autotélisme de la littérature », la première partie de *Soumission*, que je considère comme une longue préface, de même que l'ombre de Huysmans dans ce roman, sont autant d'illustrations basiques de la vie et de l'œuvre de cet « autotélisme ». Ne s'étant pas elle-même appesantie sur son affirmation juste citée (elle s'en explique peut-être ailleurs), il est difficile en bonne conscience d'approfondir ce point. Reste que le fond de son écrit est interprété en tout bien tout honneur : en supposant que ce n'est pas l'existence mais la portée autoréférentielle de la littérature qui est mise en cause, les problèmes continuent, notre contradiction demeurerait et notre réserve s'aggraverait. Car même en ce cas notre essai génériquement orienté (contre-utopie) reprendrait l'illustration que nous avons auparavant dite basique (« longue préface »). Elle est tirée de *Soumission*, et veut dire que la littérature créé un univers de référence (doté d'un réseau intertextuel), duquel elle tire sa légitimité comme discours d'elle-même, sur elle-même, sur le monde, tout en se faisant écho du discours du monde sur elle. Pour finir, l'autotélisme de la littérature dérive de la saturation de l'œuvre de fiction, qui se suffit à elle-même. L'œuvre n'est pas créée pour devenir une simple fonction,

28 À défaut du livre, cette belle recension peut être consultée en ligne : Monique Boireau-Rouillé, « Michèle Riot-Sarcey, *Le réel de l'utopie. Essai sur le politique au* XIX*e siècle*, Paris, Albin Michel, 1998, 309 p. », *Revue d'histoire du* XIX*e siècle* [En ligne], 19 | 1999, mis en ligne le 26 août 2008, consulté le 21 août 2018. URL : http://journals.openedition.org/rh19/160

29 Erik Olin Wright (2017) a par exemple proposé sous le titre de *Utopies réelles*, paru aux éditions La Découverte, une alternative au monde capitaliste actuelle.

elle s'autosuffit en tant qu'œuvre, sans qu'il soit besoin d'éprouver sa résistance à quelque confrontation. Ce que tendent à établir les romans français qui nous intéressent est qu'il n'y a pas entre fait et fiction de corrélat théorique plus tortueux que la notion de frontière, comprise et universellement reconnue comme discriminante. L'œuvre doit être ouverte, de même la fiction ouverte doit-elle être protégée des frontières autres que celles qui expliquent et contextualisent, *exempli gratia* : la contre-utopie. C'est une frontière formelle, une frontière du dedans de la fiction, libre de tous droits.

Le renouveau théorique est une lame de fond qui ne peut s'épanouir qu'au travers d'apports diversifiés mais complémentaires, de développements profonds mais fragmentaires, pour en faciliter une réception académique large, en tant qu'unité de sens scientifique. Aussi accentuons-nous les lignes de démarcation d'avec le travail de l'auteure d'*Interprétation littéraire et sciences cognitives* (2016). De l'interprétation intuitive et non théorique du lecteur qui, comme le dit si bien Lavocat, transforme une fiction en un *monde possible* (sans que son décodage ne recoure à la théorisation complexe de l'œuvre de l'auteur), de cela à, justement, l'activité créatrice de l'auteur, il y a dans le travail de systématisation du théoricien littéraire un risque qu'a pris Françoise Lavocat à assimiler comme le ferait un anthropologue une œuvre d'art à un simple « artéfact culturel » (p. 535). Cette perspective conduit à mettre sur le même plan, dans un ouvrage de théorie littéraire (publié en effet dans la collection Poétique), un roman et un livre, et pire, un roman et, sur ce même roman, les commentaires d'anonymes postés dans Babelio ou Goodreads, tous (l'œuvre, l'objet-livre et les *ratings* en ligne) étant rigoureusement des artéfacts culturels.

PRÉSENTS, PRÉSENTISME ET PRÉSENTIFICATION

Notre réflexion s'est lentement acheminée vers la construction d'un modèle théorique, qui consiste en la métonymisation d'une métaphore (*memento mori*). Attendu que ce modèle pose la contre-utopie comme un pendant littéraire des *memento mori* (« Souviens-toi que tu vas mourir »). La métaphore est ambivalente en ceci qu'elle fusionne sous forme d'oxymoron la mémoire qui est vie et la mort qui est fin de vie. La mémoire se réfère en principe au passé, quand la mort renvoie à la mort-à-venir. Les *memento mori* en viennent à ne plus désigner les seules représentations visuelles médiévales, mais s'étendent à un nouveau corpus visionnaire de la mort, un corpus de *vanitas* (symbolisme de la vanité illustrée par des natures mortes, crânes, squelettes, ou chandelles) constitué d'œuvres littéraires aux accents cassandriques. Les *memento mori* rappelant sans cesse ce syllogisme morbide : comme Rome, l'Égypte ou bien la civilisation minoenne en Crète[30], les civilisations actuelles sont mortelles, l'Europe, c'est une civilisation, donc la civilisation européenne est mortelle, et d'ailleurs déjà mourante.

À travers des codes sociaux que nous allons découvrir, la contre-utopie donne une logique et une cohérence à un discours fictionnel trop rapidement rattaché à la postmodernité ou à l'hypermodernité. Cette section est approfondie au quatrième chapitre. Nous nous intéressons ici aux difficultés que présente la constitution de la contre-utopie comme sous-genre, comme genre distinct, et comme un objet d'étude. La contre-utopie a des origines philosophiques, politiques et historiques identifiées. Elle est un fait littéraire total qui suppose et implique des ressources croisées telles que l'esthétique, les concepts philosophiques, le goût du politique, la méthodologie historique et un imaginaire en pot-pourri fait d'idées dans l'air du temps. Qui plus est, en tant que fait littéraire total, la contre-utopie n'avait pas encore été envisagée comme objet distinct, mais avait toujours été utilisée de manière indifférenciée ou interchangeable avec la dystopie. Comme notion, elle peut à ce niveau de la démonstration apparaître une variable d'ajustement générique, c'est-à-dire un outil pour aider le critique et le poéticien à distinguer, en des temps qu'on dit troublés, un sous-genre spécifique. Le distinguer des pratiques discursives qui l'ont fait naitre pour mieux appréhender les enjeux d'une situation de crise, et d'une ère que certains énervés qualifient de « postlittéraire » ou « a-littéraire ». Le parti pris de la considérer comme un fait littéraire exige de ne pas se limiter aux détails stylistiques, aux approches critiques par trop formalistes, aux optiques unitaires ou exclusives ou à quelque perspective de vague philosophie. La démarche requiert un travail de systématisation dont l'ambition ne

30 Platon raconte la disparition de l'Atlantide, mais plusieurs versions scientifiques ont prospéré. Voir par exemple Pomel, René-Simon. « Les explosions de Santorin, Grèce, et la disparition de la civilisation minoenne (On a major period of volvanicc remission between the minoan remains and the outburst of the Santorini volcano (Greece)). » Bulletin de l'Association de Géographes Français 58.477 (1981) : 163-170.

se limite en l'occurrence qu'à une esquisse de systématisation, ce qu'est, au final, un modèle. Un modèle ou plus modestement une poétique.

La présentification consiste à rendre visible l'invisible, actuel l'éventuel ; elle a une connotation religieuse (Dieu présent dans l'eucharistie), historique et philosophique (phénoménologie husserlienne), nous lui voyons un aspect esthétique.

VOUS AUTRES, CIVILISATIONS, VOUS SAVEZ MAINTENANT QUE VOUS ÊTES MORTELLES

Pour être réduite à quelques dizaines d'œuvres pour le moment, la contre-utopie n'en est pas moins extensible à l'infini. Le soubassement poïétique en est la décadence qui selon plusieurs astrologues et quelques historiens crédibles trouvait un terreau particulièrement propice en 2015. En effet, dans leur ouvrage paru en 2014 chez Payot, deux historiens annonçaient le pire pour l'année qui suivrait, 2015. Le livre est intitulé *La Fatalité de l'an XV* et le résumé de l'éditeur est celui-ci :

> Chaque siècle connaît autour de son An 15 une fracture majeure et l'effondrement de l'ordre ancien. Victoire de Bouvines en 1214 (événement fondateur de la nation française), avènement de François Ier et bataille de Marignan en 1515, mort de Louis XIV en 1715 et fin du siècle d'or, chute de Napoléon et restauration de la monarchie en 1815, Guerre mondiale à partir de 1914… Toutes ces périodes ont été précédées par les troubles que nous connaissons aujourd'hui : crise financière, débâcle économique, conflits internationaux, guerres de religion, évolutions sociétales… Nous en sommes à ce point de rupture en 2015. Que nous réserve l'année qui vient ? (Lecherbonnier & Cosseron, 2014)

Cette attente ou prédiction d'une fin, qui traverse les sciences, les genres et les époques, fait ressembler la contre-utopie au Concile cadavérique[31]. La contre-utopie poserait ainsi un jugement posthume sur cette mort en sursis, cette civilisation K.-O. debout, ou zombifiée. Emmanuel Todd utilise à plusieurs reprises l'image des zombies dans son essai polémique *Qui est Charlie ?* Et Rédiger de même considère que

31 Considéré comme le plus macabre procès des annales judiciaires du Vatican, le *synodus horrenda*, qu'on peut traduire du latin comme le synode de l'horreur, connu comme le Concile cadavérique s'est ouvert à Rome en 897, à l'initiative du Pape Étienne VI qui a osé appeler à comparaître la dépouille funèbre de son prédécesseur, Formose, pour être jugé devant une assemblée d'évêques (concile).

« sans la chrétienté, les nations européennes n'étaient plus que des corps sans âme – des zombies. » (*Soumission* : 255).

Ce monde possible préfiguré se justifie en regard du contexte généralement pessimiste ou au minimum *pessoptimiste*. Ce dernier qualificatif est d'ailleurs le plus approprié si l'on considère la contre-utopie comme un genre dégénéré, une dérive génétique, organiquement et structurellement liée à l'utopie dont elle dépend sur le plan sémantique et syntaxique, mais qu'elle reconfigure ou raisonne par l'absurde. Le texte de Houellebecq, individuellement considéré, perd beaucoup de sa puissance s'il est détaché des discours politiques, historiques et critiques sur les fins ambiants. Peut-être plutôt que d'être analysé comme sous-genre sous l'angle d'une appartenance catégorielle qui se réfèrerait à l'utopie, ce réseau générique, cette série d'ouvrages indifférenciés sous le nom de contre-utopie, doivent-ils surtout être considérés du point de vue du thématisme politique bien sûr mais aussi de la dynamique prédictive décliniste.

L'univers décrit l'est avec une précision géométrique digne des topographes ou des urbanistes les plus sérieux. Le cadre ne se présente pas comme fictionnel, il est une réplique fidèle du réel. Quant aux faits qui s'y produisent, ils ne veulent pas imiter le réel, ils entendent le précéder. Plutôt qu'un roman par anticipation, l'expérience esthétique contre-utopienne tend à imposer une réalité par anticipation. Dans une démarche qui n'avait rien à voir avec notre propos général, l'idée a pu être avancée d'un « plagiat par anticipation » (Bayard, 2013) : par raisonnement analogique, on pourrait considérer la thèse d'une *mimesis* par anticipation. Une telle idée aboutirait soit à faire de la fiction une réalité, soit à lui reconnaitre des vertus autoréalisatrices, soit à y voir un *modificateur de réalité*, pour emprunter de Proust.

Une telle reconnaissance conduit à défendre l'idée que la contre-utopie peut, en libérant le champ des contraintes réelles et esthétiques, efficacement élargir les possibilités d'action et de réaction, aussi bien chez l'individu que dans la société postmodernes. La littérature est un outil de dissémination de la peur, et de ce fait de ressoudage communautaire (les *souchiens* en danger) et d'éveil social. Supposer des vertus sociales à la littérature et notamment à la contre-utopie signifie interroger les processus de construction romanesque qui mobilisent des idées et des débats sociaux en cours, futurs et passés. Car si Houellebecq parle du présent en archéologue du contemporain, le futur est l'alibi peut-être le motif sincère du poète. Le passé, lui, est une ressource processuelle dont la France telle quelle serait des vestiges : c'est un archéologue d'une civilisation vivante mais périssable. S'il constate une décadence, la Décadence est placée en regard. Quand il parle de *Soumission* et que l'on s'empresse d'y voir soumission aux islamistes qui viennent, il rappelle, lui, que le christianisme aussi et même la loi, bref l'esprit de la révolution française, dans un passé aujourd'hui célébré, exaltaient la SOUMISSION. Mais une soumission éclairée, une soumission volontaire. Pour asseoir son argument, le narrateur fait parler la candidate du Front National, alors en campagne pour son élection au moment de la citation qui suit. Il fait, en passant, de Renaud Camus le Patrick Buisson de Marine Le Pen, le rédacteur de ses discours. Il en profite suivant le procédé du passager clandestin de sa propre narration (détecté par Compagnon), il en profite pour glisser une référence sibylline de trois lignes, extraite d'un discours-fleuve de Condorcet, dont je mets en vis-à-vis un extrait plus significatif qui est caractéristique de *Soumission.*

Le discours de Marine Le Pen auquel le narrateur François se réfère a lieu le 22 mai 2022. Il est alors en compagnie de sa jeune petite amie juive, Myriam.

> Dépassant la référence banale à Jules Ferry, elle remontait jusqu'à Condorcet, dont elle citait le mémorable discours de 1792 devant l'Assemblée législative, où il évoque ces Égyptiens, ces Indiens « **chez qui l'esprit humain fit tant de progrès, et qui retombèrent dans l'abrutissement de la plus honteuse ignorance, au moment que la puissance religieuse s'empara du droit d'instruire les hommes** ». (*Soumission* : 110)

Voici en face le passage pertinent du discours de Condorcet[32] :

> On se trouverait donc nécessairement placé entre un respect superstitieux pour les lois existantes ou une atteinte indirecte qui portée à ces lois au nom d'un des pouvoirs institués par elles pourrait affaiblir le respect des citoyens. Il ne reste donc qu'un seul moyen, l'indépendance absolue des opinions dans tout ce qui s'élève au-dessus de l'instruction élémentaire. C'est alors qu'on verra la **soumission volontaire** aux lois et l'enseignement des moyens d'en corriger les vices, d'en rectifier les erreurs, exister ensemble sans que la liberté des opinions nuise à l'ordre public, sans que le respect pour la loi

32 Extrait de l'ouvrage publié par Lallement, Guillaume. Choix de rapports, opinions et discours prononcés à la Tribune Nationale depuis 1789 jusqu'à ce jour. A. Eymery, 1820.

> enchaîne les esprits, arrête le progrès des lumières et consacre des erreurs. S'il fallait prouver par des exemples **le danger de soumettre l'enseignement à l'autorité** nous citerions l'exemple de ces peuples, nos premiers maîtres dans toutes les sciences, de ces **Indiens**, de ces **Égyptiens** dont les antiques connaissances nous étonnent encore, **chez qui l'esprit humain fit tant de progrès dans des temps dont nous ne pouvons même fixer l'époque et qui retombèrent dans l'abrutissement de la plus honteuse ignorance au moment où la puissance religieuse s'empara du droit d'instruire les hommes.** Nous citerions la Chine qui nous a prévenus dans les sciences et dans les arts et chez qui le gouvernement en a subitement arrêté tous les progrès depuis des milliers d'années en faisant de l'instruction publique une partie de ses fonctions. Nous citerions cette **décadence** ou tombèrent tout à coup la raison et le génie chez **les Romains et chez les Grecs** après s'être élevés au plus haut degré de gloire lorsque **l'enseignement passa des mains des philosophes à celles des prêtres.** (Lallement, 1821 : 312)

L'intérêt de cette citation longue, trop longue, patiemment retranscrite, est réel. En effet, on y trouve articulés les mots-clés de *décadence*, *déclin*, *soumission*, *autorité*, *religion*, *danger*, qui résument et parcourent le roman de Houellebecq. Ce qui est rappelé, c'est la jurisprudence des grandes civilisations ayant chuté, ce qui est montré ce sont les antécédents néfastes de la religion en Occident. C'est tout cela que plus tard Oswald Spengler élaborera dans sa théorie de la cyclicité et appellera en 1918 puis 1922 le « déclin de l'Occident ». Un siècle plus tard, malgré plusieurs passages à vide, il y a eu des épisodes prestigieux faits de Trente glorieuses, de moments d'expansion coloniale et économique sans précédent, ou de deux coupes du monde de football. Il reste encore à la France assez de marge, pour épuiser toutes les possibilités de procrastiner, d'ajourner au 25e siècle, ce déclin auquel elle travaillerait ou serait condamnée. En fait d'ajournement, il s'agirait de renvoi aux calendes grecques, si tant est que se donner la mort revient, comme le suggère Maurice Blanchot (1988) dans *L'espace littéraire*, à lui échapper.

CRITÈRES GÉNÉRIQUES ET THÉORIES DU RÉCIT

La problématique *fait et fiction* traitée par Françoise Lavocat ressortit de la théorie de la fiction et a fait l'objet de nombreux travaux en sciences humaines, de la part notamment de Nathalie Heinich qui n'est citée qu'une seule fois, presque accessoirement, dans *Fait et Fiction : pour une frontière*. Dans la réalité, on est passé d'un mensonge contractualisé (localisé dans la littérature et les fictions juridiques ou économiques) à une ère post-factuelle, de mensonge institutionnalisé, généralisé, à coup de *deepfakes* et *fake news*[33], ayant entraîné un brouillage de l'autorité de la parole publique. Toutes choses qui ne vont pas sans influencer les interactions déjà interrogées par la théorie entre fait et fiction.

Le concept américain de post-vérité rappelle le scepticisme. De Pyrrhon, dans l'antiquité grecque à Wittgenstein par exemple, dont nous parlons dans la partie terminale relative à la *postlittérature*. À ce propos, nous en avons discuté au second chapitre, Françoise Lavocat souligne le « panfictionnalisme radical » de Nancy Huston qui considère que tous les discours humains sont des fictions, des *illusio* (*illusiones*, pluriel latin). Lavocat cite ensuite Antonio Codro Urceo qui aurait *proclamé* en 1502 que « tous les savoirs ne sont que fables de même que le lecteur et l'auteur (''vos quoque lectores fabulae estis''), le monde lui-même » (Lavocat, 2016 : 45)[34]. « Vous aussi êtes des lecteurs de l'histoire » : telle est notre traduction de la citation en latin qu'elle insère dans sa démonstration. Le commentaire consécutif à sa citation latine est un peu obscur, surtout parce que Lavocat comprend souvent *fabula* comme « fable », ce qui est commode dans le sens de son argumentation, mais d'un 1) nous pose un problème d'exactitude, de deux 2) fait de *fabulae* un nominatif pluriel (vous lecteurs êtes des fables) où nous voyons un génitif singulier (vous êtes des lecteurs de l'histoire). Grammaticalement l'écriture des deux interprétations est identique, attribut du sujet ou complément du nom, mais une seule version peut faire foi.

Fabula, étymologiquement, correspond à une histoire racontée. Laquelle peut être vraie ou fausse. Tandis que *fable* en français est par définition imaginaire. Il y a donc un possible anachronisme qui a consisté à vouloir lier à tout prix, ou à la renaissance ou au panfictionnalisme[35], les origines du positionnement de Nancy Huston (*L'espèce fabulatrice*, 2008).

---

33 Le principe du scepticisme c'est de dire que « rien n'est vrai ». Rien, pas même l'énoncé qui dit que rien n'est vrai. Cela fait dans l'actualité penser au président américain qui accuse les *fake news*, mais dont la parole est dite mensongère par ces même *fake news*.

34 Parlant du roman, Huston assimile également lecteur/auteur quand elle considère que la fiction romanesque seule « épouse la narrativité de chaque existence humaine, mais, tant chez l'auteur que chez le lecteur, exige silence et isolement, autorise interruption, réflexion et reprise. » (Huston, 2008 : 190)

35 Une historiographie de la mouvance panfictionnaliste peut en gros partir de Barthes (1967) à Hayden Whithe(depuis les années 80 jusqu'à sa mort en 2018)

Il ne nous semble pas que Nancy Huston soit panfictionnaliste, mais son œuvre de romancière et d'essayiste est traversée par un questionnement constant sur les catégories narratives et les limites du genre[36], leurs « lignes de faille », pour emprunter du titre de son roman (2006), Prix Femina. En réalité, il y a chez Huston le même souci différentialiste que chez Lavocat : l'idée par exemple qui donne à l'essai son titre est que l'être humain se distingue de l'espèce animale par son aptitude à « construire, c'est-à-dire fabuler ». L'homme est une « machine fabuleuse […] une espèce fabulatrice » (Huston, 2008 : 30) Chez Huston en effet les fictions, comme celles qui constituent notre identité, peuvent être involontaires[37] ou volontaires et libératrices (les fictions littéraires)[38]. Elle s'intéresse, dans son essai, à ces dernières. Et même, toutes les fictions littéraires ne se valent pas selon elle, il y en a de « brutales » dit-elle. Ce que Ginsberg (2010) appelle « mauvais usages ». Lavocat considère que l'auteure canadienne, qui fut mariée avec Todorov, « les balaie rapidement » (Lavocat, 2016 : 46), ces fictions dont l'influence serait néfaste. Les balayer rapidement, écrit Lavocat : comme si le jugement de valeur que Huston poserait sur des œuvres de ses confrères ou consœurs devait structurer sa réflexion. En conséquence, par raisonnement *a fortiori*, la fiction ne saurait être équivalente stricte à la réalité, les lignes de démarcation sont nombreuses, et la pertinence d'une frontière ne se pose que d'autant plus que la fiction est délittérarisée[39]. Telle que présentée par Lavocat (2016 : 45), Huston ramène tout à la fiction au sens de « chimère, illusion, mensonge ». Alors qu'en disant *l'espèce fabulatrice* elle restitue au mot *fabula* sa simple valeur narrative, celle déjà présente chez Codro Urceo, qui va au-delà de la fiction.

36 Son rapport avec les genres a brièvement été analysé, dans une perspective comparative, dans des travaux récents : Essono Tsimi, Éric. *Les processus psychosociaux à l'œuvre dans le développement de l'identité des écrivains migrants africains*. Diss. Grenoble Alpes, 2017.

37 Entreraient dans cette catégorie les « récits primitifs », *exempli gratia* : ceux qui sont transmis par la famille, elle les appelle *arché-texte*. Ne pas confondre avec l'architexte de Genette (1979) qui désigne les genres littéraires.

38 Germaine de Staël affirmait en son temps la supériorité de la vérité romanesque sur l'Histoire. Au motif que l'Histoire « n'atteint point à la vie des hommes privés, aux sentiments, aux caractères » dont selon elle tous les événements découlent. De Staël, Madame. *De la littérature considérée dans ses rapports avec les institutions sociales : suivi De l'influence des passions sur le bonheur des individus et des nations*. Charpentier, 1842.

39 Pour approfondir l'analyse, cette lecture peut être faite avec profit : Ginzburg, Carlo, and Martin Rueff. *Le fil et les traces : vrai faux fictif*. Verdier, 2010.

C'est du reste ce que voudrait dire l'assimilation que fait Codro Urceo entre lecteur/auteur : car l'auteur lit (témoigne de) l'histoire et le lecteur lit l'auteur (l'histoire racontée). Tous sont donc, au sens originel, lecteurs de l'histoire. La preuve de ce que démontre Lavocat est analysée dans *L'espèce fabulatrice* de Huston dont elle ne fait certes pas une exégèse, mais dont l'essai tirerait paradoxalement une force additionnelle s'il était publié après le travail de Lavocat, qui a lui-même manqué de tirer le meilleur parti de la réflexion de la romancière canadienne. Il y a une inférence réciproque entre les deux essais, étant donné que Huston aborde par exemple la question du *storytelling*, centrale dans les analyses de la dimension pragmatiste des théories de la fiction. Huston considère que la mode du *storytelling* répond à un besoin humain de *se raconter des histoires*[40]. Pourtant Lavocat ignore ou minore les conclusions de la Prix Femina 2006 qu'elle juge « irénique ». On pourrait également parler d'inférence réciproque dans la mesure où toutes reconnaissent, sans l'exprimer en nos termes, que toute fiction n'est pas fictionnelle. Nous connaissons des romans non fictionnels et des romans présentés comme des fictions, notamment certains récits sur l'Holocauste, qui ne sont dits « romans » que par convention. La catégorie dite, en anglais comme en français, des *factions* (fiction + fact) et rappelée par Lavocat, est un mot-valise certes mais homonyme d'un mot-clivant, qui fait tant de morts chez Rolin comme chez Houellebecq : les factions.

À titre d'exemple, la réalité ultime du génocide ayant été vécue par le peuple juif, tout ce qui en procède, narrativement, prend un caractère subsidiaire, factionnel, au sens de l'*arché-texte* d'Huston. L'exercice constant de classification et de synthèse auquel se livre Lavocat lui a fait dans ce cas ne se tenir qu'au seuil du livre jugé, après quelques observations expédiées[41].

Le scepticisme est fondamentalement ambivalent. Il y a dans ce mot l'idée de *savoir* et aussi *examen* de ce savoir. Étymologiquement en effet le verbe latin *scio, scis, scire* (comprendre, savoir) et l'étymon grec *skepsis* apparaissent dans la racine française du mot. Le scepticisme qui consiste

40 Lire Bruner, Jerome Seymour. *Pourquoi nous racontons-nous des histoires ?* Pocket, 2005.

41 Érasme est habituellement cité comme point de départ du tout-mensonger ou « tout-fictif ». Tout est faux jusqu'à preuve du contraire, y compris le faux. Lire Popkin, Richard Henry, and Christine Hivet. *Histoire du scepticisme d'Érasme à Spinoza.* Paris : Presses universitaires de France, 1995.

à nier tout ensemble de la réalité et de la *fictivité* d'un énoncé est une dynamique philosophique, littéraire, critique (nous sommes, nous poéticiens ou critiques, sceptiques par nature), et sociale si l'on considère la centralité opérationnelle du concept d'*illusio* dans la sociologie de Bourdieu (1992). C'est moi et non pas Bourdieu qui tire conséquence du scepticisme comme modalité incidente de la critique littéraire.

Si Bourdieu, observateur non participant, commentateur peut-être trop extérieur au monde littéraire, si le sociologue des *Règles de l'Art* n'est pas évoqué chez Lavocat, le philosophe américain John Searle est, lui, souvent cité. Essayant d'examiner ce mode opérationnel humain, le philosophe John Searle a démontré que la réalité sociale est, du point de vue ontologique, le résultat de cas de figures. Nous agissons « comme si » (Searle, 1997). Étymologiquement le mot fiction (*fingere*) signifie « faire comme si ». Searle rappelle les thèses des contractualistes et lie la sécurité sociale à des pactes. Comme chez le Léviathan de Hobbes, cette assignation contractuelle aboutit à la création d'une entité qui assure la coopération humaine. Déjà, la distinction entre fiction et « feintise ludique partagée » ou « jeux de faire-semblant » (Lavocat, 2016 : 33) par exemple, la frontière envisagée entre fiction et réalité sociale de manière générale, n'est pas très claire, en raison à la fois du caractère synthétique de la démonstration et de l'ambition exhaustive voire universaliste du programme. La nécessité d'une approche circonstanciée et différentialiste des genres romanesques ou des catégories du discours, dans la théorie de la fiction, à ce niveau, apparaît incontournable. À nos yeux, le champ de référence est fondamental. D'abord parce que la fiction est une composante artéfactuelle (qu'elle soit vue comme outil du romancier ou prise comme méthode d'approche du critique) de l'œuvre littéraire ; ensuite parce que la fiction n'est pas le romanesque, tout comme le roman n'est pas que le genre. Ensuite en considérant divers « sens étroits » qui, au final, offrent un éventail *lato sensu* de la fiction, Lavocat brouille la précompréhension que nous avions de certains théoriciens.

> Il est temps de préciser en quel sens « fiction » sera ici entendu. Il y a en effet plusieurs « sens étroits » de la notion de fiction : celui de Käte Hamburger et de Dorrit Cohn (récit imaginaire en prose à la troisième personne), celui de Kendall Walton et de Jean-Marie Schaeffer (jeu de faire-semblant ; feintise ludique partagée (Lavocat, 2016 : 33)

Dans son essai *Logique des genres littéraires*, publié en en 1957, tardivement traduit en France (1986) et préfacé par Genette, la narratologue allemande Käte Hamburger ne se cantonne pas aux critères stylistiques, c'est-à-dire qu'elle ne se contente pas d'envisager la fiction comme un récit imaginaire en prose à la troisième personne, elle distingue également le façonnage de la « fiction » et sa structure en « comme » (trompeur), d'avec le champ de la « feintise » et sa structure en « comme si[42] ». Distinction qui sera contestée par Schaeffer, comme Lavocat le mentionne. Ce qui déconcerte chez Hamburger, c'est qu'elle considère à l'intérieur des fictions littéraires des fictions qui ne le seraient pas (feintise), de celles qui le seraient (fiction), en vertu des jeux d'énonciation. Le problème fondamental des théories de la fiction devient le frontiérisme ou les discours exclusivistes (la feintise exclue la fiction, la réalité exclue la fiction). Notre objet d'étude est porté par une dynamique systémique, tour à tour conceptuelle, sémantique, idéologique, fictionnelle, contrefactuelle, réaliste, par-delà fait et fiction, comme Nietzche eût dit dans sa généalogie de la morale : *Par-delà le bien et le mal.*

La perspective qui est celle de cette recherche regarde l'objet littéraire sous l'angle du genre, lequel genre intègre la dimension mythologique de la décadence, laquelle décadence prend en considération les bouleversements politiques et médiatiques survenus depuis l'Attentat contre Charlie Hebdo en 2015, depuis l'élection de Donald Trump en 2016, et même depuis le scandale Facebook-Cambridge Analytica. La contre-utopie apparaît comme un concept qui (s'enrichit et) potentiellement complète d'une part (de) la théorie de la fiction et d'autre part ouvre une page nouvelle dans la poétique des mondes possibles tels qu'étudiés dans les théories contrefactuelles, celle de l'histoire du présent, et donc des dispositions au futur. Ce dernier aspect sera développé dans le chapitre terminal.

Entre la fiction et la réalité, il y a un mur en effet qui est le romanesque, qui est l'art, une cause par définition frontalière… Quand une réalité atteint un certain niveau de complexité, elle peut être dite un « roman ». Philippe Sollers a par exemple intitulé ses mémoires publiés chez Plon « Un vrai roman » (2007, 2013). Et tout l'art du romancier peut consister à multiplier les fausses pistes et à brouiller les frontières

42 Étymologiquement fiction vient du verbe *fingere* (façonner en latin), comme texte vient du verbe *texere* (tisser). La littérature est un métier de haute couture.

du réel. Aussi est-il courant de lire des critiques comme celle-ci d'une chercheure belge : « Déclinant les formes du récit, Jean Rolin se situe volontiers à la frontière du factuel et du fictionnel, et joue fréquemment de la confusion entre les voix auctoriale et narrative » (Sindaco, 2014).

Le matériau générique du théoricien de la fiction couvre un éventail plus large que le seul roman. Parler de la fictionnalité dans sa dimension romanesque peut lui sembler soit réducteur soit utilisé sous une acception non spécialisée. Mais notre positionnement est plutôt celui d'une ultraspécialisation (pas plus qu'il n'en faudrait eu égard à la complexité de l'objet), d'une focale toujours plus grande sur la fiction littéraire en général et le roman en particulier. Par suite, le roman ne peut pas être réduit à une fiction et inversement. Il ne peut pas juste être confondu à une fiction, la réalité ou la fiction n'épousant pas à eux seuls la complexité des contours du roman. Et quand Sarah Sindaco situe par exemple l'œuvre de Rolin « entre ironie et mélancolie », ce sont les deux versants, rhétorique et réel, qui toujours pointent :

> Mêlant fiction et autobiographie et érigeant la déambulation en une véritable démarche littéraire, l'auteur-narrateur entend articuler le présent et l'Histoire et déchiffrer le réel en conciliant engagement subjectif et réflexivité critique (Sindaco, 2014).

La précision sur le caractère fuyant de la matière romanesque avait déjà été argumentée sur la base de la *philosophie du comme si* de Hans Vahinger, cité de seconde main, le texte original m'étant resté inaccessible dans le cadre de ces travaux.

> La fiction a un caractère provisoire, alors que la fiction juridique, comme la fiction littéraire d'ailleurs, ne perd nullement cette nature : la théorie scientifique résout la fiction dans ses conclusions, la narration romanesque ne s'intègre pas en tant qu'étape dans un enseignement qui la dépasserait. (Vahinger, [2004] 2016)[43]

Les différents théoriciens de la fiction éclairent de l'extérieur la contre-utopie et font donc souvent passer tel artifice de technique littéraire ou un mensonge contractuel pour toute la mine littéraire, le

43 Pfersmann, Otto, « Les modes de la fiction en droit et en littérature », *Usages et théories de la fiction* (2004) : 39-61. Comparer avec Lavocat, Françoise, *Usages et théories de la fiction : le débat contemporain à l'épreuve des textes anciens (XVIe-XVIIIe siècles)*, Presses universitaires de Rennes, 2004.

procédé pour toute la réalité d'un art. Mais c'est sans doute le narrateur de *Soumission*, François, qui tranche cette querelle :

> La littérature peut vous permettre d'entrer en contact avec l'esprit d'un mort, de manière plus directe, plus complète et plus profonde que ne le ferait même la conversation avec un ami – aussi profonde, aussi durable que soit une amitié [...] la profondeur de la réflexion, l'originalité de ses pensées ne sont pas à dédaigner. (*Soumission* : 13)

Les réponses du narrateur, dont ce passage bien connu constitue un morceau d'éloquence, ne seront pas commentées outre mesure. Avec le masque narratif, Houellebecq y répond à tous ceux qui voudraient réduire l'art, son art, à une succession d'attendus. Il place la littérature au-dessus du littéraire, en prêtant à son œuvre une égale puissance théorique (*profondeur, originalité, réflexion, pensée)* et pratique à celle des sciences et celle de la vie (*l'amitié* par exemple). C'est une réponse de romancier, savant de son projet, une réponse aux théoriciens et aux universitaires. Comme il aurait pu le dire, nul n'est contraint de le lire ni invité à l'aimer. Il s'impose à l'attention, seule doit désormais compter la qualité de l'attention qu'on lui porte.

CONCLUSION PARTIELLE
Créer, s'appuyer sur, intervenir dans, modifier ou prévoir le réel

Pour paraphraser Balzac, les faits peuvent recouvrir une histoire officielle et menteuse, quand la fiction peut contenir une histoire secrète, celle de la véritable cause des événements. Aussi, les romans considérés de Houellebecq, Rolin et Sansal que nous examinons dans les pages suivantes tiennent-ils moins de la fiction qui se réalise que de la fiction qui augmente la réalité. Ils existent, pré-voient et préviennent (en inventant plus qu'en prédisant). Il s'ensuit que l'efficience prédictive est sans objet. En prévenant régulièrement de son statut sémantique, la fiction contre-utopique se positionne comme gardienne ou garante possible de la réalité, si ce n'est de la réalité à venir de celle présente. Chez Searle, le roman est un exercice collaboratif, un exemplum de la « coopération humaine pour maintenir et prolonger les formes de perception, de reconnaissance et de mise en application », ce que confirment les aspects transfictionnels des exempla de notre corpus d'auteurs contre-utopiens. Certaines « réalités » comme le territoire, le peuple, la nation sont des constructions collectives dans lesquelles l'on est immergé, des illusions bien fondées, des « entités fictives » à part entière, de commodes confabulations procédant ou débouchant sur des pactes ou accords de diverse nature.

Cette dissémination générique des pactes ou cette instabilité des frontières de la fiction, cette indétermination même du statut de ces frontières (qui ajouteraient de la fiction à la fiction, les règles étant par essence artificielles au processus créatif et *technique* littéraire) sont de nature à faire de la contre-utopie une « enclave pragmatique localisée » (Schaeffer, 2015) de la littérature contemporaine. Sansal est un écrivain et polémiste, Houellebecq un romancier controversé, Rolin un auteur ambigu, tous sont des producteurs d'événements qui remettent pour la énième fois sur le métier le déclin jamais achevé de l'Occident. L'adhésion du public narratif à ces événements « réels » ou en cours de réalité (une réalisation éphémère, confinée à un couloir spatiotemporel, lui-même limité aux lieu et temps de lecture), leur adhésion donc peut-être certes trompée, c'est-à-dire prolongée dans les mots du politique et les combats du quotidien. Le lecteur lambda, prétendu chercheur d'émotions, s'évadait-il du réel, qu'il se retrouve hanté par des enjeux intellectuels. La délimitation de l'aire fictionnelle est une annexion, par la science et le matérialisme, du discours métascientifique dont les arts sont porteurs. Car au roman succèdent des lectures de plusieurs ordres qui inspirent d'autres romans ou contaminent la réalité. La fiction romanesque devient la source de savoirs diffus qui vont de l'interprétation de son message à sa confrontation avec le réel, à son « élévation » au rang de prémisse scientifique, d'hypothèse ou, en cas de simulation, de champ d'expérimentation. Dans la préface de *Littérature et philosophie mêlées*, Victor Hugo considérait que « le corollaire rigoureux d'une révolution politique est une révolution littéraire ». Là non plus l'auteure de *Fait et Fiction* ne veut rien céder et fait « entendre une voix dissidente par rapport à ceux qui envisagent la fiction comme action » ; elle ne nie pas « l'efficacité modélisatrice de la fiction » (p. 53) défendue par Pavel qu'elle cite, elle en relativise les effets sur sa dissidence consommée.

Les présupposés des sciences sociales *n* fois débattus, selon lesquels la réalité consisterait uniquement en notre environnement matériel et la langue se réduirait à un système (référentiel) de nomination de la réalité, président aux théories du cantonnement de la fiction au non-événement, au non-advenu. La langue, prise au sens de Verbe, et la littérature prise au sens de langue, créé et institue. Le repositionnement de la littérature dans le futur remplit les conditions de son déploiement et produit les conséquences sociales qui sont celles de toute connaissance vraie (« la falsifiabilité »), notamment du point de vue des attentes fonctionnelles du public narratif.

Chaque roman est une totalité esthétique, mais la contre-utopie est poétiquement une totalité signifiante. Le futur s'il ne se réalise pas, au moins se répète d'un roman à l'autre, jusqu'à faire « genre ». Ainsi, la référence que fait Houellebecq au futur est moins préfiguratrice que configuratrice. 2022 sera bientôt passée, l'usage du futur comme temporalité est donc fonctionnel, pas mécanique. En se référant au réel, en s'exposant à vérifiabilité, Houellebecq, Sansal et Rolin ne redoutent pas une délégitimation factuelle. Les faits ne dissiperont pas leur(s) monde(s) créé(s), définitivement possible(s), pas plus que 1984 (l'année) n'a dissipé *1984* (le roman), ni ne s'est auto-déréalisée. Londres tel quel en 1984 n'a pas rendu la dystopie *1984* caduque ; au contraire *2084* l'a réactualisé pour ainsi dire. Et *2084* pourrait bien être oublié dans dix ans que, en dépit de la réalisation éventuelle des « prédictions » de *2084*, aucune somme critique ou interprétative ne ferait de Sansal un futurologue ou nouveau Nostradamus, mais simplement, le cas échéant, un grand écrivain. Comme le précise le narrateur *2084* : « le symbole *1984* indiquait peut-être autre chose qu'une date » (Sansal, 2015 : 115). Le narrateur se fait discrètement double exégète d'Orwell et de lui-même, Sansal. Dès les premières pages, l'auteur indique :

> Le monde de Bigaye que je décris dans ces pages n'existe pas et n'a aucune raison d'exister dans l'avenir, tout comme le monde de Big Brother imaginé par maître Orwell, et si merveilleusement conté dans son livre blanc 1984, n'existait pas en son temps, n'existe pas dans le nôtre et n'a réellement aucune raison d'exister dans le futur (Sansal, 2015 : 11)

Ce qui est en jeu dans cet avertissement de Boualem Sansal, c'est à la fois l'indécidabilité d'une frontière entre fait et fiction et l'« autotélisme de la littérature ». C'est en effet cela la réalité de l'« autotélisme de la littérature » selon moi, à la fois ce principe d'autoréférentialité partagée et la capacité de la littérature à se penser comme littéraire, à être, pour finir, un miroir-facettes de Leroy Merlin, réfléchissant tout ensemble l'objet et la représentation de l'objet. En considérant que, dans l'usage que Lavocat en fait pour le nier, l'expression qu'elle n'explique ni ne commente est calquée de « l'autotélisme du langage poétique » de Jakobson (1960 : 356) : « The set (*Einstellung*) toward the message as such, the focus on the message for its own sake, is the poetic function of language[44] ». Il y a aussi, naturellement, de l'ironie dans cet avertissement. Le fait d'appeler le roman *1984* un « livre blanc » consiste à en souligner le caractère plus factuel que fictionnel, du point de vue de la fiction (nous avons précédemment traité de l'esthétique de l'inversion, nous revenons plus loin sur le phénomène de logique inversée). Dans *2084*, nous sommes en dehors de l'histoire, et le point de repère le plus historique est anhistorique, en ce sens que la référence orwellienne (*1984*) et son cadre (le vingtième siècle que l'on peut visiter dans un musée) y sont explicitement comme ayant chronologiquement précédé l'Abistan, l'histoire falsificatrice succède à l'histoire falsifiée, l'*abilang* même est une langue palimpseste créée sur les ruines de la novlangue (pour une raison qui m'échappe « novlangue », comme on le voit dans l'extrait qui suit n'est pas mis en italique. Ce que la logique de dérivation aurait pourtant commandé de faire). Ainsi Toz, autorité abistani, indique-t-il à Ati, à la toute fin de *2084*, la naissance de l'Abistan :

> C'est la langue dans laquelle était écrit le livre sacré qui a précédé le *Gkabul*... Une langue très belle, riche, suggestive... Comme elle inclinait à la poésie et à la rhétorique, elle a été effacée de l'Abistan, on lui a préféré l'*Abilang*, il force au devoir et à la stricte obéissance. Sa conception s'inspire de la novlangue de l'Angsoc. Lorsque nous occupâmes ce pays, nos dirigeants de l'époque ont découvert que son extraordinaire système politique reposait non pas seulement sur les armes mais sur la puissance phénoménale de sa langue, la novlangue, une langue inventée en laboratoire qui avait le pouvoir d'annihiler chez le locuteur la volonté et la curiosité. Nos chefs d'alors prirent pour base de leur philosophie les trois systèmes qui ont présidé à la création du système politique de l'Angsoc : « La guerre c'est la paix », « La liberté c'est

44 Extrait de l'une de ses communications les plus citées (en novembre 2018, 8980 citations dans les seuls résultats de Google scholar) : Jakobson, Roman. « Linguistics and poetics. » *Style in language.* MA : MIT Press, 1960. 350-377.

> l'esclavage », « L'ignorance c'est la force » ; ils ont ajouté trois principes de leur cru : « La mort c'est la vie », « Le mensonge c'est la vérité », « La logique c'est l'absurde ». (*2084* : 260)

Dans cet extrait qui aurait pu aussi être intercalé dans les premières pages du roman déjà certes encombrées d'informations, *2084* apparaît un long apologue et une fiction dérivée (*spin-off*) de *1984*. Certaines reprises naviguent entre pastiche et paraphrase. L'auteur, qui fait d'Orwell son maître, n'en sert pas moins son époque et les peurs de son époque. Une peur que l'on retrouve autant chez les « mécréants » qui reculeraient devant le péril islamiste que chez les croyants qui se soumettraient :

> Toujours cependant il [Ati] restait sur sa faim, avec des remontées subites d'angoisse et de colère [...] quel meilleur moyen que l'espoir et le merveilleux pour enchaîner les peuples à leurs croyances, car **qui croit a peur et qui a peur croit aveuglément.** (p. 28)

L'ironie de l'extrait est entière dans le passage que j'ai souligné. La peur ne concerne pas uniquement les croyants : François dans *Soumission*, n'est pas très exactement ce que l'on pourrait considérer un croyant ; les lecteurs même de contre-utopie, ceux dont les auteurs contre-utopiens retranscrivent les peurs, ne sont pas non plus des croyants.

L'espoir et le futur sont ainsi des fabriques de la peur, d'une « terreur omniprésente » (p. 46). La littérature est un art au seuil duquel nous suspendons l'incrédulité et au sortir duquel nous suspendons les croyances acquises à notre corps défendant, mais cette compartimentation est virtuelle et ce pacte d'incrédulité produit des effets au-delà de l'instant de lecture[45].

Il en découle que la fiction est créée *tabula rasa*, induite des faits certes, mais déduite de leur seule perception, d'un pacte de mensonge. Au reste,

45 Nous pouvons comparer cette notion de *trêve d'incrédulité* ou *suspension volontaire de l'incrédulité* dont les premières formulations sont dues à Horace ou Coleridge (en considérant comme fiable la page Wikipedia dédiée au concept), nous la comparons à une opération de suspension du *cogito* et d'activation d'un réel de l'imaginaire : *fingo ergo sum.* ou *Imagino ergo sum.* Plus que l'origine du concept de suspension d'incrédulité qui est souvent mobilisé par les théoriciens de la fiction, ce qu'il nous importe de souligner c'est le parallèle avec l'*épochè* husserlienne (le terme grec provient des philosophes sceptiques). Ce n'est pas pour la fiction que sa phénoménologie demande une adhésion provisoire mais pour la réalité extérieure. Ceci consacre le caractère provisoire, ponctuel, des frontières entre fait/histoire et fiction. L'incrédulité est une porte de saloon à deux battants sortants et rentrants. Enfin, la plongée en apnée, *i. e.* la lecture en circuit fermé, de l'œuvre de fiction produit des effets intellectuels qui demeurent au-delà de la trêve d'incrédulité.

la question de l'authenticité (plus pertinente dans l'historiographie que dans la critique littéraire), la question de l'authenticité, si nous choisissons de pousser plus loin le débat de la référentialité, ou plus exactement la « vériconditionnalité » (concept issu de la linguistique signifiant en l'occurrence les prétentions à la vérité de la fiction, ses références au monde) ne se pose qu'à des moments critiques de la vie de la fiction. C'est éventuellement une exigence de la critique de savoir les rapports au vrai et d'associer ou de mettre en relation l'œuvre avec le monde, ce n'est guère une préoccupation de l'auteur ni dans l'intérêt du lecteur non professionnel d'en faire une clause suspensive de son pacte de mensonge.

Je m'appelle Éric Essono Tsimi, mais quand je signe Éric Tsimi, je créé une fiction de moi-même qui n'est contestée de personne. Quand, venant à considérer mon passeport, un agent d'immigration américain lirait Éric Martial Essono Tsimi, il pourrait se poser la question de l'identité d'Éric Tsimi qui a signé avec ses seules initiales E. T. Une fois le procédé justifié par simple intermédiation logique, la fiction sera passée et ne sera remise en question qu'à l'occasion d'une crise, un événement, une vérification d'identité, à l'occasion d'une hypothèque lourde qui grèverait la réalité officielle/institutionnelle ou mentale/psychique et empêcherait de penser notre identité[46].

Hors un tel incident tiré d'une expérience personnelle, et naturellement d'une grande étroitesse, la fiction de moi-même fera foi, sera partie au réel et produira des effets concrets. Le rapport avec la fiction littéraire est sans doute indécis mais reste édifiant dans la détermination de la portée anthropologique de la théorie de la fiction, en ce qui concerne ses orientations récentes ici examinées, qui rejettent l'identification de la fiction à la réalité.

Nous sommes désormais fixés sur les caractéristiques génériques de la contre-utopie et les interrogations qu'elle pose aux théories de la

46 Lavocat (2016 : 120), en réutilisant la formule de Lacan (1986 : 22) sur l' « impossibilité du réel » et le « réel impossible » dans la foulée de la publication de *Logique de la fiction* de Philippe Sollers (1968) introduit des concepts intéressants qui pourraient être développés dans un cadre de recherche plus ambitieux, ceux notamment d'idéalisme et d'utilité. Lesquels seraient selon Lacan producteurs de fiction mais ne s'opposent pas à la réalité. En partant de l'hypothèse que l'esprit de décadence, tel que décrit, ou bien le déclinisme, est un idéalisme inversé, nous pouvons utilement réévaluer l'art poétique contre-utopique suivant les mêmes grilles lacaniennes. Lesquelles supposeraient aussi un réexamen des thèses de Jeremy Bentham. « Les fictions de poésie sont dénuées d'insincérité », c'est-à-dire selon une première approximation qu'elles se situent au-delà des catégories du vrai et du faux.

fiction qui s'intéressent aux catégories, aux frontières. L'analyse croisée de *Soumission* et *Les Événements* a révélé les mêmes constantes d'hybridation entre des fictions relevant du roman d'idées (ou roman à thèses), du roman-concept (visant chez Rolin à l'exploration de la carte et du territoire français) et de l'histoire contrefactuelle du présent (on le verra chez Sansal). L'autre trait distinctif mis en lumière est leur focalisation francodiégétique pour ainsi dire, leur focale ethnocentrée (civilisation, nation, communauté, ou souche qui dépérit)[47].

Les titres de Rolin et Houellebecq (ou Sansal qui sera plus amplement traité dans le chapitre restant) associent une dimension didactique avérée et une certaine conscience de leur statut d'œuvre littéraire[48], ils revendiquent une inscription dans le temps long, tout en étant surtout des littératures conditionnées (*zeitgeist*).

Dans le dernier chapitre, nous voyons notamment comment la contre-utopie s'approprie les sens, les signes et les significations et trouve une capacité à investir les marges de la littérature, à travers le roman à succès de Boualem Sansal, *2084*, que l'auteur lui-même résume en ces mots :

> *2084* raconte l'histoire de Ati qui vit dans un environnement fermé et incompréhensible. Ati est le personnage et c'est lui qui introduit le roman. Au fil des pages, les lecteurs sont invités à le suivre tout au long de ses péripéties qui confèrent au récit une dimension romanesque et fictionnelle. Ati est né dans le système de l'Abistan. Il ne sait rien de la révolte et de la liberté. Il n'est jamais sorti de son quartier jusqu'au jour où à cause de sa maladie (tuberculose), il est envoyé dans un sanatorium. Dans ce lieu, il rencontre des populations dont il ne soupçonnait pas l'existence : des pèlerins qui racontent des histoires bien étranges ; il découvre l'existence de caravanes qui alimentent le sanatorium et disparaissent aussitôt. Tout ce qu'il entend et voit l'incite à la réflexion et au questionnement. Comme Ève, Ati est le candide qui trouve des voies. C'est lorsqu'il prend conscience qu'il découvre la peur, les interdits, les ghettos, les frontières et toute l'incohérence du système. Il n'a aucun élément pour répondre aux questions qu'il se pose dans le sanatorium. Lorsqu'à sa guérison il quitte le sanatorium il est très content de retourner

47 Dans un entretien au journal The Guardian, mis en ligne en décembre 2017, l'écrivain pakistano-britannique Mohsin Hamid, auteur du roman *Exit West* (2017) explique que les nations occidentales se tribalisent. La notion d'ethnocentrisme (quoique ne se référant pas uniquement à l'ethnie ni aux groupes sociologiques n'osant pas se prévaloir de l'appellation de nation, peuple ou civilisation) est particulièrement appropriée.

48 Contra : Hamon (1993 : 14) : « le vraisemblable d'une fiction ; c'est donc ne pas faire de littérature » Hamon, Philippe, *Du descriptif*, Paris, Hachette, [1981] 1993.

> chez lui. Mais sur le chemin du retour, il fait la connaissance de Koa, fils de dignitaires. Contrairement à Ati, Koa est lettré et connaît parfaitement les rouages du système. Il a fait l'expérience de la révolte et est allé vivre dans les banlieues misérables (les ghettos). Les deux personnages se complètent : Ati a l'expérience de l'Abistan alors que Koa a une expérience intellectuelle. C'est lorsqu'ils se rassemblent qu'ils commencent à construire un processus de transgressions comme par exemple, l'accès aux ghettos[49].

Il sera question de dédain de la littérature (autodétestations et haines réciproques) et de postlittérature. Qu'est-ce que la postlittérature ? Cette mode ancienne d'une littérature antilittéraire, qui se moque de littérature et l'a en « horreur » (Drieu de la Rochelle). La querelle des Anciens et des Modernes plaçait déjà, à la fin du XVIIe siècle, la littérature dans un débat postlittéraire avant la lettre. En quoi est-il pertinent dans l'analyse des tendances récentes du roman français ?

49 Rencontre avec Boualem Sansal, « 2084. La fin du monde », Entretien conduit par Nadia Agsous, publié le 10 août 2015. http://www.lacauselitteraire.fr/rencontre-avec-boualem-sansal-2084-la-fin-du-monde. Consulté le 10 septembre 2018.

LA FIN DU MONDE, LA SUITE DE L'HISTOIRE

> Suivant mes idées, peut-être un peu chimériques dans ce siècle, les beaux arts ne devraient jamais chercher à peindre les malheurs inévitables de l'humanité.
> Salon de 1824, *Écrits sur l'Art*. Baudelaire au sujet de Manet qui aurait oublié selon lui de peindre l'idéal.

> Je ne dis pas ce qui va arriver, lui non plus [Boualem Sansal], je dis ce qui fait peur aux gens [...] Donc m'accuser d'exploiter une peur c'est vrai. Je repère l'existence d'une peur dans la société et je la retranscris.
> Michel HOUELLEBECQ, On n'est pas couché, France 2, 29 août 2015.

L'homogénéité (la cohérence et la cohésion) de notre objet est assurée, on le voit, par le soubassement du désespoir, l'attention commune au temps long et à l'événement (l'instant, les faits et leur enchaînement), le mythème de la décadence, et la peur. Non pas la peur comme supplément de *Sérotonine* ou de dopamine (hormone du plaisir), ni comme ingrédient des romans de genre (thriller ou science-fiction par exemple) encore moins comme pourvoyeuse d'émotions, celle-là procédant surtout d'une culture du divertissement et d'un rapport simpliste à la littérature, la peur plutôt comme critère d'intranquillité, comme marqueur de crise, comme facteur d'impuissance et donc de soumission, sous la bannière méthodologique de la dramatisation (synonyme en l'occurrence de fictionnalisation). Il y a dans ces usages tout juste énumérés une

« heuristique de la peur », et par suite la substance du potentiel écocritique de toutes les contre-utopies. Nous revenons sur cette expression plus loin et sur son importance dans la poétique contre-utopique ; mais ancrons d'ores et déjà l'orientation annoncée dans les romans examinés : « la foi commençait par la **peur** et se poursuivait dans la **soumission** » (*2084* : 177).

Chez Houellebecq, le mot « soumission » est posé à la fois comme un pronostic et comme un diagnostic ; chez Sansal, le mot a les mêmes fonctions pronostique et diagnostique et apparaît d'ailleurs en quatrième de couverture de *2084*, qui vaut d'abord par la qualité de sa langue et l'acharnement parodique de l'auteur. *2084* ne réinvente pas *1984*, il ne l'adapte ni ne le pastiche à vrai dire, il l'exploite, pour un résultat mitigé, car son texte garde de sa superbe sans l'hypotexte. Lire *2084* avec *1984*, c'est avoir le sentiment qu'il s'agit presque, dans le premier, de truquage et de montage narratif, et l'inventivité réside dans la méticulosité à décrire le péril islamiste de l'intérieur et par le menu, en se fondant sur des grilles pré-existantes. Kaoutar Harchi titre sévèrement le dernier chapitre de son essai (2016) : « Boualem Sansal : Un accommodement à la domination littéraire ? La reconnaissance au prix de la radicalité ». Cette citation traduit un sentiment persistant d'une connivence ou une alliance objective entre Boualem Sansal et les courants islamophobes en France. Au point que l'écrivain algérien est parfois perçu comme un sauveur par ceux qui croient en un péril islamiste :

> Nous sommes donc pris au piège d'un double déni : un déni occidental qu'incarnent nos dirigeants et qui vise à détourner de l'islam toute responsabilité, lequel facilite un déni musulman auquel échappent quelques rares figures valeureuses comme Boualem Sansal et Kamel Daoud. (Tribalat, 2015 : 147)

Il n'hésite pas en effet à s'opposer depuis des années à l'arabisation de l'enseignement (sa critique de l'*abilang*, dans *2084* témoigne de l'actualité et de la vitalité de son combat pour la primauté du français). Il est toujours prêt à poser avec des intellectuels sulfureux. L'on se souvient de sa signature aux côtés notamment d'Alain Finkielkraut d'un manifeste « contre le décolonialisme », publié dans *Le Point*[1], et l'année d'avant,

1 *Le « décolonialisme », une stratégie hégémonique : l'appel de 80 intellectuels*, publié le 28 novembre 2018. Consulté le 15 décembre 2018. https://www.lepoint.fr/politique/le-decolonialisme-une-strategie-hegemonique-l-appel-de-80-intellectuels-28-11-2018-2275104_20.php

en 2017, de son implication sous forme de lettre publique, dans le procès intenté à Georges Bensoussan par le Collectif contre l'Islamophobie en France et d'autres associations comme SOS racisme, la Ligue des droits de l'homme, et la LICRA : « Les propos que l'on reproche à Georges Bensoussan en France font partie des propos que je tiens quasi quotidiennement en public en Algérie. » (Sansal, 2017)[2]. Son entretien à *L'Humanité* en octobre 2015 contient également une phrase commentée dans les chapitres liminaires et caractéristique de la rhétorique décliniste de Finkielkraut, Houellebecq ou Onfray par exemple : la décadence sous nos yeux. Boualem Sansal affirme : « Je raconte une histoire qui, au demeurant, est en train de devenir vraie sous nos yeux[3] ».

Pendant la promotion de *Soumission*, Houellebecq, à plusieurs reprises, a mis en avant Sansal. Le régime de l'Abistan, un oppressant huis clos à ciel ouvert, un univers écrasant constitué de soixante provinces, s'appuie en effet sur « la soumission » (plusieurs occurrences dans le roman). La fable politique se veut alors transfictionnelle et, chez l'auteur de *Le Train d'Erlingen* (2018), découle de la même dynamique satiriste houellebecquienne. Car ce ne sont pas l'adhésion libre à des idées ni la foi en Dieu qui font l'objet de leur critique sociale, mais plutôt les « certitudes imposées » (quatrième de couverture de *2084*). Le Dieu révélé préoccupe moins les auteurs contre-utopiens que le dieu imposé. La minuscule du « dieu unique » n'est, du reste, sûrement pas une négligence typographique. D'ailleurs, dans *Soumission*, François suit son ambition, à savoir la perspective d'une promotion, il adhère à un régime plutôt qu'il ne souscrit à une croyance religieuse.

Il y a un parallélisme des formes poétiques qui transparaît dans leurs mondes contre-utopiques et leur « imaginaire générique[4] ». Par exemple nous avons relevé une dynamique de génération de prototypes, par mobilisation du même imaginaire symbolique : dans *2084*, le narrateur

---

2 Il prend fait et cause pour l'historien Bensoussan, accusé d'incitation à la haine et relaxé en première instance comme en appel. Sansal, Boualem, « Lettre de Boualem Sansal lue à l'audience du procès », *Cités*, vol. 70, n° 2, 2017, p. 171-174.

3 Boualem Sansal, « L'anticipation est un genre littéraire très puissant », Entretien réalisé par Muriel Steinmetz, publié le 10 octobre 2015, consulté le 10 janvier 2018. https://www.humanite.fr/boualem-sansal-lanticipation-est-un-genre-litteraire-tres-puissant-585390

4 Pour un approfondissement de cette notion, on pourra consulter Mellier, Denis, « Steampunk. Transfictionnalité Et Imaginaire Générique (Littérature, Bandes Dessinées, Cinéma) », *René Audet et Richard Saint Gelais, La Fiction, suites et variations*, Québec et Rennes, Nota Bene et PUR (2007).

évoque la « Juste Fraternité » (inspirée certes de La Fraternité dans *1984*), dont les 40 Honorables entourent le Grand Commandeur et organisent la vie administrative chez les Abistani (les habitants d'Abistan), alors que dans *Soumission* la « Fraternité musulmane » prend le pouvoir face au Front National.

> le Système était parfaitement accepté, parce qu'il était inspiré par Yölah, conçu par Abi, mis en œuvre par la Juste Fraternité et surveillé par l'infaillible Appareil et enfin revendiqué par le peuple des croyants pour lequel il était une lumière sur le chemin de la Réalisation finale (p. 85).

L'atmosphère chez Sansal évoque, dans un style à peine différent (malgré un didactisme pesant) de Rolin et Houellebecq, le même climat de lutte armée.

> Des années durant, des décennies entières, tout le temps qu'a duré la guerre et longtemps après, des gaillards se sont employés à ramasser les cadavres, à les transbahuter, les empiler, les incinérer, les traiter à la chaux vive, les enfouir dans les tranchées sans fin, les entasser dans les entrailles de mines abandonnées [...] (p. 20)

Chez Sansal aussi l'on a affaire à une fable ou un conte moral et philosophique (l'intertexte voltairien traverse des scènes comme des phrases), avec un personnage central, Ati, qui tient à la fois d'une sorte d'Arabe errant si l'on ose l'analogie, de héros picaresque, de nouveau Candide, pour qui « la religion, c'est vraiment le remède qui tue » (p. 247), qui va se faire soigner sa tuberculose dans les montagnes. Ayant indiqué que Boualem Sansal était un polémiste, il aurait fallu ajouter que c'est un écrivain courageux qui affronte le mépris de nombreux de ses compatriotes algériens. Il vit à environ soixante kilomètres d'Alger, pratiquement dans la gueule du loup islamiste.

Alors que sa description de l'Islam est la plus « clinique », alors que ses références à la religion sont les plus claires et les plus systématiques, jamais il ne nomme explicitement « Islam » et « islamisme ». En fait aussi évidentes que paraissent les allusions à l'Islam, elles peuvent être contestées, il s'agit d'un monde post-djihad, peut-être une religion nouvelle qui serait un agrégat de tous les extrémismes religieux, la Cité de Dieu étant d'ailleurs une référence chrétienne. L'islam et l'islamisme ne sont donc dits qu'à travers des trouvailles langagières cocasses (ce qui a été appelé plus haut l'ironie du désespoir), à l'interprétation desquelles nous n'avons pas totalement accès (étant donné l'importance de l'intertexte culturel coranique), mais qui ne ferment pas non plus la compréhension de l'œuvre. Un public passablement cultivé perçoit les usages paronymiques et parodiques de l'intertexte islamique, mais les décryptages des pratiquants de cette religion restent précieux. Ainsi de cette jeune chercheuse algérienne qui souligne que :

> Les analogies sont innombrables : Allah est devenu Yölah, la Kiiba occupe un rôle similaire à celui de la Kaaba, Chitan est Shaytan (le diable), Qodsabad est la ville sainte (Jérusalem est al-Qods en arabe), les femmes sont dissimulées sous un burniqab (le niqab) et vivent recluses, les stades sont des lieux d'exécution (comme en Afghanistan), un vieillard se marie avec une fillette de neuf ans (*cf.* Mahomet), le rihad est le djihad, le Jobé le jour bénni(la Djomoâ), le vendredi. La religion est basée sur un calendrier lunaire avec des chamailleries similaires à celles qui surgissent chaque année pour la détermination du début du Ramadan, le vert est la couleur de la religion, etc. sans oublier les Makoufs, allusion aux koufars (les incroyants en arabe). (Guendouz, 2017 : 33)

Nul besoin de nommer la bête quand dès son premier roman *Le serment des barbares* (1999) sa cible est identifiée. Idem, dans *Le village de l'Allemand* (2007) où l'islamisme et le nazisme sont mis sur un même plan. Au point que lors de la parution de son plus récent roman (2018), le journaliste du Nouvel Obs, David Cagliogli, dans un article intitulé « L'anti-islamisme, c'est sympa pendant 50 pages… » a eu cette réaction de l'enfant qui a eu sa dose, en a soupé à satiété de l'anti-islamisme et des obsessions d'écrivain de Sansal :

> Chez Sansal, l'anti-islamisme envahit tout, et égorge tout ce qui n'est pas anti-islamiste. « 2084 », son best-seller de l'année 2015 (300 000 exemplaires), était pareil : incroyablement anti-islamiste et incroyablement ennuyeux. On soupçonne ceux qui l'ont acheté d'avoir lu quelques chapitres par anti-islamisme, puis de l'avoir vite reposé. L'anti-islamisme, c'est sympa pendant cinquante pages. Après, on a compris. On aimerait lire un roman[5].

Le journaliste ajoute, impitoyable, une critique que ne renieraient pas les islamistes et ceux qui dans le Maghreb n'apprécient pas l'auteur :

5 « L'anti-islamisme, c'est sympa pendant 50 pages… On a lu le nouveau Boualem Sansal », David Caviglioglì, publié le 10 octobre 2018, consulté le 20 décembre 2018 : https://bibliobs.nouvelobs.com/critique/20180926.OBS2981/l-anti-islamisme-c-est-sympa-pendant-50-pages-on-a-lu-le-nouveau-boualem-sansal.html

> Sansal prend le risque de devenir le romancier de la paranoïa anti-immigrés. Il le sait. Il s'en moque. Il dit ce qu'il a à dire. Ça nous va. On aimerait qu'il le dise mieux. Si la seule résistance à l'islamisme, c'est de lire des romans soporifiques sur l'islamisme, à quoi bon résister.

Le reproche n'est pas nouveau. Mais je dois à l'exactitude de mentionner que les moments d'action traversent bien *2084* (pour nous en tenir à ce roman), parsèment son écriture et son académisme (la correction de la langue supplantant parfois la beauté du style). Je vais, pour l'exemple, dérouler dans toute sa longueur une de ses phrases marathon mais caractéristiques. Notre refus de la couper au montage, de la résumer, suit et illustre la technique de l'auteur de *Gouverner au nom d'Allah. Islamisation et soif de pouvoir dans le monde arabe* (2013) qui fait courir à perdre haleine des phrases-événements, empilant les mots comme Rolin (2015) amoncelait des morts. Ses phrases explosent, se déchiquètent, s'entassent comme des décombres d'un paysage piégé, en une phrase, dans une effroyable conflagration. Les expressions, les épithètes surtout, sont littéralement extraites des réalités imaginées que le lauréat du Grand Prix du Roman de l'Académie française veut restituer. La trajectoire de la phrase exposée non seulement raconte mais encore représente une scène de guerre, tient en des lignes compactes, fourmillantes, segmentées en virgules, parenthèses, deux points, césures, traits d'union conditionnels en fin de ligne, et mots coupés et saignants, au détriment de points et de retours à la ligne qui auraient pu pacifier la justification et l'allure de la mise en page. La composition semble conçue exprès pour faire rentrer le lecteur dans ce chaos, cette guerre.

> La guerre fut longue, et plus que terrible. Ici et là, et à vrai dire partout (mais sans doute plusieurs sont-ils venus ajouter à la guerre, séismes et autres maelströms), on en voit les traces pieusement conservées, arrangées comme des installations d'artistes portées à la démesure solennellement offertes au public : des pâtés d'immeuble **éventrés**, des murs **criblés**, des quartiers entiers **ensevelis** sous les gravats, des carcasses éviscérées, des cratères gigantesques transformés en dépotoirs fumants ou marécages **putrides**, des amoncellements hallucinants de ferrailles tordues, **déchirées**, fondues, dans lesquelles on vient lire des signes et, en certains lieux, de vastes zones interdites, de plusieurs centaines de *kilosiccas* ou *chabirs* carrés, **ceintes** de palissades grossières aux lieux de passage, **arrachées** par endroits, des territoires nus, **balayés** par des vents glacés ou torrides, où il semble s'être produit des événements dépassant l'entendement, des morceaux de soleil **tombés** sur la planète, des magies

> noires qui auraient déclenché des feux infernaux, quoi d'autre, car tout, terre, rochers, ouvrages de main d'homme, est vitrifié en profondeur, et ce magma irisé émet un grésillement **lancinant** qui hérisse le poil, fait bourdonner les oreilles, affole le rythme cardiaque. (p. 19)

J'avais annoncé une phrase, vous en avez lu deux. La première ne couvre que la moitié d'une ligne et fait huit mots. Cette première phrase, par rapport à la phrase-scène-de-guerre annoncée, a ainsi une fonction d'exposition, c'est une vitrine jouant le rôle-titre, elle est au passé simple, quand la scène est, elle, actualisée, dite au présent : « La guerre fut longue, et plus que terrible ». La phrase subséquente que nous analysons est véritablement « longue, et » syntaxiquement « plus que terrible » !

Dans l'expérience esthétique de *2084*, l'accord grammatical paraît parfois un désaccordement (au sens d'écart), à la limite de l'accord par syllepse (accord selon le sens, la logique, plutôt que les règles grammaticales strictes) : notons que les épithètes n'y qualifient pas toujours les noms qui les précèdent directement (*tombés, ceintes, arrachées*). Au fur et à mesure que nous lisons et décodons les unités de cette phrase, nous procédons nous-même à la rectification, à l'ajustement qu'il faut pour adapter notre compréhension au sens réel, nous accordons le sens précis de ce texte avec les textes qui lui ont *pavé le chemin*, si l'on me passe cet anglicisme. Cette phrase sansalienne au long cours, cette structure gigogne, permet de tisser entre les mots des réseaux de sens qui préservent une certaine unité aux démembrements de la phrase. Ces conditions esthétiques de concordance intratextuelle suivent une logique de liste et d'énumération. Les descriptions sont anaphoriques, explicites ou elliptiques et présentées avec une certaine monotonie stylistique dans un contexte intraphrastique. L'anaphore est surtout opérée ici à partir d'un déterminant, l'article indéfini « des » placé après les deux points qui font faire à l'auteur l'économie de syntagmes nominaux ou prépositionnels.

L'analyse d'une seule phrase, choisie pour ses propriétés stylistiques, caractéristiques des fictions de notre corpus, fait ressortir le même jeu anaphorique factuel que celui identifié chez Houellebecq. Au-delà de l'anaphore factuelle, il y a un mécanisme anaphorique sous-jacent par reprise d'adjectifs qualificatifs synonymes ou relevant du même champ lexical, (revoir supra les qualificatifs mis en italique). Ledit mécanisme est projeté par une actualisation lexicale (en anaphore de référence ou sens) ou par une actualisation sémantique (implicite ou elliptique). La reprise anaphorique factuelle de l'accord intratextuel entre les deux constituants doubles identifiés : la phrase-titre et la phrase-événement d'une part et les périodes ou signes de ponctuation à l'intérieur de la même phrase d'autre part. Dans la seule phrase-titre, il y a déjà une anaphore implicite, en raison de l'existence de cette virgule, à laquelle succède une référence implicite à la guerre : La guerre fut longue, et plus que terrible = la guerre fut longue, et [la guerre] fut plus que terrible. Cette anaphore est déterminée et configurée par la concordance à un réseau transfictionnel contre-utopique et par les sources ou conditions telles que la monosémie de la répétition verbale, autrement dit l'identité rigoureuse du syntagme verbal « fut ». En sus des verbes, les adjectifs qualificatifs : la cohérence des épithètes reprises dans les différents segments, entre elles et par rapport au sujet traité est incontestable (longue = terrible). Cette anaphore inaugurale culmine dans une hyperbate, dont la fonction rhétorique est « d'exprimer une violente affection de l'âme » (Littré). Quant à l'hyperbate, c'est « une figure de rhétorique par laquelle on ajoute un syntagme à la fin d'une phrase qui semblait se terminer. L'accent affectif tombe sur ce rajout qui, par sa position même, se trouve souligné : "Il était beau, hein, Narcisse ? et distingué !" » Entrée *Hyperbate* de Véronique Klauber, (1997 : 367) dans le *Dictionnaire des Genres et notions littéraires.* Autre exemple d'hyperbate : La guerre fut longue, et **plus que terrible**.

Ce sont quelques-uns des ingrédients qui constituent les anaphores sur lesquelles les phrases examinées sont formées. L'analyse de l'écriture sansalienne complète le dispositif décrit précédemment chez Houellebecq et Rolin, dans leurs phrases-champ-de-mines, escarpées et sans fin.

Le climat émotionnel de l'hostilité et de la peur vous saisit à la gorge, dès que vous franchissez les premières pages de *2084*. Le champ sémantique de la guerre, le champ lexical de la peur, présents et déployés chez Houellebecq et Rolin, atteignent leur acmé, leur plus haute expressivité chez Sansal. Le repérage des hypogrammes intertextuels de la peur et l'arpentage des techniques d'intégration des symboles de la grandeur culturelle de la France ont été précédemment menés. Le ruissellement de l'actualité dans les coupes de la fiction contre-utopique a été établi. Loin d'être une notation décorative ou fortuite, les exergues et l'autoreflexivité de ces œuvres successives ont permis de comprendre leur esthétique.

Plusieurs références sur lesquelles nous ne nous attarderons pas toutes sont donc partagées avec Houellebecq. Par exemple, quand l'écrivain algérien reconnaît dans un entretien avec *La Cause Littéraire* : « J'ai effectué des recherches pour comprendre le modèle iranien, mais j'ai découvert qu'on disposait de très peu d'informations relatives au fonctionnement interne de l'organisation qui entoure Ali Khamenei », il me revient à l'esprit l'épigraphe dans *Soumission* de ce même Khamenei. On peut aussi citer un « télescopage intertextuel », la date « 2022 » qui renvoie à *Soumission* et est citée comme année de grande catastrophe dans *2084* :

> Tout était visible de chez prévisible mais ceux qui disaient « jamais ça » et ceux qui répétaient « Plus jamais ça » n'étaient pas entendus. Comme en 14, comme en 39, comme en 2014, 2022 et 2050, c'était reparti. Cette fois, en 2084, c'était la bonne. L'ancien monde avait cessé d'exister et le nouveau, l'Abistan, ouvrait son règne éternel sur la planète (Sansal, 2015 : 250)

L'histoire se répète, comme l'annonce le pléonasme détourné introductif de cet extrait « visible de chez visible / visible de chez prévisible » (un solécisme, une hérésie linguistique en soi qu'une telle expression, mais l'usage en est manifestement ironique), puis « Jamais ça / plus jamais ça » et l'anaphore « comme ». 2084 chez Sansal n'est pas plus, dans le fond, malgré « les guerres saintes et les holocaustes nucléaires » (p. 250), n'est pas plus la fin du monde que 2022 chez Houellebecq n'était la fin de l'Histoire. La vie dans tous les cas continue, avec cet usage paradoxal de l'intertexte chrétien : « La cité de Dieu » qui advient en 2084 rappelle dans sa dénomination l'œuvre de saint Augustin écrite à la suite du sac (pillage) de Rome en 410 par les « tribus barbares » et marquant le déclin de l'empire romain d'Occident.

Nous avons discuté dans le chapitre précédent des arts de mourir (selon l'expression de Michel de Certeau qui fait écho à la définition citée en introduction, la définition de la décadence par Verlaine comme « l'art de mourir en beauté ») et des jeux d'épouvante, des jeux de se faire peur, comme on dit les *jeux de faire-semblant*. Toutes ces caractéristiques partagées ont été présentées jusque-là comme des prémisses structurantes de création de sens : elles règlent (régulent) la production de contenus contre-utopiques.

CONTRE-UTOPIE ET APPROCHES ÉCOCRITIQUES

Ouverte à la communication transdisciplinaire, la littérature irrigue plusieurs courants des humanités contemporaines et des sciences sociales (linguistique, sciences cognitives, histoire, psychologie, sociologie, anthropologie). Au-delà de la transfictionnalité dont *Soumission*, *Les Événements*, et *2084* sont des vecteurs, les œuvres considérées parlent d'autant plus d'elles (et de leurs auteurs) qu'elles nous entretiennent des fins : les leurs (les œuvres en soi et la littérature en général) et les nôtres (attentes fonctionnelles) ; les fins vers lesquelles nous tendons en tant qu'humain et celles qui attendent l'humanité. La métaphore stendhalienne du miroir suggérait de manière heureuse que ce que la littérature montre surtout, c'est ce qu'elle reflète (laisse voir).

Posons ces deux prémisses. D'un : dans les premières pages du chapitre introductif de cet essai, je citais Yannick Rumpala (2015) qui parlait des littératures se servant du matériau du futur comme étant des littératures « à potentiel heuristique ». La contre-utopie en tant que telle est investie des mêmes potentialités heuristiques, démonstration en en a été faite. De deux : plus haut dans ce chapitre conclusif, il était question des usages et de la captation de l'angoisse et de l'anxiété (doublon étymologique en ce sens que les deux mots ont une même origine)[6], traduites comme étant des peurs. Boualem Sansal (comme Michel Houellebecq ou Jean Rolin) ne résiste pas à la tentation de soumettre et faire tomber virtuellement la France, quand par exemple il décrit le « prestigieux et gigantesque musée appelé Louvre ou Loufre, qui avait été saccagé et rasé lors de la première Grande Guerre sainte » (*2084* : 240) au cours de laquelle la France avait été annexée. Il décalque systématiquement George Orwell, sans que le but de la manœuvre, la pertinence de l'annexion de l'univers orwellien, soit toujours évident. Nous relisons *1984* avec Sansal, avec le sentiment d'être rentré dans le futur à reculons, et aussi d'être tombé dans une nuit noire technologique, comme chez Houellebecq, le religieux écrase tout : l'influence

6 Le mot colère auquel est souvent associée la peur (e. g. « des remontées subites d'angoisse et de colère », p. 28) dans *2084*, a la même origine étymologique, en anglais que angoisse et anxiété : *anger/anguish*.

des GAFA (géants du Web) et des milléniaux leur est inconnue, la mémoire collective est confisquée, les livres n'existent plus (mis à part les livres sacrés et les Archives dont Nas est le garant), la résurgence de maladies qu'on croyait éradiquées comme la peste, la tuberculose, la lèpre, la banalisation de la mort, et le pèlerinage religieux devenu seul motif valable pour voir du pays.

En outre, quand le narrateur de *2084* évoque le régime de l'*Angsok* qui désigne, dans *1984*, le socialisme anglais, c'est pour décrire un sentiment de terreur :

> Il saurait que le seul pays qui avait résisté aux forces de l'Abistan, parce que gouverné par un dictateur fou nommé Big Brother qui avait balancé dans la bataille tout son arsenal nucléaire était l'Angsoc… Ou l'Ansok, mais au final il était tombé et avait été noyé dans son propre sang (p. 240).

Ce passage interpelle parce qu'il s'inscrit dans la foulée des notations étymologiques sur la peur… L'Angsoc (ou l'Ansok) a une parenté étymologique ou en tout cas euphonique avec l'*anguish*, l'angoisse, l'anxiété, la peur.

Ces deux prémisses nous autorisent à remobiliser Yannick Rumpala (2018) et à rapatrier, sous son autorité, « le principe de responsabilité » (1979, 1990) dans la science littéraire. L'essai éponyme du philosophe Hans Jonas a connu des applications juridiques, sociales, ayant essentiellement trait aux politiques d'écologie et de développement durable. La question de « la responsabilité de l'écrivain » (Sartre, 1998 ; Sapiro, 2011) n'est quant à elle ni strictement originale ni particulièrement pertinente dans son acception usuelle d'engagement dans la vie de la cité, d'engagement dans son environnement. La contre-utopie comme « la science-fiction peut fournir un support utile pour élargir ou compléter des réflexions déjà plus ou moins engagées, voire pour en amorcer de nouvelles. »

> La science-fiction a peut-être l'avantage d'avoir anticipé le mouvement. Ces enjeux écologiques, elle a déjà contribué à les mettre en scène dans des anticipations fictives et, très probablement, ils y seront plus souvent présents comme des rappels récurrents des situations dégradées qui sont en train d'être produites. Avec ses récits qui sont autant d'expériences de pensée, la science-fiction peut fournir un support utile pour élargir ou compléter des réflexions déjà plus ou moins engagées, voire pour en amorcer de nouvelles. Quels gains la science-fiction pourrait-elle apporter à ce que Hans Jonas avait

> appelé une « éthique du futur » ? Autrement dit, comme l'a ajouté Jean-Pierre Dupuy, « non pas l'éthique qui prévaudra dans un avenir indéterminé, mais bien toute éthique qui érige en impératif absolu la préservation d'un futur habitable par l'humanité ». (Rumpala, 2018 : 157)

Ce qu'il y a d'inédit dans les approches écocritiques nouvelles réside dans ce qui est connu comme étant « l'heuristique de la peur », entendue comme un « recours à l'imagination comme d'un moyen permettant d'anticiper l'expérience du mal futur[7] ». Suivant *le principe de responsabilité* dont l'heuristique de la peur est une modalité, l'anticipation de la menace est un « pronostic qui naît du savoir qui procède de ce contre quoi il faut se protéger[8] ». Mais pour que cette anticipation soit efficiente, il faut, selon Hans Jonas, avoir peur, se laisser affecter par la crainte (une distinction existe entre crainte et peur chez le philosophe, ignorée à dessein. J'utilise ces deux mots de façon indifférenciée dans le cadre de mon étude), craindre ce qui peut arriver, l'émotion est alors intellectuelle. L'approche contre-utopique a une dimension écocritique parce que l'expérience esthétique face aux périls politiques et religieux relève d'une heuristique de la peur, théorisée sous forme de principe de précaution. Le désir de consolation dans l'art (Novak-Lechevalier, 2018), la quête de guérison par la fiction (Gefen, 2017) sont des aspects fondamentaux des littératures contemporaines et constituent au sens de notre approche les utopies de la contre-utopie[9]. Peut-être le lecteur a-t-il davantage peur des discours politiques lénifiants, il voudrait avoir les peurs de ses peurs, parce qu'il veut mener les combats qu'il s'est choisi, affronter les dangers qu'il a identifiés voire construire ses propres réalités (théories du complot, *fake news*).

L'approche écocritique est par ailleurs justifiée par cette hypothèse d'Ari Blatt (2019 : 184-185) que j'aurais pu également, pour une cartographie plus actualisée de l'état de la recherche, placer en introduction de cette monographie, à la suite des mentions de Gefen, Lavocat, Attalah

---

7 Jelson Oliveira, « Le statut heuristique de la crainte dans la réflexion éthique de Hans Jonas », *Alter* [En ligne], 22 | 2014, mis en ligne le 01 décembre 2017, consulté le 05 février 2019. URL : http://journals.openedition.org/alter/306 ; DOI : 10.4000/alter.306.

8 Hans Jonas, *Le principe responsabilité : une éthique pour la civilisation technologique*, trad. Jean Greisch, Paris, Champs essais, 1995, p. 66.

9 Sur un sujet proche et pour un raisonnement complémentaire, consulter Gens, Jean-Claude, « De l'éthique de la responsabilité à l'esthétique de l'émerveillement », *Transversalités*, vol. 139, nº 4, 2016, p. 65-79.

et d'autres. Le professeur Blatt estime en effet que la plupart des romans contemporains relevant des récits topographiques (récit dans lequel le lieu, l'espace, ou le territoire sont une clé d'entrée et compréhension de l'œuvre), au nombre desquels Jean Rolin (2015) et Michel Houellebecq (2010) – auxquels nous pourrions ajouter les derniers Michel Houellebecq (2019) et Pierre Jourde (2019) – se distinguent par une intention diagnostique de la France (« état des lieux », « traversée du territoire »). Spécialiste de l'esthétique paysagère (paysagiste ?) et de l'investissement spatial dans la littérature française surmoderne, Blatt estime que :

> topographic narratives are so numerous because they fill a gap left by a literary culture dominated, as I see it, by two trends that tend not to reflect very much on the state of things in contemporary France at all : namely, a popular form of inward-looking life-writing (from Annie Ernaux and Christine Angot to Delphine de Vigan and [...] Texts that traverse and engage the territoire head on, on the other hand, seem to respond to an implicit desire and demand for works that do precisely that, and in doing so provide a kind of national état des lieux.

Mon approche se situe dans la seconde articulation de cette typologie sommaire, dans cet état des lieux littéraire, ou, pour le dire avec redondance, cet état des lieux littéraire de l'état des lieux territorial (« national »). Par ricochet, notre étude ne peut faire l'économie de considérations d'écocritique/géopoétique. La traversée du territoire est allégoriquement transposée et physiquement décrite dans *2084*. Ati qui traverse une crise identitaire ne va pas sans évoquer, *mutatis mutandis*, les propres tourments de François, le héros de *Soumission*.

Ati est un héros « en route » ou peut-être davantage, plus exactement, en errance. Et comme chez Rolin, le paysage est de ruines, il dit l'histoire. Et l'état des lieux peut devenir comme chez Houellebecq un système autopoïétique qui permet à l'œuvre en train d'être écrite de livrer ses réflexions sur l'œuvre en train d'être lue (entre auteur et lecteur), cette technique ne va pas sans rejoindre ce que nous avons appelé chez Jean Rolin une parabase, avec l'utilisation d'une espèce de coryphée. En témoigne ce passage qui traverse temps/époques et espace(s) – au point de nous transporter non en 1984 mais plutôt en 1884 : le narrateur utilise un terme médical anachronique comme *phtisie* pour parler de la tuberculose – qui se clôture par des questions rhétoriques sur les fonctions de l'art :

> Ati ne voyait pas le temps passer, jamais il n'avait fait un tel voyage, un siècle entier de découverte et de questionnement. Chemin faisant, il se souvenait de ce qu'il avait ressenti lors de son interminable voyage à travers l'Abistan, du Sîn à Qodsabad. Un musée vivant sur plusieurs milliers de *chabirs*, une enfilade sans fin de régions, de lieux dits, de déserts, de forêts, de ruines, de camps perdus, séparés par des frontières invisibles mais symboliquement aussi hermétiques que des portes cadenassées (surtout si on avait oublié de faire poinçonner son visa de circulation). Cette grande variété de peuples, de coutumes, d'habitations, d'ustensiles, d'outils de travail avait peu à peu changé son regard sur l'Abistan et sur sa propre vie ; en arrivant à Qodsabad, Ati était un autre homme, il ne reconnaissait personne et les gens ne le reconnaissaient que par ouï-dire, il était l'homme de la phtisie, le miraculé du Sîn, le protégé de Yölah. Était-ce cela qu'on attendait d'un musée ? Dire la vie comme un livre, la mimer pour le plaisir, transformer les gens ? Des objets, des tableaux, des photos, une mise en scène avaient-ils réellement ce pouvoir de modifier la vision des hommes sur la vie et sur eux-mêmes ? (Sansal, 2015 : 245-246)

Dans la foulée de Blatt, la question du lieu, de l'environnement et, par effet de miroir, du non-lieu, du seuil, des frontières, est abordée par un professeur de Wisconsin-Madison, Joshua Armstrong (2019a, 2019b)[10]. Le chercheur pose au préalable l'hypothèse de la logique inversée et contre-intuitive de l'espace tel qu'il est restitué dans certaines œuvres contemporaines, notamment dans *Les Événements*. Ce roman de Jean Rolin est selon lui le lieu d'une « topo-logique » (il emprunte la notion à un philosophe), qui lui fait dire au sujet des espaces liminaux : « Construed as edge, such spaces are no longer locales unto themselves, but rather the limits up against which run any locale[11] ». En sus de la dimension liminale (*topoétique* ?) du seuil ou de la frontière, j'aimerais insister sur cette nuance (plus directement en prise avec notre approche para-écologique) qu'est la dimension transitionnelle. La frontière est un lieu de passage (géographique) et de transition (chronologique). Ce dernier aspect est certes relevé chez Joshua Armstrong qui démontre que la poétique des frontières donne lieu (sans jeu de mots) à « an acutely **diachronic temporal perspective** whereby the present configuration becomes a haunting confluence of places and times, one where the rusted ruins of the industrial past and the gleaming proto-ruins of postmodern obsolescence collide. » (Je souligne)

10 Joshua Armstrong, *Maps and Territories : Global Positioning in the Contemporary French Novel*, Forthcoming with Liverpool University Press, May 2019.

11 Joshua Armstrong, *French Edgeland Poetics : Topography and Ecology in Jean Rolin's 'Les événements'*, Forthcoming in France in Flux (Liverpool UP)

Chez Sansal le « ghetto » (la périphérie) et la « frontière » sont des lieux interdits. Le ghetto désigne l'endroit où sont parqués ceux qui sont mis au ban de la société ; quant aux frontières, elles sont territoriales, symboliques, légales (tabous), humaines ou physiques (entre hommes et femmes). Les frontières au même titre que le temps (et donc l'Histoire qu'il découvre pendant son séjour au sanatorium, en faisant connaissance avec Nas l'archéologue) sont utilisés telles des prisons imaginaires. Même Ati, le héros dissident, ne sait pas exactement son âge (32, 33, 35 ans ?) : « À trente-deux, trente-cinq ans, il ne savait pas trop, Ati était un vieil homme. » (p. 43)

Et quand, après s'être remis de sa tuberculose, il revient du sanatorium, situé aux confins de l'Abistan (dans la province de Sîn), c'est en véritable miraculé (ayant bénéficié de la faveur de Dieu) qu'il est regardé à Qodsabad : « Pour des gens qui ne sont jamais sortis de la peur, l'ailleurs est un abîme » (p. 78), estime le narrateur qui laisse entendre que la maladie est moins redoutée que l' « ailleurs » (« La maladie et la mort elles-mêmes, qui passaient plus qu'à leur tour, étaient sans effet sur le moral des gens » (p. 17). Le paysage est un passage, une transition, entre l'ailleurs et la capitale. Mais chez Ati, sa première traversée se passe en état de « semi-inconcience » (p. 68) : « Il n'avait rien vu dans sa traversée du pays, des fragments de paysage entre deux éblouissements, deux comas. Il se souvenait que le voyage lui avait paru infiniment long » (p. 68). Ici aussi chez Sansal la forme préfigure le fond : Il n'avait rien vu / fragments des paysages / entre deux éblouissements / deux comas. L'ellipse ne suggère pas simplement, elle explicite : Il n'avait rien vu ~~d'autre que,~~ il n'avait rien vu ~~sinon~~ des fragments. Les deux éblouissements succèdent-ils aux deux comas ou bien les deux (éblouissements et comas) ne font qu'un continuum ?

Le narrateur ajoute que « le reste du temps, pendant que le paysage défilait dans la monotonie, on comptait les heures » (p. 69). La traversée de l'espace est ici une traversée du temps et la monotonie qu'elle dégage renvoie à l'ennui qu'Ati ressent : « On comptait les heures ». Le paysage (ou dans un sens plus large l'environnement) devient un motif de la fin de l'Histoire :

> Le paysage perdait à vue d'œil son aspect sauvage et souverain, il prenait les couleurs de l'abandon, de l'épuisement et les odeurs des choses qui pourrissent au soleil, il y avait à l'œuvre comme une force mauvaise et aveugle

> qui corrompait autour elle, la vie, la terre, les gens, et les rejetait abîmés. (sic) (Sansal, 2015 : 72)

Au-delà de la coquille (~~autour elle~~ ; lire *autour d'elle*) dans ce passage, relevée par coquetterie mais sans conséquence sur le texte qui contient par ailleurs plus de soixante-dix occurrences du mot « gens » pour désigner les Abistani, il faut souligner que le continuum espace-temps trouve écho dans un continuum être-chose, animal-humain. Le narrateur énumère, fait s'entrechoquer les contraires, pour montrer un paysage à l'agonie, avec un effet d'inversion réciproque (« logique inversée ») entre les unités de sa phrase, qui améliore l'effet de travelling (avant/arrière). Des qualités animales du paysage sont montrées (sauvage et souverain), des attributs humains lui sont trouvés (épuisement, abandon), le tout dans une construction chiasmatique (le paysage perdait / le paysage prenait) qui consacre l'existence d'une dynamique intérieure en même temps qu'une puissance exogène, indéterminée (une force), destructrice (mauvaise, aveugle). Cette fusion entre un paysage comme cristallisé et des individus comme momifiés est illustrée dans ce passage :

> Plus en arrière dans le plan se voyait un bout de la ville historique, des venelles tortueuses et pentues, des immeubles étroits arc-boutés les uns sur les autres, des murs vétustes, écaillés, des gens qui semblaient incrustés dans le paysage depuis l'antiquité, signes évidents d'une vie mitée (Sansal, 2015 : 136)

Dans le nouveau monde (l'après-2084) décrit, le passé n'a jamais eu lieu, l'histoire a été modifiée, réécrite, abandonnée, dans ce monde-là les repères chronologiques ont été effacés de la mémoire des sujets, personne ne sait plus ni l'heure ni le jour. Dans ce *hors-monde*, les seuls repères portent les noms de *Gkabul* (le livre saint qui symbolise le totalitarisme religieux), de Yölah, de pèlerinage ritualisé, de Ghetto, de Frontière, de maladie et d'ignorance, de terreur comme mode de gouvernement des croyants et de liberté comme moyen sûr de perdition.

Le lecteur de *2084* fait dans son parcours de lecture l'expérience de l'errance et de l'aliénation, les sentiments décrits peuvent être ressentis : l'angoisse qui est la peur du vide, le vide qui est l'absence de tout contenu. En 2084, ce n'est pas uniquement la civilisation qui s'est effondrée, une autre a pris sa place et dans le fond il en a toujours été ainsi, mais cette fois l'Histoire elle-même, entendue comme vertèbre ontologique de toute civilisation, s'est arrêtée. Cette suspension du temps historique est métaphorisée par la transparence ou la disparition progressive (*fading effect*) du paysage : pas de décor, pas d'action dit-on dans le cinéma. La déréalisation, l'*incréation*, du monde est actée.

LA CONTRE-UTOPIE COMME MODALITÉ D'INTERVENTION POLITIQUE

Il y a dans la fictionnalité contre-utopique des réseaux intertextuels qui établissent entre les faits et la fiction un régime de relation expression-contenu différencié par rapport à celui de toute autre fiction non-littéraire ou du simple discours. En m'appuyant sur cette idée, j'en arrive à prouver aisément l'inadéquation entre la théorisation d'une frontière et le décodage de la fiction du lecteur et du public, lié par un acte psychique (la création) et un pacte psychologique (la fiction) à l'écrivain. Le lecteur sait reconnaître intuitivement ses propres peurs, il peut s'identifier à une fiction, se désincarner en quelque sorte. Et cette peur, pour être fictive ou fictionnalisée, n'en conserve pas moins une signification structurellement non fictive. Le décodage de la fiction par le lecteur se double d'un encodage de sa propre réalité, c'est-à-dire en appliquant des règles de sens qui tiennent compte du contexte de réception.

Depuis plusieurs décennies, malgré un évident intérêt des auteurs, l'étude de l'utopie articulée en un label théorique spécifique n'a pas émergé. Cette littérature se lit et s'analyse à l'aune d'approches science-fictionnelles ou d'histoire de la littérature. Les différentes tentatives historiques de théorisation du temps (« le régime du temps ») offrent pourtant des outils d'une approche renouvelée de la littérature dite jusque-là science-fictionnelle. L'immobilisme conceptuel au sujet de la nouvelle littérature prédictive tranche d'avec les travaux sur le roman historique, le roman policier, le roman fantastique, ou la science-fiction.

Les considérations théoriques de la contre-utopie suscitent des grilles de lecture au sujet de contenus aussi tournés vers l'avenir que très clairement engagés dans le présent. Le vrai problème posé par la théorisation de la contre-utopie est qu'elle se déroule de manière si généralisée, hétérogène et équivoque que parfois, comme on le voit avec nos réserves multiples quant à la « frontière » de Lavocat, il est difficile que les théoriciens de la fiction partagent les mêmes plans d'analyse. La question n'est pas seulement la manière générale de caractériser la contre-utopie qui est une catégorie ouverte, j'en veux pour preuve l'extension de son domaine aux thématiques écrocritiques. Le défi essentiel provient de ce que la fiction se manifeste différemment dans la pratique littéraire (art) et dans la critique littéraire (science). Et dans cette dernière, les niveaux de compréhension dépendent des bannières épistémologiques que l'on revendique.

> *Nonfiction, with its pretension of veridicality, and fiction, with its patina of verisimilitude but no necessary pretension to accuracy, are popularly understood as distinct realms*[12].

La fiction sansalienne est chargée de beaucoup de théorie, noyée jusqu'à l'outrance dans l'intertexte de *1984*, roman élevé, dans la cosmogonie de *2084*, au rang de fait historique. La vérisimilitude évoquée dans la citation ci-dessus est chez Sansal une imitation et une stylisation non de la nature, comme dans la *mimèsis* aristotélicienne, mais d'une autre imitation, aboutissant à une métafiction. La clausule ou l'explicit à valeur morale, plus précisément le dernier paragraphe de l'Épilogue de *2084* (« dans lequel on apprendra les dernières nouvelles de l'Abistan », p. 264) en fait définitivement une fable politique, un apologue élaboré, et, *ipso facto*, une contre-utopie.

> Cette histoire de Frontière est des plus étranges. Si la Frontière n'existe pas, et cela est sûr, sa légende, elle, existe et court toujours. Les ancêtres de nos lointains ancêtres en parlaient déjà mais dans nos montagnes au sommet du monde la montagne est ce qui sépare le bien du mal. Les nomades et les contrebandiers, eux, savent bien qu'aucune frontière ne sépare une montagne d'une autre, un col d'un autre, un nomade ou un contrebandier d'un autre. La frontière est leur lien. Si parfois des caravanes disparaissent et d'autres sont attaquées et décimées, ils savent qui sont les responsables, ce sont les caravaniers eux-mêmes, ceux qui ont rompu avec les lois divines pour s'adonner au vol et au crime. (p. 274)

12 Green, Melanie C., Jennifer Garst, and Timothy C. Brock, "The power of fiction : Determinants and boundaries", *The psychology of entertainment media : Blurring the lines between entertainment and persuasion* (2004) : 161-176.

Il s'agit d'une énième validation de Harzine (2015) déjà cité, qui voyait dans *2084*, « une invitation à dépasser la frontière ». Dans le cas de la contre-utopie, en plus, les difficultés procédurales de construction d'une frontière seraient accentuées pour le critique, en raison de la portée esthétique (empreinte de subjectivité) et de la nature fragmentaire de toute approche critique. Aucune étude de *2084* ne peut se donner les moyens d'une interprétation circonstanciée de tous les caractères inclus dans les 288 pages et de tous les sens contenus entre les lignes. Cela reste certes envisageable dans une perspective quantitative, avec des outils d'analyse du texte et des logiciels appropriés (j'ai utilisé NVivo dans le cadre de travaux de psychologie culturelle). Mais le résultat ne prendra sens que dans les réponses que ce résultat apportera aux postulats précis dont il sera l'aboutissement. L'extension de l'arpentage critique du texte à l'intertexte conduit à motiver une perspective orientée sur la poétique du genre.

CONCLUSIONS

Le pessimisme fécond : la désespérance à l'œuvre

Dans ma situation d'analyse qui est celle d'une recherche menée à partir des États-Unis la plupart du temps, les limites ont relevé essentiellement de l'accès décalé ou retardé à certaines ressources. Mais l'inscription dans le temps long du fait littéraire observe rend le décalage de toute perspective une qualité plutôt qu'un frein à l'analyse.

Pour résumer en trois conclusions ouvertes à discussion la charpente qui a été celle de mes esquisses théoriques, je dirai que :

1. La contre-utopie est cet art nouveau de parler d'un présent qui nous échappe à travers un futur possible. Les œuvres contre-utopiques françaises disent un temps futur qui s'abîme dans les temps présents. Elles posent la littérature comme un outil épistémologique qui rend de nombreux aspects de la société intelligible ou questionne leur inintelligibilité.
2. Les événements violents qui ont déterminé et qui sont encore en train de façonner la montée de la contre-utopie française sont trop proches pour en tirer toutes les conséquences définitives. Mais la portée de la contre-utopie, que dans la recherche en sciences humaines, dans la philosophie et les débats européens, en ces temps troublés et marqués par une circulation plus fluide d'idées entre des textes appartenant au domaine de la littérature et ceux des sciences, les textes de la culture populaire et d'autres plus expérimentaux, l'examen de la contre-utopie est donc l'occasion pour la recherche littéraire de développer son propre discours sur des sujets partagés avec d'autres disciplines académiques : l'identité, la laïcité, le temps, l'histoire et l'avenir.
3. La délimitation de l'aire fictionnelle est une annexion, par la science et le matérialisme, du discours métascientifique dont les arts sont porteurs.

La réflexion qui s'achève aurait pu s'intituler simplement *De la contre-utopie*. L'usage de la préposition didactique et légèrement surannée de « de » (à propos de) eût signifié que ce projet est d'abord une réflexion sur une notion. Cette préposition, usuelle, me plaisait parce qu'elle est programmatique, parce qu'elle annonce, délimite mais en même temps, telle quelle, ajoute à l'incertitude de mon lecteur. Finalement, je lui ai préféré une citation qui fête son centenaire en 2019 : nous autres, civilisations, savons maintenant que nous sommes mortelles. Le sous-titre est d'une moins grande abstraction, puisqu'il précise le contexte de l'étude. Mais c'est seulement dans le « corps du texte » qu'est présenté mon corpus contre-utopique, constitué fondamentalement de trois romans de Michel Houellebecq, Jean Rolin et Boualem Sansal, tous parus la même année. Cette trilogie montre sous une forme synoptique le déploiement de la contre-utopie et d'une poïétique de la décadence.

À la base, rappelons brièvement la série de questions à laquelle j'espère avoir répondu, avec toutes les imperfections liées à cette ambition de cartographier le domaine de l'utopie à la lumière des problématiques ultra-contemporaines. À savoir : Quelles sont les tendances du roman français depuis les attentats à Paris en 2015 ? Peut-on parler d'une réponse ou une réaction spécifiquement littéraire et artistique aux attaques qui ont eu lieu ? Cette réponse, et les ouvrages produits depuis 2015 et prenant prétexte d'un « futur proche », constituent-ils ou reflètent-ils le sentiment de la société française sur les frontières, l'identité, et la laïcité ? Comment caractériser les schèmes dominants de l'esthétique contre-utopique ? Enfin, en quoi l'hypothèse d'une nouvelle contre-utopie dont *Soumission* serait le fait littéraire générateur (poïétique) nous renseigne-t-elle sur la montée du « déclinisme », l'aggravation du sentiment du désespoir ou l'inéluctabilité de la décadence, de la chute ?

Les quatre articulations de cet essai, dans leur ordre final de présentation, répondent à ces questions. Ma démarche a été traversée par des choix et, bien sûr, des renoncements. Choisir de parler de contre-utopie plutôt que de dystopie ou anti-utopie est une orientation de recherche. De même traiter de la décadence, du pessimisme (et non pas spécifiquement des malaises de la civilisation ou de la question islamique), traiter donc de la décadence dans une perspective générique (et non pas du point de vue de l'histoire littéraire) contribue à situer ce travail dans la production théorique et critique. En choisissant comme cadre théorique deux ouvrages récents 1) de théorie littéraire et de 2) de méthodologie historique, j'inscris mon effort de recherche dans une série de débats sur le renouveau de la littérature contemporaine. De toutes les approches susceptibles d'éclairer l'émergence de la contre-utopie, de toutes les façons de faire champ ou de « faire science », l'approche des romans par leur caractéristiques formelles et structurelles m'est apparue la plus à même de valider la pertinence de mes réflexions par rapport aux débats en cours et aux courants théoriques les plus en vue du champ de la littérature francophone. Cette recherche est donc par certains côtés une recherche d'autoaffirmation académique, avec les doutes et limites que l'on peut imaginer.

Sur le plan methodologique, j'ai étudié *Soumission*, *Les Évènements*, et *2084* à travers leur contexte de parution (et par ricochet de réception), une telle démarche relève à la fois de l'histoire littéraire (Valérie Stienon et Natacha Vas-Deyres par exemple se sont illustrés dans l'histoire littéraire des différentes formes d'utopie) certes mais surtout de la sociocritique, dans ce sens que les auteurs interagissent avec la société, se confondent à elle, participent finalement de cette réalité sociale qu'ils décrivent. Mon approche du texte a également été thématique : il s'est en effet agi de démontrer que la contre-utopie est un symptôme narratif d'une « identité malheureuse », d'un pessimisme tour à tour qualifié de « foncier » ou « méthodologique ». *Soumission*, *Évènements*, et *2084* jouent avec et déjouent les codes génériques sciences-fictionnels. La poétique de ces œuvres procède d'une mise en accusation et une indexation de quelques cibles choisies, à savoir l'identité, la religion, et la temporalité. D'un texte à l'autre, des réseaux intertextuels ont été mis en évidence à travers l'étude du texte comme objet formel, à travers donc l'analyse poétique et stylistique d'extraits à haute densité rhétorique. Au passage des considérations touchant à l'esthétique de la réception, à la dimension pragmatique et donc de communication des idées des textes, ont été examinées.

J'ai noté un intérêt, disons, retrofuturistique dans la contre-utopie. Retrofuturistique en ceci qu'elle exploite les codes temporels réversibles, le futur décrit est très vite passé et ce passé à peine passé nous parle toujours du futur qui n'aura jamais cessé d'être présent. Les analyses individuelles puis comparées de *Soumission* et *Les Évènements* dans les chapitres deux et trois donnent à penser que nous avons devant les yeux, à travers ces productions, moins une crise de désespoir qu'une tristesse perpétuelle et partagée, confirmant le constat d'un pessimisme méthodologique. Au quatrième chapitre, des détails sont donnés sur comment *2084* s'articule aux autres textes du corpus primaire. L'analyse de nombreux passages a fait ressortir des caractéristiques stylistiques plus ou moins formalisées. J'ai expliqué dans ce chapitre que la fable de Sansal dépeint « ce que serait une théocratie intégrale et intégriste en insinuant des ressemblances avec l'islam actuel, et en dégageant deux notions majeures : la question de la frontière et le rôle de la langue dans un régime politique et religieux totalitaire ». À travers l'Abistan, pays qui s'étend sur plusieurs continents, et la mystique sansalienne des frontières, je suis arrivé à la conclusion partielle que ce n'est pas au nom de la sauvegarde de la littérature qu'on lui impose des frontières. De même la langue des auteurs contre-utopiens, à travers sa vitalité, son inventivité, et des témérités de langue, prend-elle à rebours les critiques d'un certain Richard Millet qui lui reprochait (à cette langue), comme s'il allait en un seul opuscule restaurer les lettres françaises, reprochait une sorte d'obsession de la minceur. Pour être précis, cet éditeur, romancier et essayiste controversé a pu estimer que les romans pour ne pas s'aliéner un public de moins en moins cultivé avaient une texture de plus en plus « light ».

La démarche argumentative de Sansal ne se fait pas, comme chez Houellebecq et Rolin, de manière digressive. Tout chez lui est à charge, son dispositif accusatoire est accablant pour l'Islam. En cela, il complète les autres auteurs, sans les contredire, parce que la puissance des arguments, dans le contexte du roman, importe moins que le dispositif. Dans les différentes œuvres traversées, des narrateurs multiples ou des dédoublements auctoriaux ont été relevés. Sans être la seule cause des épidémies dépressives dans les romans parus depuis 2015, je montre à travers l'analyse de narrateurs amnésiques (François fait régulièrement mine de ne pas se souvenir), ou dépressifs, des auteurs torturés et des personnages malades. Davantage que leur psychologie, c'est la santé des personnages qui doit, dans la littérature contre-utopique, être mise en question.

La logique conceptuelle dans mon essai ne découle pas du regard omniprésent des auteurs sur leurs propres œuvres, il n'y a pas de manifeste de la contre-utopie, en réalité j'ai consacré au sujet le premier travail du genre. J'ai repéré un article rare de Godin (2017) qui est cité dans mon travail et insiste sur le renouveau de la contre-utopie, mais c'est à peu près tout. Ce qui est, ici, mis en évidence, c'est l'évolution dans les liens et les interactions entre la littérature et le politique, la forme et le sens, décrits depuis Aristote. La satire est abandonnée au profit de la fable. Dans la satire on faisait du lecteur un sceptique, en instillant le doute comme critère de rationalité, en pointant l'absurde et le ridicule (cet absurde consistait en l'intégration dans les dispositifs narratifs d'éléments surnaturels ou en contradiction avec les lois de la nature) ; dans la fable, aujourd'hui, on fait plutôt du lecteur un anxieux, en le confortant dans ses peurs et sa méfiance vis-à-vis du système. Mes conclusions quant à la poétique de la contre-utopie s'inscrivent de manière inattendue dans la foulée des travaux d'historiens sur la méthodologie historique. Dans leur ouvrage « Pour une histoire des possibles », Deluermoz et Singaravélou estiment que je cite « le jeu, le superficiel, l'absurde peuvent et doivent sans doute avoir place dans la production de l'histoire et son enseignement » (page 14). Ce qui est vrai pour la science historique ne saurait être disqualifié dans la science littéraire. L'histoire avec des « si » est examinée et les auteurs considèrent que « les mondes possibles constituent un espace indéfinissable du savoir sur le monde » (p98). Les travaux de Deluermoz et Singaravelou ont formé un cadre privilégié d'investissement par le côté de la contre-utopie, ce n'est donc pas un hasard si les derniers mots, plus bas, relatifs au futur anticipé, espéré et craint sont une allusion au titre du dixième chapitre de leur ouvrage.

Dans la préface des *Caractères*, La Bruyère déconseillait d'écrire pour plaire (au sens d'émouvoir) mais recommandait plutôt de le faire pour toucher (au sens d'instruire). Il ajoutait que si le propos plait, nul n'en serait désolé (« L'orateur et l'écrivain ne sauraient vaincre la joie qu'ils ont d'être applaudis […] et s'il arrive que l'on plaise, il ne faut pas néanmoins s'en repentir »), mais que la fin des fins de la littérature est de donner au présent de la hauteur, du recul, de la perspective… Et en fait de perspective, la contre-utopie en donne plusieurs à la fiction française. Cette étude princeps sur la contre-utopie, comme genre spécifique soumis aux aléas de la météorologie politique, se termine. Notre démarche, en portant essentiellement sur une trilogie de la décadence (*Soumission*, *Les Événements*, *2084*, tous parus en 2015), a posé un cadre herméneutique qui pourrait éclairer un pan important des littératures extrême-contemporaines. Nos efforts constituent de ce fait une introduction à la contre-utopie, sur le modèle de l'*Introduction à la littérature fantastique* de Tzvetan Todorov. À cette différence près que nous avons étudié (critique) dans le détail des œuvres fondatrices dont nous avons tiré les lois du *genre*.

La contre-utopie est en définitive une catégorie générique discrète qu'il convient de considérer comme une utopie critique et contre-narrative. Pierre Bayard a voulu documenter dans une trilogie sur l'anticipation littéraire et artistique – *Demain est écrit* (2005), *Le Plagiat par anticipation* (2009), *Le Titanic fera naufrage* (2016) – la capacité de la littérature à dire l'avenir. Dans un article récent « La littérature peut-elle prédire l'avenir ? » (2018), il fait le point de ces recherches en analysant notamment les problèmes épistémologiques causés par les prophéties autoréalisatrices. Ses travaux pourraient inspirer un élargissement de mon objet, à l'étude des phénomènes d'anticipation. Mais j'ai souligné à plusieurs reprises au cours de la démonstration 1) que la dimension prédictive n'était considérée ici que pour ses vertus descriptives et présentificatrices 2) et que les auteurs contre-utopiens eux-mêmes n'en usaient que comme ressource poétique, indépendamment d'arrière-pensées auxquelles ils ont droit comme tout le monde, celles d'être reconnus *a posteriori* comme visionnaires.

La question de la prédictibilité (comprise en l'occurrence comme la capacité à prédire) de la contre-utopie demeure intéressante cela dit. Parler de prédictions, c'est évoquer des signes et considérer qu'une « lecture pragmatique » (Jaubert, 1990) puisse augmenter le texte et non plus seulement l'interpréter. Ainsi le lecteur de fictions contre-utopiques ne lit plus, il déchiffre ; le critique n'interprète plus il décrypte ; le théoricien ne propose plus des modèles, il tire littéralement des plans sur la comète. Il y a un déplacement en effet domino activé par l'écrivain et, plus fondamentalement, par la société, que j'ai réussi à éviter dans l'approche d'un (sous-)genre. Ce genre prend en permanence prétexte du futur mais se distingue structurellement et téléologiquement de la science-fiction qu'il parasite. La contre-utopie est aussi une fiction qui a vocation à être déjouée, à laquelle il manque deux éléments aux plans de la technique et de la technologie (dispositif narratif). Au plan technique, les thématiques des progrès technologiques, de l'intelligence artificielle ou du transhumanisme, omniprésentes dans toute dystopie stricte et dans notre vie effective ne ressortissent pas de la fiction contre-utopique. Au plan de la technologie de la narration, il manque un novum, propriété essentielle de la littérature fantastique : le novum, c'est-à-dire quelque « infraction aux lois de l'univers ».

Tout au long de cette étude, un dialogue théorique a été établi avec des auteurs disparates, mais incontournables dans la plupart des travaux de théoriciens contemporains de la littérature. En fait de dialogue, il s'est parfois agi de controverse, tant l'appareil théorique complexe dont j'ai eu l'ambition explorait des sens nouveaux. J'ai proposé une définition plus complète et, je l'espère, plus stable de la contre-utopie dans la littérature française. Plus complète et plus stable que celles dont nous disposions avant les attentats de 2015 et 2016 en France. La démarcation est apparue utile, au moins d'un triple point de vue juridique, technique, et esthétique, pour défendre la liberté de création, bien plus large que la liberté d'expression dans le cadre duquel le commerce entre fait et fiction s'inscrit. D'un point de vue théorique, en empruntant les mêmes parcours interprétatifs que Françoise Lavocat, il n'y a rien qui justifie un « restraining order » visant à protéger la réalité des assauts de la fiction, en restreignant la liberté absolue de l'auteur. En ce qui concerne les thèmes de cette littérature, il se peut que les nihilistes littéraires, les tenants d'une littérature française à bout de souffle aient posé un verdict à la Benda, équivalant à la trahison des écrivains. La mort de l'auteur, à la suite des critiques de Jourde ou Millet par exemple, est un peu devenue la mort de l'écrivain français, Jean-François Lyotard parlait du « tombeau de l'intellectuel » (1984)[1]. Nos écrivains, en allant puiser leurs ressources stylistiques ou poétiques dans les littératures de genre, en mettant en scène des points de vue et autres dispositifs d'énonciation multifocaux, accroissent la dimension politique de leurs œuvres.

> La disposition successive des vues autour d'un centre, jointe à cette double logique (et relevant ainsi d'une stratégie rhétorique), a pour effet de créer une forme d'illusionnisme dramatique où l'on suggère que l'autorité énonciative vient de la fiction même (Browne, 1975)

La littérature française la plus immédiatement contemporaine confond le *spirituel* et le politique, la mort (finitude) et le corps (pourrissement). De même, les romans qui nous intéressent sont tous des fictions

1 Jean-François Lyotard, *Tombeau de l'intellectuel : et autres papiers*, Vol. 18, Éditions Galilée, 1984.

méditatives, dans lesquelles la satire oublie parfois de mobiliser l'ironie ou la raillerie, pour imiter le discours argumentatif le plus brut. Une question à laquelle nous n'avons pas pu répondre dans les limites de ce livre est celle-ci : une littérature aussi imprégnée de dégoût du monde et de ses habitants ou de désespoir/désespérance peut-elle susciter autre chose que de désespérer de la littérature ? Cette préoccupation a été en partie abordée dans ma réflexion sur la nature potentiellement engagée (fiction politique / roman à thèse) de l'énonciation contre-utopique, qui la distingue absolument des autres genres autofictionnels ou ayant prospéré dans la foulée de la déconstruction par la théorie littéraire des caractéristiques du roman moderne : auteur, intrigue, personnage. En dépit de ceci que, comme je l'ai montré, les fictions contre-utopiques, y compris celles relevant d'auteurs dont l'œuvre a coutume d'intéresser le lecteur pour d'autres qualités thématiques que la peur de l'islam et l'islam de la peur, se distinguent par une très large mobilité énonciative. Les écrivains conservent le privilège de l'excentricité énonciative[2].

La contre-utopie en particulier et la fiction spéculative en général ont, contrairement à la théorie de Françoise Lavocat, plus de droits sur le réel en littérature (pratique et recherche) que dans les sciences dites dures ou dans les discours présentés comme factuels, qui n'ont pas, eux, le caractère absolu de la création littéraire. En osant une comparaison opportuniste tirée de mon actualité américaine, plus directe et immédiate, je dirais que le discours des spécialistes les plus pointus de la nouvelle école des « data science » de l'Université de Virginie pourra révéler nombre de vérités sur les réseaux sociaux, nous en apprendre toujours plus sur nos données électroniques, mais il y aura toujours une limite à ce qu'elles peuvent dire et comment elles peuvent le dire, à peine de briser les règles de la signification (on en revient à la contre-utopie comme phénomène de signification). Le discours des data science cesserait d'être scientifique, réel, pour n'être plus que mensonger et inutile s'il contrevenait à ces limites. Mais dans la fiction (notre régime est celui de la fiction artistique, le sens est plus étroit que celui de Lavocat), il en va autrement. La liberté absolue ne veut pas dire que la fonction esthétique excuse tout ni qu'un texte romanesque puisse être composé comme bon semblerait au romancier qui pourrait inventer à l'envi les

2 Michel Winock, « L'écrivain en tant qu'intellectuel », *Mil neuf cent. Revue d'histoire intellectuelle*, vol. 21, n° 1, 2003, p. 113-125.

caractéristiques formelles de son art. Il faut comprendre cette liberté comme une potentialité créative, toute fiction, indépendamment de sa valeur, son genre, son contenu est susceptible de faire œuvre, sans passer par les fourches caudines de limitations *a priori* édictées par ce que j'ai appelé les discours frontiéristes.

L'ancrage ultra-contemporain de cette littérature qui cannibalise le réel est examiné à travers un genre (le roman) et toutes ses déclinaisons infragénériques, pour souligner la dimension sérielle de la production littéraire française[3]. Le mot cannibale est emprunté à Virginia Woolf, cité par le professeur Nünning Ansgar :

> In 1927, Virginia Woolf concluded her essay "The narrow bridge of art" by suggesting that both the incorporation of new material and the use of prose for new purposes were likely to give a fresh impetus to the novel : "that cannibal, the novel, which has devoured so many forms of art will by then even have devoured even more. We shall be forced to invent new names for different books which masquerade under this one heading" (Nünning, 1993 : 281)

Le roman est un genre littéraire cannibale. Mais plutôt que d'inventer de nouveaux noms, comme elle le prédisait, pour désigner les différents livres qui se cachent sous la bannière du roman, nous découvrons de nouveaux genres cachés sous des noms déjà connus. La fiction contre-utopique est cette modalité d'intervention de la littérature dans le politique, de traversée par l'écrivain de son environnement menacé et de dénonciation de son époque en crise. S'il était nécessaire de caractériser l'objectif fondamental de l'approche de la littérature extrême-contemporaine par le concept de contre-utopie, je dirais que cela contribue à la réalisation de la cartographie conceptuelle de cette littérature et entraîne une infinité potentielle de conséquences théoriques. Nous avons trouvé un impensé, un concept utile mais relativement vide de contenu. Notre recherche a consisté à identifier, classer, comparer, extrapoler et critiquer. C'est l'événement (2015) et le phénomène du désespoir qui se poursuivent qui font prospérer la dimension polyphonique des romans étudiés. Les crises religieuses font s'articuler les courants philosophiques, politiques, et poétiques dans les arts.

Si les liens entre littérature et politique ont été explorés depuis Aristote dans sa Rhétorique, cette étude a exploré non plus les seuls liens

3 Lire sur un sujet connexe Matthieu Letourneux, « Introduction–la littérature au prisme des sérialités. » *Belphégor. Littérature populaire et culture médiatique*14 (2016).

entre politique et littérature, fait et fiction, mais encore l'articulation au sein de la littérature d'idées déclinistes et de reflexes de survie d'une littérature qui se nourrit d'elle-même, de sa chair contaminée, de sa propre substance malade (la métastase de la peur), en mobilisant de manière débridée l'imaginaire spéculatif dont l'histoire est porteuse. De plus, étant liée (en esprit) à l'histoire véritable, elle donne plus de poids et d'ampleur, même en imagination, aux actions (Deluermoz & Singaravélou, 2015 : 290). Si Houellebecq parle de soumission c'est qu'il espère peut-être une émancipation, auquel cas l'on ne serait pas dans la nécrose de l'espérance et l'on serait fondé à chercher dans ce pessimisme et cette « réputation de noirceur » (Wagner, 2011) ce qu'il y a de « consolateur » (Novak-Lechevalier, 2018).

Il existe une fiction qui a affaire davantage avec l'éducation, la pédagogie, la critique qu'avec l'illustration improbable d'une vérité finale, il existe, disais-je, un nouvel esprit contre-utopique qui va au-delà des futurs possibles pour interroger *les futurs espérés, les futurs anticipés, et les futurs craints.*

BIBLIOGRAPHIE

CORPUS PRIMAIRE

DELUERMOZ, Quentin & SINGARAVELOU, Pierre, *Pour une histoire des possibles. Analyses contrefactuelles et futurs non advenus : Analyses contrefactuelles et futurs non advenus*, Le Seuil, 2016.

HOUELLEBECQ, Michel, *Soumission*, Flammarion, 2015.

LAVOCAT, Françoise, *Fait et fiction. Pour une frontière : Pour une frontière*, Le Seuil, 2016.

ROLIN, Jean, *Les événements*, P.O.L., 2016.

SANSAL, Boualem, *2084 : La fin du monde*, Gallimard, 2016.

AUTRES ŒUVRES CITÉES

AMBIEL, Dominique & RAULT, Antoine, *Tsunami sur l'Élysée : Pourvu que ce soit une fiction*, Michalon, 2006.

BALZAC, Honoré de, *Le Père Goriot*, Calmann-Lévy. 1910.

BAUDELAIRE, Charles, « Danse macabre », *Les fleurs du mal*, 1857), p. 168-170.

DELAUME, Chloé, *Les sorcières de la République*, Seuil, 2016.

DURPAIRE, François & BOUDJELLAL, Farid, *La présidente*, Vol. 1. Les Arènes, 2017.

FINKIELKRAUT, Alain, *L'identité malheureuse*, Stock, 2013.

HAMID, Mohsin, *Exit west*, Penguin, 2018.

HOUELLEBECQ, Michel, *Sérotonine*, Flammarion, 2019.

HOUELLEBECQ, Michel, *La possibilité d'une île*, Fayard, 2005.

HOUELLEBECQ, Michel, *Extension du domaine de la lutte*, Paris, J'ai Lu, 1994.

HOUELLEBECQ, Michel, *Les Particules élémentaires*, Paris, J'ai Lu, 1998.

HOUELLEBECQ, Michel, *La Possibilité d'une île*, Paris, Fayard, 2005.

HOUELLEBECQ, Michel, « Sortir du XXe siècle », in *Interventions 2*, Paris, Flammarion, 2009.

HUYSMANS, Joris-Karl, à *rebours*, Flammarion, 2011.

MOIX, Yann, *Terreur*, Grasset, 2017.

ONFRAY, Michel, *Décadence*, Flammarion, 2017.

ONFRAY, Michel, *Penser l'islam*, Grasset, 2016.

PIROTTE, Emmanuelle, *De profundis*, Cherche midi éditeur, 2016.

SANSAL, Boualem, « Lettre de Boualem Sansal lue à l'audience du procès », *Cités* 2, 2017, p. 171-174.

SANSAL, Boualem, *Le train d'Erlingen : Ou La métamorphose de Dieu*, Gallimard, NRF, 2018.

SOLLERS, Philippe, *Un vrai roman : mémoires*, Plon, 2013.

TCHOUDINOVA, Elena, *La Mosquée Notre-Dame de Paris année 2048*, Éditions Tatamis, 2009.

WIEVIORKA, Michel, *Le séisme : Marine Le Pen présidente*, Robert Laffont, 2016.

WIEVIORKA, Michel, *Retour au sens : pour en finir avec le déclinisme*, Robert Laffont, 2015.

ZEMMOUR, Éric, *Le suicide français*, Albin Michel, 2014.

CORPUS SECONDAIRE

MONOGRAPHIES, ESSAIS, OUVRAGES COLLECTIFS, ARTICLES ET DIVERS

Sur la décadence, le déclinisme, le déprimisme

ALBERT, Nicole G., *Saphisme et décadence dans Paris fin-de-siècle*, Éditions de la Martinière, 2005.

BANCQUART, Marie-Clair, *Images littéraires du Paris « fin-de-siècle »*, Éditions de la différence, 1979.

BARNES Leslie & THOMAS, Dominic, "Introduction : Global France, Global French", *Contemporary French Civilization* 42.1, 2017, p. 1-11.

BORIE, Jean, *Huysmans, le Diable, le célibataire et Dieu*, Paris, Grasset, 1991.

D'AUREVILLY, Barbey, *Du dandysme ou de Georges Brummel*, [1845-1861], Paris, Payot & Rivages, Petite bibliothèque, 1997.

DECAUDIN, Michel, *L'Esprit de décadence, « Définir la décadence »*, Paris, Minard, t. 1, 1980.

de Palacio, Marie-France, « Pour une mythographie de la décadence. Le miroir et la clepsydre », Bibliothèque des Lettres modernes, 2016, p. 992-994.

Dubois, Jacques, « Entre nécessité et contingence : le roman décadent », *Mimesis et Sémiosis, Littérature et représentation, Miscellanées offertes à Henri Mitterrand*, Nathan, 1992.

Ducrey, Guy, *Crise fin-de-siècle et tentation de l'exotisme*, Paris, Université Charles-de-Gaulle, Collection travaux & recherches, 2002.

Dufaud, Marc, *Les Décadents français*, Paris, Scali, 2007.

Dufaud, Marc, « Les Énervés de la Belle Époque », Magazine Littéraire, n° 288, janvier 1991.

Dufaud, Marc, *L'Esprit de décadence*, Colloque de Nantes (21-24 avril 1976), 2 vol., Librairie Minard, 1980.

Huston, Nancy, *L'espèce fabulatrice.* Éditions Actes Sud, 2016.

Huston, Nancy, *Professeurs de désespoir*, Éditions Actes Sud, 2016.

Kopp, Robert, « La Fin du monde : Progrès, Modernité, Décadence », *Revue des Deux Mondes*, 2015, p. 43-58.

Jankelevitch, Vladimir, « La décadence », *Revue de métaphysique et de morale* 55.4, 1950, p. 337-869.

Letheve, Jacques, « Le thème de la décadence dans les lettres françaises à la fin du xixe siècle », *Revue d'histoire littéraire de la France*, 1963, p. 46-61.

Merlio, Gilbert, *Le début de la fin : Penser la décadence avec Oswald Spengler*, Presses Universitaires de France, 2019.

Orban, Franck, « Déclin ou décadence de la France : entre géopolitique et fantasme », *States of Decadence : On the Aesthetics of Beauty, Decline and Transgression across Time and Space Volume 1*, 2016, p. 280.

Pierrot, Jean, *L'Imaginaire décadent.* Presses Universitaires de France, 1977.

Roy, Alain, « Le délire collectif des déclinistes français : Finkielkraut, Zemmour, Houellebecq et Onfray (deuxième partie) », L'Inconvénient 70, 2017, p. 7-14.

Saudray, Nicolas, « La décadence selon Onfray », *Commentaire* 2, 2017, p. 445-446.

Sweeney, Carole, « "Le mot déclin est presque trop doux" : Michel Houellebecq's (Euro) déclinisme », *Modern & Contemporary France*, 2019, p. 1-15.

Thorel-Cailleteau, Sylvie, *La Tentation Du Livre Sur Rien. Naturalisme et Décadence*, Librairie de l'Inconnu, 1994.

Winock, Michel, *Décadence fin de siècle, Éditions* Gallimard, 2017.

Sur l'utopie, la dystopie et la contre-utopie

Angenot, Marc, « Science Fiction in France before Jules Verne », *Science Fiction Studies*, vol. 5, part. 1, 1978, p. 58-66.

ARRABAL, Fernando, *Houellebecq*, trad. Luce Arrabal, Paris, Le Cherche midi, 2005.

ATALLAH, Marc, « Expérimenter une vie sans fin », in *Versants : Revue Suisse des littératures romanes*, vol. 52, 2007, p. 53-72.

ATALLAH, Marc, « Utopie et dystopie, les deux sœurs siamoises », in *Bulletin de l'Association F. Gonseth, Institut de la méthode*, juin 2011.

BAREL-MOISAN, Claire (dir.), dossier « Romans d'anticipation. Une évasion du présent », *Nineteenth-Century French Studies*, vol. 43, nº 3-4, 2015.

BITBOL, Michel, *Mécanique quantique. Une introduction philosophique*, Paris, Flammarion, coll. « Champs. Sciences », 2008.

BERRIEL, Carlos Eduardo Ornelas, « Utopie, dystopie et histoire », *Morus-Utopia e Renascimento* 3, 2006, p. 95-100.

BLANCKEMAN, Bruno, Aline Mura-Brunel et Marc Dambre (éd.), *Le roman français au tournant du XXIe siècle*, Presses Sorbonne Nouvelle, 2004.

BOOKER, M. Keith, *The Dystopian Impulse in Modern Literature : Fiction as Social Criticism*, Westport, Greenwood Press, 1994.

COQUIO, Catherine, Jean-Paul Engélibert et Raphaëlle Guidée (éd.), *L'apocalypse, une imagination politique : XIXe-XXIe siècles*, Presses universitaires de Rennes, 2018.

DESSY, Clément et STIÉNON, Valérie (dir.), *(Bé)vues du futur. Les imaginaires visuels de la dystopie (1840-1940)*, Presses Universitaires du Septentrion, 2015.

ENGELIBERT, Jean-Paul & GUIDEE, Raphaëlle, « Actualité de l'utopie », *Critica de la Utopia*. Presses Universitaires de Rennes, 2015.

FIALKIEWICS-SAIGNES, Anna, « Que reste-t-il de l'anti-utopie ? », *Revue de littérature comparée* 1, 2009, p. 71-84.

FOOTE, Bud, "Verne's paris in the twentieth century : The first science fiction dystopia ?", *New York Review of Science-Fiction* 8, (4), 1995, p. 1-10.

GODIN, Christian, « Sens de la contre-utopie », *Cités*, 2/2010 (nº 42), p. 61-68.

MERLIO, Gilbert, *Le début de la fin : Penser la décadence avec Oswald Spengler*, Presses Universitaires de France, 2019.

PATRON, Sylvie, *La Mort du narrateur et autres essais*, Lambert-Lucas, coll. « Linguistique », 2016.

PAVEL, Thomas, *Univers de la fiction*, Points, 2017.

RUSSO, Adelaide M, « Entre nostalgie et dystopie ? La vision écologique de Michel Deguy », *Contemporary French and Francophone Studies* 20.3, 2016, p. 374-382.

STAQUET, Anne, *L'utopie ou les fictions subversives*, Éditions du Grand Midi, 2003.

SPENGLER, Oswald, *The decline of the West*, Oxford Paperbacks, 1991.

VAS-DEYRES, Natacha, *Ces Français qui ont écrit demain. Utopie, anticipation et science-fiction au XXe siècle*, Champion, 2012.

VATTIMO, Gianni, "Utopia, counter-utopia, irony", Existential utopia : New perspectives on utopian thought, 1992.

Sur la théorie littéraire, la linguistique, la philosophie

BAKHTINE, Mikhail, *Esthétique et théorie du roman*, Tel, Gallimard, 2013.

BARONI, Raphaël & MACE, Marielle (dir.), *Le Savoir des genres*, Vol. 79. Presses universitaires de Rennes, 2007.

BARTHES, Roland, *Le plaisir du texte*, Le Seuil, 2015.

BARTHES, Roland, « Linguistique et littérature », *Langages*, 1968, p. 3-8.

BARTHES, Roland, « Introduction à l'analyse structurale des récits », *Communications* 8.1, 1966, p. 1-27.

BAYARD, Pierre, *Le plagiat par anticipation*, Minuit, 2013.

BESSIÈRE, Jean, *Principes de la théorie littéraire*, Presses universitaires de France, 2015.

BESSIÈRE, Jean, *Le Roman contemporain ou la problématicité du monde*, Presses universitaires de France, 2015.

BLAISE, Marie, *Melancholia : Littérature et psychanalyse*, Presses universitaires de la Méditerranée, 2017.

BLATT, Ari J., *Pictures into words : Images in contemporary French fiction*, U of Nebraska Press, 2012.

BOTTURA, Pierre, ROHE, Olivier & JOSTE, Juliette, *Le cadavre bouge encore : précis de réanimation littéraire*, Scheer, 2002.

BOURDIEU, Pierre, *Les règles de l'art. Genèse et structure du champ littéraire*, Le Seuil, 2016.

BROWNE, Nick, « Rhétorique du texte spéculaire », *Communications* 23.1, 1975, p. 202-211.

CAÏRA, Olivier, « Théorie de la fiction et esthétique des jeux », *Sciences du jeu* 6, 2016.

CHARTIER, Pierre, *Introduction aux grandes théories du roman*, Dunod, 1999.

CROMBET, Hélène, *Fiction panoramique et Enjeux narratifs : La Précarité du récit de l'événement historique*; Vol. 13, N° 2, 2018, Mises en récit et mises en commun.

DE CERTEAU, Michel, « Arts de mourir. Écritures anti-mystiques ? *Sterbekünste. Anti-mystisches Schreiben* », in *Junggesellenmaschinen – Les machines célibataires*, H. Szeemann (éd.), Venise, Alfieri, 1975, p. 83-97.

DEGUY, Michel, *L'énergie du désespoir ou d'une poétique continuée par tous les moyens*, FeniXX, 2015.

DELEUZE, Gilles, & GUATTARI, Félix, « Les personnages conceptuels », Qu'est-ce que la philosophie, 2005, p. 60-81.

FOUCAULT, Michel, *L'archéologie du savoir*, Gallimard, 2014.

FOUCAULT, Michel, *Naissance de la clinique. Une archéologie du regard medical*, Paris, Presses université de France, 1963.

FUKUYAMA, Francis, *The end of history and the last man*, Simon and Schuster, 2006.

FUSTIN, Ludivine, « Cynisme, parrêsia et scène littéraire », Poétique, vol. 183, n° 1, 2018, p. 23-38.

GEFEN, Alexandre, *Réparer le monde. La littérature française face au XXIe siècle*, Corti, 2017.

GENETTE, Gérard, « Récit fictionnel, récit factuel », *Narratologies. États des lieux*, 1991, p. 9-19.

GENETTE, Gérard, « Se convertir au point-virgule vous change la vie », *Le Nouveau Magazine Littéraire*, vol. 564, n° 2, 2016, p. 92-93.

HAMBURGER, Käte & GENETTE, Gérard, « Logique des genres littéraires », 1986.

HARTOG, François, *Régimes d'historicité. Présentisme et expériences*, Le Seuil, 2014.

HEINICH, Nathalie, « Les limites de la fiction », *L'Homme* 3/2005 (n° 175-176), p. 57-76 URL : www.cairn.info/revue-l-homme-2005-3-page-57.htm.

HUSTON, Nancy, *Lignes de faille*. Éditions Actes Sud, 2012.

ILEA, Laura T., « Soumission ou capitulation ? Une France antiutopique dans le roman Soumission et dans le film L'enlèvement de Michel Houellebecq », *Caietele Echinox* 29, 2015, p. 353-359.

JABLONKA, Ivan, *L'Histoire est une littérature contemporaine. Manifeste pour les sciences sociales*, Points, 2017.

JAKOBSON, Roman, *Huit questions de poétique*, Paris, Seuil, 1977.

JAUBERT, Anna, « La diagonale du style. Étapes d'une appropriation de la langue », *Pratiques* 135.1 (2007) : 47-62.

JAUBERT, Anna, *La lecture pragmatique*, Hachette, 1990.

JAUSS, Hans Robert, *Pour une herméneutique littéraire*, Éditions Gallimard, 2017.

JOUVE, Vincent, *Poétique du roman*, 4e éd, Armand Colin, 2015.

LANGLET, Irène, *La Science-fiction. Lecture et poétique d'un genre littéraire*, Paris, Armand Colin, coll. « U », 2006.

LAVOCAT, Françoise (éd.), *La théorie littéraire des mondes possibles*, CNRS Éditions, 2010.

LERAY, Morgane, « La question de l'avenir dans un présent qui n'en finit pas. Réflexions sur la temporalité décadente », *Les Lettres Romanes* 66.3-4, 2012, p. 359-371.

LETOURNEUX, Matthieu, *Fictions à la chaîne – Littératures sérielles et culture médiatique*, Le Seuil, 2017.

LILLA, Mark, *The shipwrecked mind : On political reaction*, New York Review of Books, 2016.

MAINGUENEAU, Dominique, *Le discours littéraire : paratopie et scène d'énonciation.* Armand Colin, 2004.

MAINGUENEAU, Dominique, *Le Contexte de l'œuvre littéraire*, Dunod. 1993 (Épuisé. disponible en ligne : http://dominique.maingueneau.pagesperso-orange.fr/texte07.html).

MARX, William, *L'Adieu à la littérature : Histoire d'une dévalorisation (XVIIIe-XXe siècle)*, Minuit, 2012.

MILLET, Richard. *L'enfer du roman : réflexions sur la postlittérature, Éditions* Gallimard, 2010.

MONTAIGNE, M. de, *Les Essais*, livre I, ch. IX, « Des menteurs », t. 1, Paris, Gallimard. 1965.

MONTAIGNE, M. de, « Du démentir », *Les Essais*, Livre II, ch. XVIII, t. 2, Paris, Gallimard, 1965.

NÜNNING, Ansgar, "Mapping the Field of Hybrid New Genres in the Contemporary Novel : A Critique of Lars Ole Sauerberg, Fact into Fiction and a Survey of Other Recent Approaches to the Relationship between "Fact" and "Fiction", "*Orbis Litterarum* 48.3 (1993) : 281-305.

PENNANECH, Florian, « La mort du narrateur (ou pas) », *Acta fabula*, vol. 10, n° 10, Essais critiques, Décembre 2009, URL : http://www.fabula.org/acta/document5332.php, page consultée le 20 janvier 2018.

RANCIÈRE, Jacques, *Les bords de la fiction*, Le Seuil, 2017.

REINHART, Koselleck, « Le futur passé. Contribution à la sémantique des temps historiques », Paris, Éditions de l'École des hautes études en sciences sociales, coll. Recherches d'histoire et de sciences sociales 44, 1990.

RIFFATERRE, Michael, « La syllepse intertextuelle in Recherches à Poétique », *Poétique. Revue de Théorie et d'Analyse Littéraires Paris* 40, 1979, p. 496-501.

RUFFEL, Lionel, « Un réalisme contemporain : les narrations documentaires », *Littérature* 2, 2012, p. 13-25.

RUMPALA, Yannick, « Ce que la science-fiction pourrait apporter à la pensée politique », *Raisons politiques* 4, 2010, p. 97-113.

RUMPALA, Yannick, « Chapitre 10. Sur les ressources de la science-fiction pour apprendre à habiter l'Anthropocène et construire une éthique du futur », *Penser l'Anthropocène*, Presses de Sciences Po (PFNSP), 2018, p. 157-172.

SAINT-AMAND, Denis. *La dynamique des groupes littéraires*, Presses universitaires de Liège, 2017.

SAPIRO, Gisèle, *La Responsabilité de l'écrivain. Littérature, droit et morale en France (XIXe-XXIe siècle) : Littérature, droit et morale en France (XIXe-XXIe siècle)*, Le Seuil, 2011.

SCHAEFFER, Jean-Marie, « Du texte au genre », *Poétique : revue de théorie et d'analyse littéraires* 53 (1983) : 3-18.

SCHAEFFER, Jean-Marie, « Pourquoi la fiction », *Le Seuil*. 1999.

SCHAEFFER, Jean-Marie, *L'expérience esthétique*, Éditions Gallimard, 2015.

SPENCER, Nicholas, *After utopia : the rise of critical space in twentieth-century American fiction*, University of Nebraska Press, 2006.

SYLVOS, Françoise, « L'Émergence de la science-fiction durant la première moitié du XIXe siècle », dans Jean-Marie Seillan (dir.), *Les genres littéraires émergents*, Paris, L'Harmattan, 2005, p. 183-200.

TODOROV, Tzvetan, *Théorie de la littérature. Textes des formalistes*, Le Seuil, 2016.

TODOROV, Tzvetan, *Introduction à la littérature fantastique*, Le Seuil, 2013.

TODOROV, Tzvetan, *La littérature en péril*, Flammarion, coll. « Café Voltaire », 2007.

VAIHINGER, Hans, *The philosophy of as if*, Routledge, 2014.

VIART, Dominique, « Les menaces de Cassandre et le présent de la littérature », *Fins de la littérature, Esthétiques et discours de la fin* 1, Armand Colin, 2012.

WOHLFARTH, Irving, « La possibilité de l'impossible », *Lignes* 2, 2018, p. 157-182.

Sur l'Europe et la société française

ATTALI, Jacques, *Une brève histoire de l'avenir*, Nouvelle édition, revue et augmentée, Fayard, 2015.

BENSOUSSAN, Georges & BADINTER, Élisabeth, *Une France soumise : les voix du refus*, Albin Michel, 2017.

BRONNER, Gérald, *L'empire des croyances*, Presses universitaires de France, 2015.

CARON, Jean-Claude, *La République à l'épreuve des peurs : De la Révolution à nos jours*, Presses universitaires de Rennes, 2018.

DE LAPPARENT, Olivier, « La crise de la civilisation selon Raymond Aron à travers l'exemple européen », *Bulletin de l'Institut Pierre Renouvin* 1, 2017, p. 177-183.

DUCHESNE, Sophie, « L'identité européenne, entre science politique et science-fiction », *Politique européenne* 1, 2010, p. 7-16.

ENGELS, David, *Le déclin : La crise de l'Union Européenne et la chute de la République romaine-Analogies historiques*, Éditions Toucan, 2013.

FREEDMAN, Jane, *Immigration and insecurity in France*, Routledge, 2017.

KALTENBACH, Jeanne-Hélène & TRIBALAT, Michèle, *La République et l'islam : entre crainte et aveuglement*, Gallimard, 2002.

LAMBRON, Marc, *Eh bien, dansez maintenant...*, Grasset, 2008.

MORIN, Edgar, *L'homme et la mort*, Le Seuil, 2016.

ROY, Olivier, *L'échec de l'islam politique*, Le Seuil, 2016.

SAPIRO, Gisèle, « Modèles d'intervention politique des intellectuels : Le cas français », *Actes de la recherche en sciences sociales*, 2009, p. 176-177.

SCHAAL, Michèle A., « L'Europe de l'Ouest », *Nouvelles Études Francophones* 27.1, 2012, p. 298-301.

TODD, Emmanuel, *Qui est Charlie ? Sociologie d'une crise religieuse : Sociologie d'une crise religieuse*, Le Seuil, 2015.

WINOCK, Michel, *Le siècle des intellectuels*, Le Seuil, 2016.

Sur les auteurs du corpus primaires

ARMSTRONG, Joshua, *"French Edgeland Poetics : Topography and Ecology in Jean Rolin's 'Les Événements' "*, Forthcoming in France in Flux (Liverpool UP).

ARMSTRONG, Joshua, *Maps and Territories : Global Positioning in the Contemporary French Novel*, Forthcoming with Liverpool University Press, mai 2019.

BARONI, Raphaël, « La Guerre des voix. Critique polyphonique et divergences interprétatives dans l'œuvre de Michel Houellebecq », *COnTEXTES*, Varia [en ligne], 10 octobre 2014, [consulté le 24 avril 2018], URL : http://contextes.revues.org/5979

BARONI, Raphaël, « Comment débusquer la voix d'un auteur dans sa fiction ? Une étude de quelques provocations de Michel Houellebecq », in *Arborescences : revue d'études françaises*, n° 6, 2016, p. 72-93. DOI : 10.7202/1037505ar

BARONI, Raphaël, « Genres littéraires et orientation de la lecture », *Poétique* 2, 2003, p. 141-157.

BARONI Raphaël & ESTIER, Samuel, « Peut-on lire Houellebecq ? Un cas d'illisibilité contemporaine », in *Fabula* [en ligne], janvier 2016, [consulté le 20 avril 2017], URL : http://www.fabula.org/lht/16/baroni-estier.html

BELLANGER, Aurélien, *Houellebecq écrivain romantique*, Paris, Léo Scheer, 2010.

BELANGER, Gaétan, *et al.*, « Commentaires de lecture : Fiction », *Nuit blanche, magazine littéraire* 141, 2016, p. 30-34.

BOILEAU, Gilles, « Communion of the Flesh. Original Sin According to Michel Houellebecq », in *Australian Journal of French Studies*, vol. 50, n° 3, novembre 2013. DOI : 10.3828/AJFS.2013.22

BUCHWEITZ, Nurit, *An Officer of Civilization. The Poetics of Michel Houellebecq*, Bern : Peter Lang, 2015.

CHABERT, George, « Michel Houellebecq – lecteur d'Auguste Comte », in *Revue Romane*, 37/2, 2002, p. 187-204.

CHAPERON, Danielle, « Du roman expérimental au merveilleux-scientifique : Science et fiction en France autour de 1900 », *Europe*, n° 870, 2001, p. 51-63.

CHEMIN, Ariane, « Six Vies de Michel Houellebecq 3/6 : Le procès verbal », in *Le Monde*, rubrique « L'été en séries », 20 août 2015.

CLÉMENT, Murielle Lucie, *Houellebecq, sperme et sang*, Paris : L'Harmattan, 2003.

COMPAGNON, Antoine, « Rapport sur la soutenance d'habilitation de

M. François H. », *Critique*, 2015/5 (n° 816), p. 443-447. URL : http://www.cairn.info/revue-critique-2015-5-page-443.htm

DAHAN-GAIDA, Laurence, « La fin de l'histoire (naturelle) : *Les Particules élémentaires* de Michel Houellebecq », in *Tangence*, n° 73, 2003, p. 93-114 ; en ligne, URL (consultée le 24 avril 2018) : http://www.erudit.org/revue/tce/2003/v/n73/009120ar.html. DOI : 10.7202/009120ar

DE LUCA, Erri, *et al.*, *Fictions. Penser le monde par la littérature*, Georg Éditeur, 2017.

DILMAC, Betül, "Houellebecq's Fin de Siècle : Crisis of Society, Crisis of the Novel-Thematic and Poetological Intertextuality between Michel Houellebecq and Joris-Karl Huysmans", *Decadence in Literature and Intellectual Debate since 1945*, Palgrave Macmillan, New York, 2014, p. 153-169.

ELLIS, Susannah, « Communautés (im)mortelles ? La politique posthumaine à l'œuvre dans les textes de Michel Houellebecq », in Elaine Després & Hélène Machinal (dir.), *PostHumains. Frontières, évolutions, hybridité*, Rennes, PUR, 2014, p. 137-152.

ESTIER, Samuel, *À propos du « style » de Houellebecq. Retour sur une controverse (1998-2010)*, Lausanne, Archipel Essais, vol. 21, 2015.

FIALKIEWICS-SAIGNES, Anna, « Que reste-t-il de l'anti-utopie ? Sur La Petite apocalypse (T. Konwicki), Les Particules élémentaires (M. Houellebecq) et Le Slynx (T. Tolstoï) », *Revue de littérature comparée*, 1/2009 (n° 329), p. 71-84.

FIEU, Régis-Pierre, « De 1984 à 2084. Mutations de la peur totalitaire dans la dystopie européenne », *Carnets. Revue électronique d'études françaises de l'APEF* 11, 2017.

FIEU, Régis-Pierre, « Michel Houellebecq, auteur fin de siècle », *Roman 20-50* 3, 2018, p. 55-64.

HOQUET, Thierry, « Bander dur et oublier l'amour », *Critique*, vol. 816, n° 5, 2015, p. 431-437.

HARCHI, Kaoutar, *Je n'ai qu'une langue et ce n'est pas la mienne*, Fayard/Pauvert, 2016.

HARZOUNE, Mustapha, « Boualem Sansal, 2084. La fin du monde », *Hommes & Migrations* 4, 2015, p. 159-160.

LÉGER, Nicolas, « Soumission, ou l'épuisement de tout », *Esprit*, vol. novembre, n° 11, 2018, p. 113-118.

MARIS, Bernard, *Houellebecq économiste.* Flammarion, 2014.

MENNINGEN, Kathrin, *'[...] pour l'Occident je n'éprouve pas de haine' -Gesellschaftsanalyse, Provokation und Tabubruch im Prosawerk Michel Houellebecqs*. diplom. de, 2014.

MEIZOZ, Jérôme, « Le roman et l'inacceptable (Polémiques autour de *Plateforme* de Michel Houellebecq) », in *Études de lettres*, n° 3-4, décembre 2003, p. 125-148.

MEIZOZ, Jérôme. « Lettre à Michel Houellebecq », *Les Temps Modernes*, vol. 689, n° 3, 2016, p. 78-85.

MEIZOZ, Jérôme, « "Postures" d'auteur et poétique (Ajar, Rousseau, Céline, Houellebecq) », in *Vox Poetica*, [en ligne], [consulté le 20 avril 2017], URL : http://www.vox-poetica.org/t/articles/meizoz.html

MÉNARD, Sophie, « Les événements de Jean Rolin », *Spirale : arts, lettres, sciences humaines* 259, 2017, p. 36-38.

MORREY, Douglas, "The Banality of Monstrosity : On Michel Houellebecq's Soumission", *Australian Journal of French Studies* 55.2, 2018, p. 202-217.

MORREY, Douglas, *Michel Houellebecq : Humanity and its Aftermath*, Liverpool, Liverpool University Press, 2013.

NOVAK-LECHEVALLIER, Agathe (dir.), *Houellebecq*, Les cahiers de l'Herne, 2017.

NOVAK-LECHEVALLIER, Agathe, « "Au fond de l'inconnu" : linéaments d'une étude de décohérence fictionnelle », *ReS Futurae* [En ligne], 8 | 2016, mis en ligne le 28 décembre 2016, consulté le 23 avril 2017. URL : http://resf.revues.org/882 ; DOI : 10.4000/resf.882

ROY, Olivier, « L'islam, dernier refuge du chrétien décati », *Critique*, 2015/5 (n° 816), p. 438-442. URL : http://www.cairn.info/revue-critique-2015-5-page-438.htm

SCHOBER, Rita, « Vision du monde et théorie du roman, concepts opératoires des romans de Michel Houellebecq », *in* Bruno Blanckeman, Aline Mura-Brunel et Marc Dambre (dir.), *Le Roman français au tournant du XXIe siècle*, Paris, Presses Sorbonne Nouvelle, 2004, p. 505-515.

SELAO, Ching, « La fin du monde, la fin d'un monde », *Voix et Images* 42.1, 2016, p. 121-126.

SWEENEY, Carole, *Michel Houellebecq and the Literature of Despair*, Londres : Bloomsbury, 2013.

TRIBALAT, Michèle, « Des attentats qui n'ont rien à voir avec l'islam ? », *Cités*, vol. 62, n° 2, 2015, p. 143-148.

VIARD, Bruno, *Houellebecq au laser. La Faute à Mai 68*, Nice, Ovadia, 2008.

VIARD, Bruno, *Littérature et déchirure de Montaigne à Houellebecq : étude anthropologique*, Paris, Classiques Garnier, 2013a.

VIARD, Bruno, *Les Tiroirs de Michel Houellebecq*, Paris, Presses Universitaires de France, 2013b.

WAGNER, Walter. « La tentation pastorale de Houellebecq », *Michel Houellebecq à la une*, Brill Rodopi, 2011. 259-269.

THÈSES, MÉMOIRES, RAPPORTS

ANDRÉ, Stéphane, *Le roman français contemporain à l'épreuve du tourisme (1990-2010). (Dé) jouer le stéréotype pour renouer avec le voyage. Éric Chevillard, Jean*

Echenoz, Mathias Énard, Michel Houellebecq Lydie Salvayre, Olivier Rolin, Jean-Philippe Toussaint, Diss. Université Sorbonne Paris Cité, 2017.

BOUCHER, Daniel, *Les Représentations dystopiques de la société dans le nouveau roman d'anticipation francophone (Nelly Arcan, Michel Houellebecq, Antoine Volodine)*, Université de Montréal, 2017.

CORIN, Braga, *De l'utopie à la contre-utopie aux XVI*[e]*-XIX*[e] *siècles*, Thèse de Doctorat de philosophie, Études des Systèmes, Sous la direction de Jean-Jacques Wunenburger. Université de Lyon 3, 2008.

GUENDOUZ, Houria, *Les enjeux de la réalité sur la fiction dans le roman 2084, la fin du monde de Boualem SANSAL*. Diss. 2017. http://dspace.univ-tlemcen.dz/bitstream/112/11711/1/guendouz-houria.pdf

GODIVEAU, Jocelyn, *Modernité et antimodernité de la décadence : De Charles Baudelaire à Aubrey Beardsley*. Diss. Nantes, 2017.

HAGENBUCH, Seraina, *Une critique sociopolitique contre le totalitarisme à travers la fiction romanesque : l'enjeu de la langue dans 2084, La fin du monde de Boualem Sansal*. Diss, Universität Zürich, 2017.

LALLEMENT, Guillaume, *Choix de rapports, opinions et discours prononcés à la Tribune Nationale depuis 1789 jusqu'à ce jour : 1795-1799. (Le directoire et les conseils)*, Vol. 16, A. Eymery, 1821.

PEYLET, Gérard, *L'Artifice et ses expressions littéraires dans les dernières années du XIX*[e] *siècle, thèse pour le doctorat d'État*, sous la direction de L. Forestier, Université de Paris X, Nanterre, 1981.

OUVRAGES GÉNÉRAUX, DICTIONNAIRES, ENCYCLOPÉDIES ET USUELS

MOLINIE, Georges, *Dictionnaire de rhétorique*, LGF. 1992.

PETILLON-BOUCHERON, Sabine, *Les détours de la langue : étude sur la parenthèse et le tiret double*, Éditions Peeters. 2003.

RIOT-SARCEY, Michèle, PICON, Antoine & BOUCHET, Thomas (dir.), *Dictionnaire des utopies*, Larousse, 2006.

« Dictionnaire des genres et notions littéraires », *Encyclopædia Universalis*, Albin Michel. 1997.

PRESSE ET ICONOGRAPHIE

Alternatives économiques, 2016/7 (N° 359) : « De Thomas More à Nuit Debout : 500 ans d'utopie ».

Charlie Hebdo, N° 1177, 7 janvier 2015, « Prédictions du mage Houellebecq ».

Valeurs Actuelles, N° 4168 du 13 au 19 octobre 2016, « Guerre civile ».

BLOGS ET RESSOURCES EN LIGNE

Centre National de Ressources Textuelles et Lexicales : http://www.cnrtl.fr/

HOUELLEBECQ et BOURMEAU, « Un suicide littéraire français », entretien, in *Médiapart*, 2 janvier 2015 ; en ligne, URL (consulté le 15 avril 2017) : https://blogs.mediapart.fr/sylvain-bourmeau/blog/020115/un-suicide-litteraire-francais.

STALKER – Dissection du cadavre de la littérature : http://www.juanasensio.com/about.html

INDEX DES NOMS

INDEX DES NOTIONS

Heuristique : 23-24, 74, 158, 166, 168

TABLE DES MATIÈRES

IMPRIM'VERT®

Achevé d'imprimer par Corlet Numéric,
Z.A. Charles Tellier, Condé-en-Normandie (Calvados), en janvier 2021
N° d'impression : 170131 - dépôt légal : janvier 2021
Imprimé en France